歴史の嘘を見破る

日中近現代史の争点35

中嶋嶺雄［編］

文春新書

504

歴史の嘘を見破る　目次

〈開講の言葉〉
歴史の嘘と真実

中嶋嶺雄

Ⅰ　歴史の認識と真実との恐るべき隔たり

日中間の近現代史に関する認識が大きく食い違っている。そのことについては当然、すでに十分承知してはいたけれど、概して中国側の見方や解釈があまりにも政治的かつイデオロギー的なので、いずれは学問的な検証によって糾《ただ》されるのではないか、と私自身はこれまでいささか距離を置いて眺めてきていた。ところが、最近の日中関係に見られるように、そのような歴史認識の違いがますます真実と離れて一人歩きしていくばかりか、日中間の外交関係や民間交流にまで大きく影を落とし、もはや等閑視できなくなってきている。

中国側は、近現代の日中関係に関しても、日清戦争、日露戦争から十五年戦争といわれる日中戦争を経て戦後六十年の今日の日本の在り方に至るまでを一貫して「日本悪者」史観で見、中国側の被害を最大限に誇張して他者告発型の被害者史観で、民衆とくに若者を徹底して反日的に教育しはじめている。他方、日本側にもそのような被害者史観に呼応しようとする自己告発型の自虐史観が戦後一貫して存在してきた。こうして被害者史観と自虐史観が日中双方のある種のパイプのなかで共鳴し、一部のマスメディアをも同調させながら歴史の真実が著しく歪曲されつつあることを、もはやこのまま放置するわけにはいかないであろう。

たとえば、われわれの不幸な同時代史であった日中戦争についても、私自身が学生として中国研究を始めた一九五〇年代後半の時期、中国側はその犠牲者を五百万人と言っていたのだが、現在では三千五百万人にまで、何の実証も伴わずに拡大して中国人民を教化・教育している。こうなると、いかに中国的な白髪三千丈式の誇張だと言っても、もはや見過ごすわけにはいかない。

なぜこのようなことになるのであろうか。それには何事においても自己中心的な「中華思想」が逆転して反映しているとも言えなくはないが、このような現象は、戦後六十年間の国家建設における日中間の格差があまりにも大きいことに根本的には起因しているものと私は考えている。わが国が戦後一度も戦争をせず、平和に徹しつつ、国家権力によって無辜《むこ》の国民を一人も殺してはいないのに引き換え、そのような日本をしばしば「軍国主義の復活」だという中国は、朝鮮戦争への参戦、中印国境戦争、「大躍進」期の金門・馬祖島への一日数万発の砲撃、中ソ対立期の対ソ戦争、カンボジアのポルポト政権支援にからむヴェトナム侵攻の中越戦争など、実に多くの戦争を繰り返してきた。国内的には社会主義改造期の反革命分子一掃、人民公社と「大躍進」政策の時期の多数の餓死者、それに文化大革命の十年間におよぶ毛沢東体制下の膨大な犠牲者、先般の六・四天安門事件に見られた虐殺、いままた各地の農民暴動の鎮圧やチベット、ウイグル、モンゴルなど少数民族への弾圧など、数々の暴虐が革命の正義の名のもとに断行されてきたのである。その結果が、自由と民主の日本社会の成熟とはあまりにも隔たった社会的現実にあるという、その落差への反発ないしはある種のルサンチマン（怨念）が、今日の対日感情を導いているといってよいのではないか。

だとすれば、これらの事実を無視して、中国側の歴史認識を一方的に甘受することはとうていできない。なぜなら、われわれの同時代史に関する歴史認識は、われわれ自身によって様々な角度から検討され、解釈されるべき事柄であり、また同時に学問や評論のレベルでは、真実の追求や事実の検証が国境や民族の壁を越えて国際的にもなされてしかるべきだからである。

そして日清戦争、日露戦争から日中戦争に至る日中関係に関連した近現代の戦争に関しても、その真実の検証もさることながら、戦争全般を現在の時点で現在の尺度でのみ総括すること自体に、そもそも大きな認識の誤謬があるのではないか。戦争にはそれが発生した歴史的背景や国際環境、そして当事者の認識があることを忘却してはならない。従って、勝者が敗者を一方的に断罪することもできないばかりか、被害者の自己責任を問わずに加害者のみを告発することもできないはずである。

かつて日清戦争の講和で下関を訪れた清国の全権・李鴻章《りこうしょう》は、「十年前に天津であなたにお会いしたとき、中国にとっては近代化こそさしせまって必要だと申しあげたではないか」と問うた伊藤博文にたいし、さすがに李鴻章は漢人の大官僚なのであろう、「貴国とは違い、わが国にとっては伝統の自縛があまりにも強すぎるのです」「伝統の雁字搦《がんじがら》めなのです」と答え、伝統の自縛や雁字搦め、つまり「中華思想」が中国の近代化を阻み、強大な清国が小国日本に敗れることになったのだと、その原因を率直に認めていた（拙著『増補決定版　日本人と中国人ここが大違い』ネスコ〈文藝春秋〉、一九九〇年、参照）。

日本が西欧列強の圧力に耐えて近代化への死闘を展開し、明治維新以来、戊辰戦争や西南戦争といったまさに〝国内革命戦争〟さえ展開して、真正面から近代ヨーロッパに対応しようとしていたとき、中国側にも洋務運動から変法自強運動の時期にかけては「近代化」への道を真剣に模索しようとしたことがあった。だが結局は、「汽車汽船は孔子様の乗りたまわざるものなりき」（西太后）との「中華思想」ないしは「中学体を為し、西学用を為す」とのいわゆる「中体西用」論に見られる中国の文化的絶対主義に固執し、そのまま伝統世界に安住して時を過ごしてしまったのである。この歴史的時間の中身の違いが、中国の失敗と日本の成功をもたらしたことは、歴史の真実である（これらの点について詳しくは、拙著『文明の再鋳造を目ざす中国』筑摩書房、一九八四年、参照）。

それだけに、中国の著名な劇作家であり、文革期の受難ののちに中日友好協会の会長も務めた夏衍《かえん》（一九九五年二月逝去）は、早くも一九四八年の時点で、「日本人民が当然、今次戦争の〈民族的責任〉を負わねばならないであろう。それから、中国人民が自身を拘束する鉄鎖を早く解くことができず、自国を早く民主繁栄強大の国家にすることができず、もって日本人民に模範を示しえなかったことも、同様に責任を取るべきである」と述べていたのである（中国研究所編『中国の日本論』潮流社、一九四八年）。明治専門学校（現九州工業大学）を卒業して九州帝国大学（現九州大学）にも学ぶなど日本留学の貴重な体験をもつ夏衍がここで鋭く論じたような歴史認識が、今日の中国では全く消え去ってしまっている。

II　歴史認識と贖罪

私は去る一月中旬に南京を訪れる機会があったので、いわゆる「南京大虐殺」の記念館を参観した。この記念館は正式には「侵華日軍南京大屠殺遇難同胞記念館」と言い、一九八五年に建設されたのだが、江沢民時代の一九九五年に拡大改築されて、大きな建物（三〇〇〇平方メートル）と広大な敷地（二万八〇〇〇平方メートル）の全体が「全国愛国主義教育の模範基地」になっている。言ってみれば十三億中国人民のための反日感情醸成拠点なのである。

大理石で作られた巨大な石壁には、「遭難者　VICTIMS　300000」と刻まれていて、数字がはっきり明記されている。私の記憶では、多くの中国の教科書の「南京大虐殺」の犠牲者数は二十八万だったはずなのに、この間に二万人も増えていまや三十万人が中国側の公式数字になっている。「大虐殺」を中国語では「大屠殺」と書くので、日本人にはなおさら衝撃的に感じられるのかもしれないが、反日意識の強い江沢民前国家主席が、自らの故郷（揚州）に近く影響力の強い南京で軍指導者に命じて「日本軍国主義者の血生臭い暴行（日本軍国主義者的血腥暴行）」を暴こうとした政治的・イデオロギー的意図が出過ぎているためか、三十万という「南京大虐殺」の犠牲者数とともに、私自身には心に迫るものが少なかった。

それはなぜだろうかと自問してみたのだが、単に私が中国研究者として中国の反日教育や歴史認識に関わる様々な問題を知っているからではなく、私には日中戦争への贖罪感に関連したささやかな原体験があるからであるような気がする。

もう四十年も前のことであるが、私は一九六六年十一月、ちょうど中国で文化大革命が開幕したばかりの、まさに全中国が紅紅烈烈たる情況にあったとき、初めて中国を訪問し、広州郊外の花県を単身訪れたことがあった。そこの農村の一戸に案内され、中国人老婆が語る日本軍の暴虐の例を具体的に聞かされたのである。私のささやかな原体験とは、庭先の古井戸の脇で夫が殺され、危うく難を逃れた自分も被害者だとして老婆の身体に残るその傷痕を目撃したときの私の感慨に関してである。もとより、そのとき私は重い気持で心を閉ざされたのだが、対中国侵略といったナショナルな原体験を持たない私よりも十歳、二十歳、あるいは三十歳上の世代の人びとがその場面にいたとしたら、その人びとは私とはどこかで大きく違う意識に満たされるのではないかという、なにか苛立たしいような、また、私は日本人の中国観にとって決定的な原体験についに参与できないのではないかという疎外感のような、一方ではまた一種の解放感のような気持におそわれたのであった。だが同時に、抗日戦争に勝利し、社会主義革命に成功したという、まさに「目覚しい中国」を目撃しつつ中国革命に共鳴して育った私は、この花県の農村において、よくいわれるところの旧中国に対比した革命中国の生活の著しい向上をではなく、予想以上の貧困をまず感じたのであった。この私の原体験は、その直後に中国各地を探訪して「毛沢東思想」を絶対化しつつあった文化大革命の現場を知り、権力闘争・党内闘争の大衆運動化としての文化大革命の本質に触れるに及んで、さらに実は私が花県の農村で出会った老婆は中国当局が「外賓（外国人客）」のために用意した「語り部」だったことを後で知って、私の心の中のある種の贖罪感は急速にしぼんでいったのである。しかし、一般には中国への日本の侵略という意識がそのまま贖罪の意識につながり、それが中国への謝罪意識や拝跪主義になって日本人の精神構造の深部に潜在しているのではなかろうか。このことが、多くの日本人、とくに知識人や「国籍不明」の日中友好人士、それに今日でも目に付く一部の、もしくは多くの政治家を連ねて、被害者史観と自虐史観の接合を許容してきたように思われる。その一方で、中華人民共和国が革命の名のもとに多くの人民を犠牲にし、周辺の少数民族地域を次々に侵略しつつ膨張を遂げたことについては免罪したままでありすぎたように思う。その結果、中国は日本を外交上も操作する術を巧妙に会得し、今日の靖国問題に見られるような増長した態度を取るにいたっているのだといえよう。

なお、「南京大虐殺」の犠牲者を三十万人と記載することに関しては、台湾の中華民国教育部審査の多くの教科書(例えば国民中学用の『社会』や高級中学用の『歴史』など)も中華人民共和国の教科書とほとんど同様である。台湾では台湾本省人自身の歴史解釈による教科書も試作されてはいるものの、いまだ普及しているとは言いがたい。ましてや日清戦争後の日本の台湾統治に当たって総督府学務部長・伊澤修二が台湾への近代教育導入に尽力し(この点についてはさしあたり、楊孟哲著『日本統治時代の台湾美術教育―一八九五~一九二七―』同時代社、二〇〇六年、参照)、それがやがて台湾師範学校から旧制台北高等学校、台北帝国大学(現国立台湾大学)へと展開してゆく日本の台湾統治の積極面などは台湾の公教育においては教えられていない。反面、大陸中国と同様に、日本の中国侵略や抗日戦争が強調されていて、永い間の国民党色は拭われていない。従って、李登輝前総統や陳水扁現総統をはじめとする台湾本省人による親日的な日本イメージとの乖離が著しい。このことは、台湾のマスメディアが依然として外省人主導で必ずしも親日的ではないことと共に、台湾政治の主流が仮に再び国民党に移ったときの台湾の対日姿勢の変化を示唆しているともいえよう。この点をあえて付け加えておきたい。

Ⅲ　歴史解釈の自由とは

たしかに歴史の解釈は難しい。近現代史における日本と中国との出会いのなかで、両者の歴史の掛け違いが始まってゆく一八八五年の天津条約や一八九四年に始まった日清戦争とその後の下関条約に関し、日本側全権として重要な役割を演じた伊藤博文をとりあげてみても、そのことは歴然とする。中国では彼にはほとんど無関心ないしは否定的であるのに対して、同じ中華世界でも台湾では日本の近代化に貢献した偉大な人物としてきわめて評価が高い。李登輝前総統自身、「日本はかつて西郷隆盛や伊藤博文などの指導の下、速やかに近代化の建設を完成しえた」(「アジア・オープン・フォーラム」第三回台北会議開会挨拶、一九九一年九月十九日)と称えている。よく知られているように、その伊藤博文が韓国では反日ナショナリズムの対象とされ、彼をハルビン駅頭で暗殺した安重根は、逆に抗日抵抗運動(義兵運動)の戦士として称賛されているのである。

このように見ただけでも、歴史解釈は様々であるだけに、少なくともその多様な解釈を許容するだけの広い座標軸が必要であろう。

ヨーロッパにおける第二次世界大戦の責任をすべてヒトラーとナチス・ドイツに帰して断罪する通説に挑戦した現代史家のA・J・P・テイラーは、その問題提起に際して、「私は論争しようというのではない……論争に勝ちたいのではなく、ただ事態を完全に理解したいからである」と述べていた(『第二次世界大戦の起源』一九六四年、改訂版)。

日中戦争も第二次世界大戦も再び陥ってはならない現代史の不幸な断層であるのなら、戦後六十年を経た現在、なによりもまず必要なことは、右にテイラーが主張しているように、「事態を完全に理解」することであり、そのためには歴史解釈の自由が保障されていなければならない。

　もとより近現代史の歴史解釈はそう簡単なものではない。一世紀あるいは数世紀たったとき初めて正当な解釈ができるという性質のものなのかもしれない。日中戦争や第二次世界大戦の戦争責任の問題や、明治維新以来今日までわが国が築き上げてきた近現代史の営みをどう評価し、解釈すべきかは、まさにこれから本格的に検討しなければならない重要な課題なのである。そのためには、あらゆる歴史解釈に対して、自由かつオープンな言論が保障されていなければならない。

　たとえば、ナチス・ドイツの手先だといわれたフランスのヴィシー政権＝ペタン内閣の役割についても、フランスの歴史学界では、かつてのようなナチスの手先という解釈だけでよいのかどうかという議論が現に起こっている。あのような極限的な状況では、むしろヴィシー政権が存在したが故に、フランスの蒙った戦争被害は極小化されたのではないか、いわばヴィシー政権には一定の歴史的役割があったのではないか、という見方さえ出てきているのである。

　同様の例は、かつての日中戦争に際して日本の傀儡政権といわれた汪兆銘政権に関してもあり得よう。あの時期の汪兆銘を「漢奸（裏切り者）」とだけいって処理してよいものかどうか。たとえ中国の側がそのような評価に固執しようとも、この問題は、日中関係史を全般的に総括し、本格的に論議する場合に避けて通れない問題であり、ようやくこれらの問題にメスを加えるべき時間的経過が満ちはじめてきているのである。

戦後六十年を過ぎてこのような歴史の検証が可能になろうとしているときに、日本が最も深く関与した朝鮮半島や中国大陸の問題について、過般の教科書問題に対する政治決着に見られたように、相手国側の主張する論理や歴史観によって解釈しないかぎり誤りであるという枠組や、被害者対加害者、正義と不正義もしくは勝者と敗者といった歴史解釈の単純な二分法に基づく枠組を、「歴史の共同研究」などという政治的な浅知恵によって外交的に設定しようとするようなことがあるのだとしたら、そのことの意味はきわめて重大かつ深刻である。それは歴史解釈の自由への拘束であり、ひいては学問研究の自由にたいする政治の介入であるとも言わざるを得ないからである。

Ⅳ　歴史の「算賬」

近現代史のなかの日本と中国をアジアの歴史のより広い視野において全体的に回顧するならば、日中関係という二国間の国際関係において、加害者と被害者という単純な図式を導入する歴史解釈にも、当然再検討が加えられねばならない。

中国の人民解放軍は人民のための軍隊だという見方が、当の中国のみならず、わが国の知識人の間でもかなり支配的であったが、一九八九年の六・四天安門事件に示された暴虐によって、いまやそのような見方は国際的に通用しなくなってしまった。人民解放軍は、つい先年も中越戦争というまぎれもない戦争行為によってヴェトナムを侵し、また、最近のウイグル族の「反乱」やかつてのチベット動乱、その後の相次ぐチベット民族の抵抗に対して示されたように、国内の少数諸民族を抑圧する暴力装置にもなっている。少なくともヴェトナム人からすれば中国人は侵略者・加害者なのであり（もっともそのヴェトナム人もカンボジア人からすれば侵略者・加害者であろう）、ウイグル族やチベット族さらにはモンゴル族にとっては、漢民族、つまり中国人は永遠の侵略者であり、加害者だといわざるを得まい。いわゆる靖国問題や教科書問題での中国の一連の対日批判に関する多くのマスコミ論調に、「どうもいま一つしっくりこない」と感じた一人の台湾出身の知識人は、「日本人にとって中国人＝被害者であるが、台湾人にとっては中国人＝加害者なのである」（孫明海「いつか来た道（36）」、『台湾青年』一九八五年十二月号）とも語っていた。

このように見てくると、加害者と被害者という座標軸は、それを民族の論理で切るかぎり、そのときどきの民族間の力関係によってどのようにでも設定できることになってしまう。このことはまた、侵略と被侵略という座標軸に関しても同様である。つまり、歴史をどの時間帯で区切るかによって、戦争責任ないしは侵略責任はそれぞれ異なった座標軸に嵌めこまれねばならないといえよう。そのような歴史の経緯を日中間では、では一体どう清算し、決算すべきであろうか。

中国語に「算賬《スアンジアン》」という言葉がある。一般には「決算する」「清算する」「かたをつける」という意味であるが、日常生活でもレストランで勘定するとき、この言葉が用いられる。Bill, please の意味である。

では、日中間の歴史的誤謬は、どのように決算され、清算され、かたがつけられるべきなのか。日本人は、戦争に無関係であった世代までもが、つねに中国侵略の原罪を背負って贖罪としての日中関係を形成しなければならないものなのか。私は、これまでに述べてきた論理からしても、そのようには考えない。

では、歴史的事実としては、どう考えるべきか。ここで日中関係史を全面的にひもとく紙数はないけれど、一九三一年の柳条湖事件による満州事変の勃発が一九三七年の盧溝橋事件を経て、日中全面戦争にいたった十五年戦争は、たしかに日本の中国への侵略の歴史として刻印されねばならないであろう。

しかし、日本の対満・対華政策それ自体のなかには、幾多のアジア主義者の思想的源流を探るまでもなく、すべてを否定し得ない興亜のロマンと理想があったことも事実である。さらに遡って日清、日露の戦争を考えてみても、アジアへのヨーロッパの上陸という国際環境のなかで、アジアを新しい世界史のなかに投ずることによってアジア自身を解放しようとした歴史的衝動を否定することはできない。

しかも中国にとっての忌わしい過去が、あの輝かしい中国革命によって決算されたと思われた後には、「毛沢東思想は世界を照らす」と強調していたつい先年まで、中国は一方的な自己主張をほしいままにしてきたのであった。これに対して日本は、明治維新以来の近代化への苦闘から出発し、第二次世界大戦での完全な敗北、とくに二度にわたる原爆投下の悲劇やシベリア抑留などの悲惨を体験したうえでの戦後のアメリカによる占領期を通じての戦後改革を経て今日にいたるまで、それなりのきわめて大きな犠牲を強いられつつ自己の厳しい営為を同時代史に刻んできたのであった。こうして日本人は戦争による被害を戦争そのものの悲劇として受け止め、それを対外的なナショナリズムに転化することなく、見事に戦争責任・戦後責任を果たしているのである。

日中間の近現代史は、このようなプロセスを比較考察するなかで冷静に再検討されねばならない課題である。つまり、日中関係史は、どこで区切り、どこまでさかのぼるかによって、さまざまな解釈が可能なのであり、そのような歴史的尺度においては、わが国だけが一方的に断罪される理由はないのではないか。

そもそも日中間の近代の出会いとなった日清戦争に関しても、実際、維新の大業がほぼ達成され、薩長勢力を中心に日本の近代化への幕が切って落とされた頃、わが琉球に対する清の圧力は日に日に激しくなっていたが、当時の日本はまだまだ清に立ち向かえるほどの力をもってはいなかった。それから十年余、東海の一小国・日本は強大な清についに宣戦を布告したのであった。

当時の時代相をもっとも忠実に記している石光真清の手記は、この辺をこう記している。

「世界最強のロシアでさえが、清国と衝突を避けて、朝鮮の内乱が拡大すると手を引いて傍観態度に変ったのである。清国の艦隊が長崎港に寄港した際、掠奪、暴行の限りを尽しても、ただただ揉み手をして歓待に努め、一日も早く出港することを願ったあの事件は、つい十数年前のことである。あの頃に較べれば日本もあらゆる方面で進歩充実したとは言え、東洋一の大国である清国に戦いを宣して容易に勝てる確信はなかった」(『城下の人——石光真清の手記一』中公文庫、一九七八年)。

中国の教科書がその事実を記さず、日本の中国侵略の契機となったとだけ教えている日露戦争に関しては、帝政ロシアに対するアジアの小国日本の勝利がアジア諸国を大いに勇気付け、最晩年の孫文は一九二四年に神戸に立ち寄り、日露戦争の勝利を称えて「大アジア主義」の演説を行ったことなども無視されている。

中国はことあるごとに日本の侵略を強調することによって、みずからの近代化へのマイナス遺産を中国自身の責任において再検討し、それを克服するための道を切り開くべきプロセスをみずから閉鎖してしまっているのではなかろうか。日本側として言うべきことは、このような中国の歴史認識に対する批判と問題提起であり、それこそが、日中間の真の対話への道に通ずるのだと私は考えている。

こうして見てくると、歴史の「算賬」は決して一方的に行われるべきではないことが、さしあたり了解されるであろう。

中国に「日清戦争は侵略だった」と言われたら

別宮《べつみや》　暖朗《だんろう》
（近現代史家）

一九四八年生まれ。東京大学経済学部卒業後、信託銀行を経て、ロンドンにある証券企画調査会社のパートナー。著書に『「坂の上の雲」では分からない旅順攻防戦』『軍事のイロハ』など。

反日デモが荒れ狂った二〇〇五年四月、中国の李肇星《りちようせい》外交部長は、「甲午戦争（日清戦争）から第二次世界大戦終結まで、日本軍国主義は半世紀以上にわたり中国に『野蛮』な『侵略』を行い、中華民族に甚大な災難を被らせた」と述べた。このように中国はしばしば「日清戦争は日本の侵略だった」と主張するが、開戦までの経緯を検討すると、侵略国は清の方だという事実が浮かび上がる。

まず「侵略」という言葉の定義から始めよう。国際法上、「侵略」とは「作戦計画にもとづいて、第一撃をうつ（敵軍隊を攻撃したり、自国軍隊を越境させたりする）」ことである。戦場がどこかで決定されるものではなく、また講和条約の結果、相手国の領土を獲得することを指すのでもない。

実は中国も、この「侵略」の定義をだいたい認めている。すなわち、李発言に先立つ三月、劉建超外交部報道官は、日本の歴史教科書をとりあげ、「二〇〇一年版では日本が先に豊島《ほうとう》付近の海域で清軍を襲撃したことを記載せず、曖昧に日清両軍に衝突が起こり、日清戦争が開始された」と表現している、などと批判した。つまり、劉は、「日本が豊島沖海戦において第一弾をうったから、日本が侵略者だ」と非難したいのだが、話はそう簡単でない。

一般に侵略とは、緩衝国・中立国への侵犯も含む。日清戦争の場合、日清両軍の衝突の原因となったのは、天津条約によって緩衝地域と定められたはずの朝鮮をめぐる対立であった。そこで日清どちらが朝鮮に「侵略」したかが問題となる。

日本列島防衛を考えるとき、当時も現在も同じであるが、樺太と朝鮮半島両方向から同時に攻撃された場合、国土防衛は至難となる。これができるのはロシアだけである。したがって日本にとり朝鮮半島がロシアの支配下に落ちることは死活問題だった。清には条理を説けば、ロシアに対して、共同戦線が張れると考えていたのである。

一八八四年十二月、甲申政変と呼ばれるクーデター事件がソウルで発生した。金玉均ら開化党が守旧派の閔妃一族を誅殺し、国王を戴いて、三千人の韓軍を従え、権力を握ろうとした。日本の竹添進一郎公使は「任地惚れ」を起こし、開化党のクーデター計画を事前に知らされたが、それを東京に通報せず、また止めようともしなかった。ところが、清軍は開化党と国王高宗のこもる王宮を兵力二千人で攻撃し、韓軍を撃破し、王宮にいた百四十人ほどの日本公使館守備隊をも退却させた。日本はこの無法を承服できず、翌年四月、朝鮮からの両軍の撤退と出兵のさいの行文知照（事前通告）を義務付けた天津条約を清国との間で締結した。ただ、清がこの政変を軍事的勝利とみなしたことは確実である。

十年後の一八九四年、朝鮮で再度火が吹いた。東学党の乱である。六月二日、陸奥宗光外相は、邦人保護を目的として、第一陣千五百人のソウルへの派兵を閣議に提案し、認められた。また、天津条約に従って、清に事前通告することになった。派兵を早急に決めた理由は、甲申政変で民間人と兵士四十人が犠牲となった苦い経験があるためである。

すでに朝鮮派遣部隊として、第五師団（広島）が想定されており、平時八千人が直ちに動員・集中が可能な編制となっていた。ところが清は、自らの牙山への派兵を通告しながら、日本の派兵について、こういった大兵は必要なく、内地進入もすべきでない、と抗議してきた。

伊藤博文や陸奥は、この清の驕慢な態度に怒り、一個旅団を一挙に派遣することにした。六月十一日から、第五師団、第九旅団を基幹とする約四千人が続々と仁川に上陸を開始した。伊藤は、駐日公使の汪鳳藻と会談、日中共同しての朝鮮の内政改革と東学党反乱軍鎮定作戦を提案し、併せて追加派兵を通告した。伊藤も陸奥も、清側は共同作戦はともかく、内政改革のための協議は認めてくると観測した。

ところが清を代表する李鴻章は、六月二十一日、「内乱はすでに鎮定しており、共同鎮圧の必要なし。内政改革は朝鮮自ら行うべきで、日本は朝鮮自主論をとっている以上内政に関与する権利はない。内乱鎮定後の撤兵を約した天津条約に従い、日本軍は速やかに撤兵すべし」と回答した。

さらに日本軍を簡単に圧倒できるとみたのか、これと同時に、清は朝鮮半島の全面占領を計画、満州八旗軍や錬軍（あわせて一万五千人）、そして天津側でも勇軍（六千人）の動員を開始した。そのうえで李鴻章は時間稼ぎのため、ロシアとイギリスに仲介を依頼した。日本もそれを受け、七月一日から七月八日までロシアはカッシーニ駐北京公使、イギリスはオコンナー駐北京公使が、清国の外務省にあたる総理衙門と交渉にあたった。だがロシアより、七月九日、仲介断念の連絡があった。つまり初めの勢いはともかく、両国とも早々と清の説得を半ば断念してしまう。

その理由は、清が朝鮮からの朝貢に固執したからである。七月二日、英国外相キムバーレーより陸奥に奇妙な連絡があった。「清国は朝鮮におけるその地位及主権、貢礼の事については最も恋々し居れり。貴下は日本政府へ左の事を内密に表示すべし」

清国陸軍の作戦計画は、牙山にあった葉志超の部隊と、平壌に集中しつつある左宝貴の奉天軍を中心とする部隊の両方をソウルに向け進発させ、ピンサー・ムーブメント（挟撃）で日本軍殲滅を狙うもので、このためには牙山に増援部隊を送り込まねばならなかった。増兵には事前通告が必要であるが、そうすると作戦計画を暴露してしまう。そのため、清軍は天津条約に反し、通告なしに十日までに動員・集中を行った。日本軍が一個旅団しかソウルに集中させていないのに対し、五倍以上の大規模なものだった。

七月十八日、荒川在天津領事は「李鴻章は十七営の清兵を朝鮮に派遣することに決したるが如し。しこうして、（中略）二十日に大沽より発するならん」と電信してきた。日本は清の軍用暗号を傍受・解読していたのである。

これをうけて日本側は翌十九日、最後通牒を北京の英国公使経由で総理衙門に手渡すことを、閣議で決定する。その中には、「今より五日を期し、適当な提議を出さねば、これに対し相当の考慮をおしまず、もし、このさい（朝鮮への）増兵を派遣するにおいては『脅迫』の処置と認む」との警告が含まれていた。

外交用語は日常言語とは違った内容を指すことがあり、注意が必要である。例えば「内政干渉」という場合は、軍事的な措置が含まれる。だから、例えば他国の教科書に口を挟んだところで内政「容喙《ようかい》」とはいえるが「干渉」とはいえない。同じようにいくら「ソウルを火の海にしてやる」と叫んだところで、「脅迫」「挑発」にはならない。「脅迫」「挑発」には軍事手段またはテロ行為が含まれねばならない。

したがって、ある軍事手段を「脅迫」だと外国に警告することは、その軍事手段が実行された場合には、「侵略」と認め自衛戦争に出るという意味である。有栖川宮参謀総長は、海軍と大島混成旅団長に対して中国側の増兵があれば攻撃せよと命令した。ただ、明治天皇は最後通牒を裁可したものの、それが戦争の開始につながらないことを期待していた。すなわち、清朝愛新覚羅家は最後のところで妥協し、李王家再興に応じる使者をおくるとみておられた。

以上の結果が、七月二十五日の豊島沖海戦である。早朝、坪井航三の率いる遊撃艦隊が哨戒中、豊島方面から三艦が進行、そのうち清北洋海軍の済遠・広乙の二隻が確認された。吉野が済遠に発砲し、海戦が始まった(注)。済遠の艦橋はすぐに破壊され、九時までに形勢は日本側優位となり、坪井は各艦個別行動で、逃げる敵艦を追跡させた。吉野が済遠を追い、秋津洲・浪速は広乙を追い、座礁させた。すると霧のなかから、操江と英国旗をかかげた高陞《こうしょう》号が現れた。秋津洲はただちに操江を追い、鹵獲《ろかく》した。

ここからあとは、日露戦争で活躍することになる浪速艦長東郷平八郎の独壇場である。すなわち、十分な警告ののち、降伏を肯じない高陞号を輸送中であった兵員ごと撃沈したのである。その結果、高陞号が中国兵を満載していたことにより、清が事前計画にもとづいて、天津条約に背馳し、日本の最後通牒を無視し、朝鮮領海内を突破し、牙山に大兵を集中させつつあったことを全世界に暴露した。これによって、清がこの戦争における侵略者であることを示したのである。

清がなぜそこまでして朝鮮の排他的な支配を狙ったのか。答えは簡単で、中国人は朝鮮からの貢物を真剣に欲しがったのである。朝鮮の朝貢は十七世紀半ばに始まり、その中には宦官と貢女（宮廷で使役される女奴隷）の献上もあった。朝鮮の貢物は、清の見返りに比べ、毎年十倍以上の価値があったという。

清の宣戦布告書（宣戦上諭）には「朝鮮為我大清藩属二百余年歳修職貢為中外所共知」すなわち、「朝鮮はわが大清の藩属であり、二百余年にわたり、毎年臣下の礼をとり、貢物をおさめてきたことは国内外に知られている」とある。戦争の講和条約である下関条約第一条には「清国ハ朝鮮国ノ完全無欠ナル独立自主ノ国タルコトヲ確認ス　因テ右独立自主ヲ損害スヘキ朝鮮国ヨリ清国ニ対スル貢献典礼等ハ将来全ク之ヲ廃止スヘシ」とあり、朝貢や臣下の礼を廃止することがあげられている。

すなわち、日清戦争をもって、中国が二千五百年にわたって周辺諸国に強要してきた朝貢制度・華夷秩序は終了したのである。それとも現代中国人は朝貢制度の廃止を野蛮というのだろうか？

（注） 豊島沖海戦で、どちらが第一弾を撃ったかは、海戦翌日から日清両国で争論となり、互いに、北京駐在イギリス領事を介して、相手が第一弾を放ったと抗議した。そして珍しくも日本側がより執拗だった。日本側の言い分は「礼砲」発射準備中に清艦済遠から射撃してきたというもので、内容は『公刊戦史』や伊藤正徳『大海軍を想う』に書かれている。日本側がこだわった理由は、高陞号撃沈事件のためである。この事件の概要は翌日には

全世界に配信された。そして、イギリスのマスコミは「アジア人に報復を！」と叫んだ。あわてたイギリス支那艦隊司令官が海軍省に抗議すると、海軍省大臣官房主事・山本権兵衛は大いにうろたえた。イギリスが清の側にたって参戦すると思ったのである。

国際法においては、戦時において民間人が一方の交戦団体に与し、戦争行為に及んだ場合、その民間人は、受けた被害について交戦団体（国）双方と母国に、いかなる損害賠償をも請求できない。そして、戦時の判断は「宣言」の有無ではなくて実態である。ただ、イラク戦争においても、日本の民間人が一方の交戦団体に与しながら、母国に政策の変更を求めたり、補償を要求したりしたのには驚かされた。この法理を理解するのは今でも難しいということだろう。

高陞号はイギリス船籍でイギリス国旗を掲げたとしても、チャーターされ清兵を満載していたのであるから、民間人による戦争行為への関与にすぎず、中立国民としての人命の保護がなされれば、外交案件ではなく、保険求償問題である。このようなことで、日清間の第一弾争論については、国際法に無知な海軍省の一人芝居にすぎなかった。

それでは、どちらが第一弾を撃ったのであろうか？　この当時の海戦の大半は待ち伏せで発生している。大海で偶然に二つの艦隊が遭遇することはまずない。敵艦隊の発見は目視しかなく、待ち伏せる側は常に優速でなければならない。さもなくば逃げられるだけである。そして、優速な待ち伏せをした側から攻撃が開始される。豊島沖海戦の場合、それは日本側である。

ともあれ、高陞号を撃沈した東郷平八郎は軍事だけでなく、（国際海事）法学や（海事）

語学においても日本海軍の第一人者であった。

〈読書案内〉

日清戦争直前外交の息をもつまるような緊張感を味わうには岡崎久彦**『陸奥宗光』**（上・下　PHP研究所）がよい。その底本として陸奥宗光**『蹇蹇録』**（岩波書店）があるが、読みにくいうえ、外交につきものの交渉上のミッシングリングについては想像で補うしかない欠点がある。清国側軍隊の動員情況は、その時、満州を旅行中であったイギリス人旅行家イザベラ・ビショップ**『朝鮮紀行』**（図書出版社）が、実見者の驚きが直接伝わるがごとく、生き生きと描写している。また、外交公文書については外務省編**『日本外交文書』**第二十七巻に載せられている。豊島沖海戦の実況については、拙著**『「坂の上の雲」では分からない日本海海戦』**（並木書房）に詳しい。また侵略戦争の定義については拙著**『軍事のイロハ』**（並木書房）をご参照下さい。

中国に「福沢諭吉は『アジア侵略論』者だ」と言われたら

平山《ひらやま》　洋《よう》
（静岡県立大学国際関係学部助手）

一九六一年生まれ。東北大学大学院文学研究科博士課程修了。主著に『大西祝とその時代』（日本図書センター）、『西田哲学の再構築』（ミネルヴァ書房）、『福沢諭吉の真実』（文春新書）がある。

中国人の研究者、やや早口の中国語で。
「福沢諭吉は確かに日本の近代化には貢献したかもしれない。しかしアジアに対してはどうか？　日清戦争に積極的に荷担し、多数の論説を書いたではないか。また、『脱亜論』などアジア蔑視の論説もある。一九三〇年代の日本による侵略の原因も福沢にある」
中国人研究者による福沢諭吉批判のパターンは常に同じである。例外はない、といってよい。二〇〇五年の五月、私は自著『福沢諭吉の真実』（文春新書）が、在日中国人向けの週刊新聞『中文導報』で紹介されているのを知った（五月一二日付）。李長声による「一万円札の福沢諭吉」という記事がそれだ。年間七〇〇タイトルほども出される新書のうちで、とくに拙著が取り上げられたのは、まずは光栄というところであろう。

とはいえ、内容はかなりの辛口である。李は、二〇年ぶりに刷新された日本の紙幣のうち、最高額面の一万円札だけが福沢諭吉のままであったことから話を始める。そして次のように続ける。「福沢諭吉とは近代日本における最大の啓蒙思想家であり、日本人は彼の啓蒙思想によってアジアを蔑視し、膨張に熱中することになった」と。

ああ、と私は思う。また同じだ。多分その後には、日清戦争時に多数の戦争扇動論説を執筆し、その中には、「チャンチャン」とか「豚尾児」といった蔑視表現を含んだものがある、と続くだろう。この記事も、果たしてその通りであった。

本を書くにあたって調べてみるまで、私は、中国人による福沢批判の声の大きさに惑わされて、その主張にほとんど多様性がない、ということに、うかつにも気づいていなかった。彼らが独自に福沢の思想を分析し、歴史的に位置づけたうえで、福沢を批判していると思いこんでいたのだ。しかし今でははっきりこう言うことができる。彼ら中国の福沢批判者は、彼の思想を実際に読んでいるわけではなく、ごくわずかだけ中国語訳されている、日本の福沢研究論文の骨子を、中国語で叫んでいるだけなのである。

彼らが下敷きにしているのは、服部之総・遠山茂樹・安川寿之輔らの研究である。それ以外の、福沢を「市民的自由主義者」として肯定的に評価する丸山真男らの論文が出発点となることはない。そして、私の本は、福沢を「侵略的絶対主義者」と見なす服部・遠山・安川らの立論にとって、はなはだ都合の悪いものである。なぜなら、彼らが福沢の侵略主義の証拠として挙げている論説そのものが、福沢とほとんど関係がない、と言っているからだ。

あまりにも突拍子もない主張なので、にわかには信じがたい、というのが、おおかたの反応だろう。私も最初は自分の発見に落とし穴があるのではないかと、何度も調べなおしたほどだ。だが、今でははっきり言える。アジア侵略者、アジア蔑視者という福沢像には、根拠がない。

現行版『福沢諭吉全集』(岩波書店・一九五八〜六四年)は、全二一巻別巻一巻で構成されている。そのうち福沢諭吉名で発表された著作は第七巻までにすぎない。第八巻から第一六巻までは、福沢が所有していた新聞『時事新報』の社説等で、大部分が無署名論説である。第一七、一八巻が書簡集で、残りは福沢関係資料である。

そこで、中国人研究者が福沢批判に用いる論説はいつも同じである。福沢の代表作である『学問のすすめ』(一八七二〜七六年)や、『文明論之概略』(一八七五年)が使われることはない。かわりに『時事新報』掲載の、「朝鮮独立党の処刑」、「脱亜論」、「朝鮮人民のためにその国の滅亡を賀す」(以上一八八五年)、「日清の戦争は文野の戦争なり」(一八九四年)、「台湾の騒動」、「先ず大方針を定む可し」(以上一八九六年)などが、福沢のアジア蔑視・侵略主義の証拠とされている。

しかしこれらは、現行版全集の前身の一つである昭和版『続福沢全集』(岩波書店・一九三三

~三四年）に、はじめて収められた無署名論説にすぎない。それまでは古新聞の山の中に埋もれていた『時事新報』社説なのである。掲載された当日の紙面を目にした読者しか読むことのできなかったこれらの論説が、満州事変（一九三一年）に始まるアジア侵略の原動力になるはずがないであろう。

二〇〇四年八月に中国語版が出たため、ますます福沢批判のネタ本化している安川寿之輔の『福沢諭吉のアジア認識』（高文研・二〇〇〇年）は、現行版全集の中から侵略主義やアジア蔑視と見なしうる表現を抜き出した資料篇を巻末に備えている。そこで、「アジアへの侮蔑・偏見・マイナス評価」と判定された民族偏見は七九例あるが、そのうち第七巻までのものはわずかに六例である。署名著作にも書簡にも、「チャンチャン」や「豚尾児」の用例はない。そもそもアジア蔑視を戒める福沢自身の演説（一八九八年）が残っているのだ。

また、侵略主義については、署名著作『通俗国権論』（一八七八年）の第七章「外戦止むを得ざる事」が指摘されることがあるが、ここには、祖国防衛戦争について、その不可避性が述べられているだけである。日清戦争中の九四、九五年には署名著作はなく、戦後刊行の『福翁百話』（一八九七年）、『福沢先生浮世談』、『修業立志編』（ともに一八九八年）、『福翁自伝』、『女大学評論・新女大学』（ともに一八九九年）などに、そうした要素はない。つまり署名著作には侵略主義を唱えたものはないのである。もし福沢の思想的主題がアジア侵略主義にあったとしたら、日清戦争後の国威高揚期に、そのことを唱える署名著作がただの一冊もない、というのは不自然なことではなかろうか。

私の見るところでは、福沢の生涯は文明主義の唱導に極まっている。それは、文明政治の六条件とでもいうべきものを、日本に、また全世界に広げることである。文明政治の六条件とは、①個人の自由尊重、②信教の自由、③科学技術の振興、④教育の推進、⑤産業育成のための政治、⑥国民福祉の充実、の六つである。福沢は『西洋事情』（一八六六年）で最初にこの六条件を提示し、以後の署名著作のテーマは、必ずこのいずれかである。

先にも触れたように、福沢は一八八二年創刊の『時事新報』に多数の論説を執筆したが、それらを自身の編纂による明治版『福沢全集』（一八九八年）に収めることをしなかった。現行版には九巻もの「時事新報論集」があるが、それらを採録したのは、『時事新報』の論説担当石河幹明（一八五九〜一九四三年）であった。彼は、慶應義塾から依頼された『福沢諭吉伝』（一九三二年）と、現行版全集の前身である大正版『福沢全集』（一九二五〜二六年）と昭和版『続福沢全集』の編者であったのである。

石河は福沢自筆の原稿が残存している論説を集めたわけではなかった。大正版所収二二四編は時事新報社備付のスクラップブックから、昭和版所収一二〇〇編余は直接紙面にあたって、選択したのである。福沢以外の執筆者がいたことは、現行版全集の「時事新報論集」の「後記」にも明言されている。比較文学者の井田進也が開発した方法によって、それらの論説の本当の筆者が誰であったかが明らかになりつつある。社説は、福沢と、他に常時三名いた論説委員の持ち回りで書かれていたのであった。

もちろん全集編者である石河は、自分が選択した社説は全て、福沢直筆か、福沢の意を受けて論説委員が執筆したもの、と主張している。しかし、それを裏付ける証拠は存在しない。私の判定では、先の六編のうち、一八八五年発表の三編は福沢、残りの三編は石河である。「脱亜論」は本物ということになるが、それはアジア蔑視や侵略主義ではなく、文明政治の立場から、当時の清国・朝鮮国の政府を批判したものである、と私は考える。

李長声は先の記事で、日清戦争時に掲載された多数の社説が、現行版全集に収められていることを以て、福沢の戦争荷担の証拠としている。しかしこれは、戦時に多数の戦争関連の論説が紙面に掲載された、という当然の事実を証しているにすぎない。そのうち実際に確認できる福沢直筆の論説はごくわずかである（九四、九五年掲載の全二八四編中六編程度）。もちろん、直筆以外のものも、福沢が書くように指示した可能性はある。それは何ともいえない。この点を衝いて、李は私の本を批判する。「福沢自身の思想に背馳する文章は、発表されるはずがない」と。が、ここで李が挙げる根拠は、一切が石河の言葉に由来しているのである。

考えてもみてほしい。多数の日清戦争関連論説の存在からは、満州事変後の時局に合った論説を、石河が『続福沢全集』に収めた、ということが分かるだけだ。左翼の服部・遠山・安川らは、石河の伝記と、時局迎合としか思えないこの全集を真に受けて、戦後に福沢批判を展開したのであった。そして現在我々が耳にする中国人の福沢批判は、李長声の記事を含めて、じつに彼らの主張の範囲を一歩も超えてはいないのである。

一八九五年、広州で最初の武装蜂起を図って失敗し、清国から追われる身となった孫文は、九七年九月に横浜を亡命地に選んだ。その孫文を助けた日本人の中に、福沢の愛弟子犬養毅（一八五五〜一九三二年）がいた。福沢自身が孫文を知っていた形跡はないが、孫文の主張は、中華思想を除いておおむね文明政治の六条件と合致していたから、もし知っていたなら、福沢は、朝鮮の革命家金玉均らの場合と同様に、熱心に支援したであろう。


〈読書案内〉

福沢諭吉の中国観だけをテーマとする本はないようです。そこで、福沢を理解するうえで有益で、しかも入手しやすい本をご紹介しましょう。福沢自身の著作については、解説と注釈が充実した**『福澤諭吉著作集』**全十二巻（慶應義塾大学出版会）をおすすめします。中国観についてはその第八巻が扱っています。入門書としては、北岡伸一著**『独立自尊――福沢諭吉の挑戦』**（講談社）、西部邁著**『福澤諭吉――その武士道と愛国心』**（文藝春秋）、坂本多加雄著**『新しい福沢諭吉』**（講談社現代新書）が読みやすいでしょう。それぞれ文献紹介が付されていて、さらに研究を進めることができます。ある程度様子がつかめたら、丸山真男著**『福沢諭吉の哲学――他六編』**（岩波文庫）、同**『「文明論之概略」を読む』**全三巻（岩波新書）に挑戦してください。

中国に「義和団事件で日本は西欧帝国主義の尻馬に乗った」と言われたら

黄《こう》 文《ぶん》 雄《ゆう》
（拓殖大学日本文化研究所客員教授）

一九三八年台湾生まれ。六四年来日。早稲田大学商学部卒業。主著に『台湾は日本人がつくった』『日本植民地の真実』『捏造された昭和史』『華禍』『大日本帝国の真実』など多数。

一八九九年から中国北方で発生した義和団の乱と、その結果、外国人居留民救出のため出動した八カ国連合軍との戦い（北清事変）を、中国人が「反帝愛国」の運動と評価するようになったのは、中華人民共和国樹立後の五〇年代に入ってからである。

それまで中国人は、「扶清滅洋」（清を助けて、西洋を滅ぼす）のスローガンを掲げる義和団の排外的愚行を「中華民族の恥」と見做してきたが、マルクス・レーニン主義や毛沢東思想など革命史観によって、「反帝」と位置付けられるに至ったのだ。しかし当の義和団は帝国主義や社会主義革命のイデオロギーなど知らなかった。もちろん「愛国」の観念すらなかった。中国人には中国を天下の中心とする「天下」意識はあっても、「国家」意識は稀薄だった。日本が日露戦争で勝利した一九〇五年、日本で「国家」「国民」意識に刺激された清国留学生らは、東京で（中国）革命同盟会を作ったが、彼らでさえそのスローガンは依然として「韃虜《だつりょ》を駆除して中華を回復する」という、「天下」の世界観を反映したものだった。まして「真命天子の出現」「弥勒仏の降臨」の幻想に取り付かれていた義和団などに、反帝愛国の意識などあるわけがなかった。

同じ清国時代でも、白蓮教徒の乱や太平天国の乱に比べ、義和団の乱は実に乱雑な烏合の衆の暴乱だった。義和団の「滅洋」のスローガンを以て、中国民衆の原初的なナショナリズムだと指摘する学者は多いが、それはナショナリズムに対する誤解である。

そもそも義和団とは、統一的な指導理念を戴く団体ではなく、白蓮教の流れを汲むカルト集団に、少林寺拳法の一流派と思われる義和武術団をはじめ、大刀会、紅拳などの武術集団、そして地方の団練（民間武装組織）、匪賊、塩賊（私塩売買集団）、遊匪等々が加わった、ルンペン・プロレタリアの集団だった。

彼らは義和拳の奥義さえ身につければ不死身となり、洋夷（西洋人）の銃弾、砲弾は跳ね返せるなどの多くの迷信を持っていた。そして洋夷やキリスト教民（教徒）は、祖先を忘れ、神仏を敬わず、天をも犯す許しがたい存在であり、男には人倫がなく、女には貞操がない鬼畜生であって、洋夷の目が青いのは、まさにその証拠だ、などと思い込んでいた。

中国人は当時、西洋人を「大毛子」、キリスト教民を「二毛子」と蔑視し、キリスト教を「天猪耶蘇叫」（天主耶蘇教と同音。「天のブタヤソが叫ぶ」の意）と言っていた。そして天候の不順や社会の乱れは、すべて洋夷とキリスト教のせいだと怨んでいた。そこで義和団は真言を学び、呪文を唱え、祈禱の黄紙を燃やして線香さえ焚けば、それで神助が得られ、天神が降臨し、仙人が下山し、洋夷は滅ぼされると考えた。

ではどのような神の助けを期待したかと言うと、『西遊記』『三国志演義』『水滸伝』『封神榜演義』など、稗史、小説に登場する主人公たちである。呪文で孫悟空、猪八戒、関羽などの神助を求めれば、刀や槍や銃弾から身を守れると信じていたのだ。

彼らはこの「神助義和拳」で仇教運動やキリスト教民、洋夷皆殺し運動の他、風水を破壊したとの迷信から、鉄道、電線の破壊活動を行った。もちろん烏合の衆らしく、洋品略奪は忘れなかった。その数一千万人は下らずとされていたが、烏合の衆は烏合の衆である。

義和団が殺害したのは、「帝国主義の手先」とされる伝道師などの洋夷よりも「二毛子」であるキリスト教民や「三毛子」と言われた近代産業に携わる南人（南方の中国人）、つまり買弁《ばい べん》の方が圧倒的に多かった。いかに中華人民共和国の建国後、階級闘争、反帝闘争、反封建反帝革命とまで称賛し、美辞麗句で飾っても、結局やったことは自国民の虐殺だけだ。

義和団が暴れたのは山東、天津、北京など、華北地方に限られていた。その他の地域の「仇教」運動はただちに弾圧され、義和団員は逮捕、処刑されている。ことに清末の実力者、張之洞湖広総督や劉坤一両江総督などは、洋夷と「東南互保」同盟を結び、義和団の拡大を防いだ。今日彼らは「官僚・買弁」と非難されているが、同胞殺しの集団に対しては、理性的な判断だったと言える。

一般の官僚、紳士にしても、たとえば八カ国の連合軍が北京を攻め落すと、さっさと白旗を掲げ、礼服を着こんで大通りの両側にひれ伏して熱烈歓迎の意を表していた。また市民も、今日では「連合軍の功徳を讃えた」と非難されている通り、連合軍に「万民傘」「徳政匾」（功徳を讃えるシンボル）を贈って、救いの神として迎え入れたのだった。

最大権力者の西太后は、一時は外国人を襲撃する義和団を過大評価し、その乱に乗じて万国（列強諸国）に宣戦布告をしたものの、連合軍が北京に押し寄せてくると、大慌てで朝廷内の和平派を処刑し、西安まで逃亡した。そしてその後は李鴻章らに和議を指令し、清国軍は連合軍とともに義和団を弾圧した。

一度は「義民」となった義和団残党は、景廷賓をボスにして「扶清」「興清」「保清」から「掃清滅洋」に転じ、惨めな抵抗を行ったが、当時の中国人からすれば、まさに国辱以外の何物でもなかった。これをどうして今の中国人は、「反帝闘争」やら「五十年後の中国人民革命勝利への礎石の一つ」などと絶賛できるのか。

義和団の排外運動は「扶清仇教」「扶清滅洋」であり、攻撃対象はキリスト教の西夷であり、東夷・倭夷の日本ではなかった。ところが西洋列強の義和団討伐連合軍に日本軍が加わったため、今日の中国人は日本非難をやめない。中国大陸の分割競争に加わる機会を虎視眈々と狙っていた日本の支配階級が、好機到来とばかりに西洋帝国主義の驥尾に付した、と言うのだ。日本は公使館書記を一名殺害されただけなのに、連合軍兵力の半数が日本軍であり、最も奮戦したのも日本軍であり、もし日本軍さえいなければ、清国軍は必ずしも敗れなかったと主張する学者も多い。

実際当時の日本は、同じ東洋人としての中国への同情もあり、連合軍への参加には当初消極的だった。だが義和団の跋扈で各国居留民が危機に陥っている中、英国から救援軍出動の再三の催促を受け、「もし日本政府によって遅滞すれば、重大なる責任を負わざるべからず」とまで言われた以上、国際的責任においても、武士道の国の道義心においても、日本は参戦せざるを得なかったし、そうせずには国際社会で生きて行けない状況であった。まして義和団の乱は、東亜の安定を願う日本にとっても脅威である。

山県有朋や桂太郎なども最初は大規模出兵には反対だったが、結局はこうした理由で参戦を決意したのだった。

もちろん、当時の清国朝廷は幽閉中の光緒帝の名で明治天皇に書簡を送り、黄色人同士が手を携え、白人に対抗しようと呼びかけた。日本はそれ以上「アジアの悪友どもとの交遊を謝絶する」のがむしろ賢明な選択といえる。

中国人が忘れてならないのは、当時日本軍が中国に対して行った歴史貢献だ。北清事変をめぐる日本軍の美談は実に多い。たとえば連合軍が占領した紫禁城とその国宝の防衛、北京の治安回復、柴五郎中佐の住民保護等々、枚挙に暇がないほどだ。日本軍が示した軍規厳正、自己犠牲の精神といった優秀さは各国の日本観を変え、そして日英同盟が結ばれるなど、日本を列強の一つに押しやったが、それと同時に清国政府の日本理解を促し、日本の指導を受けての近代改革の道も開いた。日本が中国に求めたものは、国家の安定と近代化だったのである。

中国では政治路線が左右に揺れるごとに、義和団への評価も左右された。文革の時代などは「偉大なる反帝闘争」として天上まで持ち上げられ、政治的、民族的イデオロギーによって神話化されたが、改革開放の八〇年代には、後進的な側面も盛んに指摘されるようになった。なかには「乱雑で無組織、無秩序」「封建迷信にとらわれていた」「階級的認識が弱い」と言った評価も見られる。中山大学袁偉時教授が、約一ヶ月間に子供を含む外国人二百三十一人を殺害した義和団は反文明反人類の野蛮行為と批判した論文を「冰点週刊」(〇六・一・十一)に載せたため、党から停刊処分された。よって義和団評価は、中国の対外政策と連動する排外運動を測るためのバロメータだと言っていいだろう。その上で注目すべきは、中国発行の事件六十年記念論集では米帝非難で埋まっていたが、百年記念論集では、愛国反日運動の影響により、内容が反米から反日に変わっているということだ。

もっとも日本を非難するといっても、当時の日本の一部将校が銀を懐に入れて私腹を肥やしたとして、政界内紛に発展した「馬蹄銀事件」を批判するのがせいぜいだ。

だが、歴史を巨視的に捉えるなら、日本軍がこの事件を機に中国への進出を果たしたことで、西洋列強による中国分割は阻止され、十八世紀末以来の中国の内戦、内訌《ないこう》も終結へと向かったのである。つまり日本軍の存在は中国における安定装置となったのだ。もっともその機能は、中国の未熟なナショナリズムによって大きく阻害されたのだが。

同じように巨視的に見ると、中国では十八世紀末から白蓮教、義和団などのカルト的反体制運動が続いたほかに、さまざまな近代化運動も失敗の連続だった。たとえば中華民国の建国運動でも、それがもたらしたのは軍閥内戦、国民党内戦、国共内戦という多政府間の大混戦だった。中華人民共和国建国後も三反五反、反右派、大躍進、文革という混乱が跡を絶たなかった。このような争乱を生む中国人の精神的土壌を踏まえながら、義和団は考えられるべきだ。

義和団に近代的ナショナリズムなど見出しようもない。六・四天安門事件以降、中国政府が今更「愛国主義・民族主義」「中華振興」といった政策に狂奔し、政治イデオロギーで必死に義和団の解析などを行っていること自体、中国という天下国家におけるナショナリズムの限界を表している。

義和団は中国人の蒙昧な民族性の象徴なのだ。それをよく知る台湾人など、中国で排外運動が起こるたび、条件反射と言っていいほど「義和団」を想起する。たとえば文革初期の紅衛兵運動や、NATO軍の在ベオグラード中国大使館への誤爆事件に端を発した反米騒動を見るにつけ、台湾人は「義和団再来」を危惧してきた。もちろん二〇〇五年の反日愛国デモも例外ではなかった。
中国の尻馬に乗り、義和団を手放しで絶賛する日本の中国学者など、この程度の洞察力ぐらい持ってはどうだろうか。

〈読書案内〉

義和団事件の評価については、台湾と中国とは全く対極的である。それを「反帝愛国」運動と評価するのは、マルクス・レーニン主義に基づく唯物史観を国教とする今の中国である。戦後日本の義和団研究について、**『義和団の研究』**（村松祐次、巌南堂書店、一九七六）、**『義和団事件』**（小田嶽夫、新潮社、一九六九）及び**『中国21』Vol13「特集・義和団百年と現在」**（風媒社、二〇〇二年四月号）などがあるが、戦後の中国の史観からの影響が強いといえる。中国では**『義和団運動史討論文集』**（斉魯書社編集部編、斉魯書社、一九八二）、**『義和団運動史論文選』**（義和団運動史研究会編、中華書局、一九八四）、**『義和団研究―百年』**（中国義和団研究会編、斉魯書社、二〇〇〇）等多くが出版されているが、ほとんどが「反帝愛国」を強調、しかし出版年代により、その論点と論旨から社会主義中国の国策や路線の変化が読み取れる。それ以外に拙著として**『近代中国は日本がつくった』**（ワック出版、二〇〇五）が参考となる。

中国に「日露戦争は大陸侵攻の足掛かりだった」と言われたら

井上《いのうえ》　寿一《としかず》
（学習院大学教授）

一九五六年東京都生まれ。一橋大学大学院法学研究科博士課程、同大学法学部助手を経て、現職。主著に、『ブリッジブック日本の外交』『日本外交史講義』『危機のなかの協調外交』などがある。

もし「日露戦争は大陸侵攻の足がかりだ」と中国人から言われたらどう反論すべきか。しかし、実は、今、手元にある中国の中学と高校の歴史教科書を読んでみると、日露戦争に関する記述で私たちが発見するのは、日露戦争への言及がほとんどないという事実である。

もちろん皆無というわけではない。たとえば高校の歴史教科書の「第3章　ブルジョア階級民主革命と清朝の滅亡」の序文の一節に以下の記述がある。

「19世紀末20世紀初め、各帝国主義国家は中国に対して経済侵略を強化するために激烈な争奪と競争を展開した。１９０４年、中国の領土内で日露戦争が勃発した。日本はロシアを破り、侵略の勢いはわが国の東北にまで拡大した」(人民教育出版社歴史室編・小島晋治ほか訳『中国の歴史―中国高等学校歴史教科書』明石書店、二〇〇四年)

ここにみられるように、日露戦争は、欧米帝国主義国の中国大陸への膨張という国際的文脈のなかで、日本の中国侵略の拡大を促進したものとして位置づけられているから、足がかりになったという認識は持っているとみていい。だが、この序文に引き続き、本文で「侵略」の実態が詳しく叙述されるかと思いきや、意外なことに、本文では日露戦争について一言も触れていない。この教科書に付属する年表にも、「一九〇四年　日露戦争勃発」云々という項目が脱落している。

同様に中学の歴史教科書にも日露戦争の記述はない。日露戦争に言及すべき章は、「第20課　八カ国連合軍の侵略に反対する闘争」と「第21課　ブルジョア民主革命運動の勃興」だろうが、どこにも日露戦争の記述を見出すことができない。

なぜ中国の歴史教科書には日露戦争が欠落しているのだろうか。

日露戦争は、中国東北部をめぐる帝国主義戦争であり、したがってまた中国に対する「侵略」戦争だったはずである。教科書の記述からもそのように認識していることは明白である。しかし中国の歴史教科書には、「侵略」を居丈高に告発できない事情があった。

中学の歴史教科書は、学習の目的として、「祖国を熱愛し、中国共産党を熱愛し、社会主義の事業を熱愛し、四つの基本原則〔社会主義の道、人民民主独裁、共産党の指導、マルクス・レーニン主義と毛沢東思想〕と改革開放政策を堅持する教育を進める」ことを掲げている。高校の歴史教科書ともなると、「社会主義の祖国をいっそう熱愛する」だけではなく、「唯物弁証法と史的唯物論の基本観点を運用して、問題を観察し、運用する能力を高めさせることにある」と説明している。これでは日露戦争の記述が欠落するのも無理はない。

というのも、日露戦争は、中国東北部をめぐる帝国主義戦争ではあっても、中国の立場は全く受動的だったからだ。日露の「侵略」に対して、中国民衆が立ち上がることはなかった。日中戦争のような場合なら、帝国主義対中国民族の戦いの結果、中国の歴史が弁証法的に発展するという歴史観は成り立ちうるかもしれないが、日露戦争はそういうわけにはいかず、都合が悪い戦争であるにちがいない。我々日本人としても、日本では破綻して久しく顧みられることもなくなった史的唯物論に基づく、愛国心の高揚を目的として掲げる中国の歴史教科書に向って、日露戦争の欠落を問うことは、いかにもむなしい。歴史対話の回路は閉ざされたままである。

もちろん、日露戦争は「侵略」か「自衛」か、帝国主義戦争として批判するべきか、あるいは帝国主義の時代に帝国主義戦争だと批判しても無意味なのか。これらの論点については、日本側でも合意が形成されているとはいえない。しかし日本では、立場のちがいを超えて、日露戦争が世界史的意義を持つものだったことでは、意見の一致をみているといってよいが、日露戦争への言及がほとんど欠落した中国の教科書の歴史観は、日本側からすれば不可解の一語に尽きる。

日露戦争とは、中国を含む東アジア地域の構造変動が世界政治に影響を及ぼすようになった、世界史的意義を持つ戦争である。この観点に立って、以下では日露戦争観をめぐって日中間の歴史対話を成立させるための手がかりを求めて、具体的な作業を試みることとする。

第一に確認すべきは、日露戦争は必然ではなかったということである。中国の歴史教科書は、日本の大陸侵略を必然的過程において描いている。わずかな記述しかないものの、日露戦争も、この文脈のなかに位置づけられているとみてよい。

しかし幸徳秋水らの社会主義者の反戦論、内村鑑三の非戦論、与謝野晶子の厭戦論などに代表される国内世論を背景に、政府内でも慎重論が開戦を抑制していた。「露軍三万」「わが軍一万」という軍事力の劣る日本が大国ロシアに挑むことはためらわれた。山本（権兵衛）海相のように「帝国は固有の領土を防衛すれば足りる」とする立場もあった。それでも開戦を決断したことの歴史的重大性は、明治天皇のよく知られている発言に示されている。「今回の戦は朕が志にあらず、しかれども事既にここに至る、これを如何ともすべからざるなり……事万一蹉《さ》跌《てつ》を生ぜば、朕何をもってか祖宗（歴代君主）に謝し、臣民に対するを得ん」。日本は最後まで勝利を確信することなく、やむを得ず開戦に踏み切ったのである。

第二に、中国の革命家が日本を支持していたことを想起すべきだろう。

たとえ日露戦争で日本が敗れることがあっても、代わりにロシアが中国を侵略するだけで、中国にとっては、どっちもどっちだ――このような後付けの解釈とは異なって、中国の革命家は、戦争の継続を支持し日本の勝利を期待していた。たとえば孫文である。中国の歴史教科書は、日露戦争の記述があるべき章の紙幅の大半を割いて、孫文の民主革命運動を称えている。ところが日露戦争当時、日本に滞在していた孫文は、対露主戦論の七博士の一人、戸水寛人東京帝国大学教授を訪れて、戸水の戦争継続論を支持する旨の発言をしている。革命家孫文は、日本が勝利することで帝政ロシアが打倒され、（ひいては同じ帝政の）清朝中国に及ぼす政治的ダメージを利用して、中国革命を実現しようとしていた（詳しくは三谷太一郎『近代日本の戦争と政治』岩波書店、一九九七年を参照）。

孫文ほど目的意識的にではなかったものの、在日中国人留学生のなかからも、日本のナショナリズムとの一体感が生まれていた。

「本当に羨ましかったのは、子供たちが……万歳を叫んだりしていたことである。……日本人はこのように心を一つにし、軍人を尊んでいる。今日、ロシアという大国が小さな島国日本に敗れたのもこのためであろう」。山室信一『日露戦争の世紀』（岩波新書、二〇〇五年）は、中国人女性留学生の祖国への訴えを引用している。

第三に、日露戦争は、中国を含む非西欧世界の国々の脱植民地化を促進する最初のきっかけとなった、世界史的意義を持つ戦争だった。日本の勝利は、非西欧世界の国の人々に希望を与えた。トルコのナショナリズム運動を鼓舞したことは、よく知られている。ネルーが留学先のイギリスで歓喜し、本国では反英独立運動が活発化した。フィリピンでは明治天皇は「黄色人種の英雄」となった。勝利の熱気は、ポーランドやブルガリアなどの東欧諸国や遠くアフリカにまで及んでいる（以上の日露戦争の国際的衝撃については、山室、前掲書に詳しい）。

中国人もこのような脱植民地化過程において重要な役割を担っていた。中国の高校歴史教科書には、一九〇五年に東京で孫文が中国革命同盟会を設立し、「三民主義」を綱領に掲げたとの記述がある。しかしなぜ一九〇五年なのか、なぜ本部が中国ではなく日本の東京に置かれたのか、教科書の記述から読み取ることはできない。非西欧世界における脱植民地化が日露戦争の日本の勝利をきっかけとしていたと考えるのであれば、孫文の革命が一九〇五年に日本で始まったことは中国人にもよく理解できるにちがいない。

以上のような日露戦争の世界史的意義を中国との間で共有することは、すぐにはできないだろう。日露戦争後の日本が韓国を併合し、さらに第一次世界大戦中に対華二十一か条要求を突きつけたという歴史的事実が、中国の独立運動家だけでなく、非西欧世界の人々を裏切ることになったからである。

しかし、日本の対露勝利が非西欧世界における脱植民地化の最初の大きなきっかけになったとするならば、日本の歴史的役割は、脱植民地化という化学反応を促進する触媒効果だったとはいえるのかもしれない。

日露戦争後、孫文は亡くなる前年（大正十三〈一九二四〉年）に神戸を訪れ、「大アジア主義」演説として知られる日本人へのメッセージを託している。「日本がロシアに勝利したその日から、全アジアの民族はヨーロッパを打倒しようと考え、独立運動を起こしました。……日本がロシアに勝利した結果として、アジア民族の独立という大きな希望が生まれたのです」

中国の高校歴史教科書も孫文の訪日にふれている。しかしこの演説には言及せず、日本の記者に語ったところとして、「中国を擾乱《じょうらん》する（日本などの）外国勢力を排除しなければ、中国の統一平和は依然として絶対に不可能です」との引用があるだけだ。このような隔たりから日中が一歩でも接近するべきだとすれば、それは孫文の真の意図が日露戦争後の日本に対して反省を求めながらも、アジアの独立運動への日本の支援を訴えたことを、両国の国民が理解することから始めなければならない。己のイデオロギー的理由から日露戦争に関して「侵略の勢いはわが国の東北にまで拡大した」とみなしても、後はほとんど沈黙するのでは日中対話は進まないだろう。日露戦争後すでに百年が過ぎた。歴史を相対化し相互理解を深めるためには、十分な時間が経過したというべきではなかろうか。

〈読書案内〉
日露戦争の歴史に関するもっとも信頼できる著作として、山室信一『**日露戦争の世紀**』（岩波新書）がある。同書によって、日露戦争が世界に与えた国際的衝撃がどのようなものだったかがわかる。また日露戦争を「二〇世紀最初の大

国間戦争」の観点から新しい解釈を展開しているのが、横手慎二『**日露戦争史**』（中公新書）である。日露戦争を考える手がかりをもっと簡単に得たいのであれば、岡崎久彦編『**歴史の教訓**』（ＰＨＰ研究所）の第一部を参照するとよい。本格的な研究にふれてみたい人には、三谷太一郎『**近代日本の戦争と政治**』（岩波書店）に挑戦してほしい。以上の著作を読めば、日露戦争の全体像が目の前に立ち現れてくるにちがいない。

中国に「日本から学んだものは何もない」と言われたら

北《きた》村《むら》稔《みのる》（立命館大学教授）

一九四八年生まれ。京都大学文学部卒業。法学博士（京都大学）。主著に『第一次国共合作の研究』『「南京事件」の探究』『中国は社会主義で幸せになったのか』など。

「日本から中国が学んだものは何もない」を売り言葉とすれば、買い言葉は「中国近代史から日本をとり除くと、何も残らない」である。

一八四〇年の阿片戦争の敗北後、西洋の軍事技術の導入に努めていた中国の清朝は、新興国である日本との日清戦争（一八九四〜九五年）で、一敗地に塗れる。敗戦により、進歩的知識人層は、中国には政治体制の改革が必要なことを痛感した。そして改革の手本とされたのが、明治維新であった。

改革の旗手となった康有為は、科挙（官吏登用試験）の最高位である進士となり、皇帝の光緒帝の支持のもとに改革を断行しようとした。一八九八年六月のことである。康有為が提出した改革案には、国民の上下を団結させ、憲法を制定し、国会を開設し、行政制度を一新し、新しい理念に基づく教育制度を整備し、殖産興業を断行し、などなど、日本が明治維新により断行した方策がそのままパラフレーズされている。更に康有為は明治天皇の「五箇条の御誓文」にも言及し、上下一致団結、挙国維新の要であるという観点からこれを高く評価し、光緒帝にも同様の誓いを北京の天壇において行うよう要請した。

康有為の改革運動は、最高権力者の西太后を戴いた保守派のクーデターにより、僅か三カ月で挫折する。今日の日本の状況に引きよせて解釈すれば、大幅な行政改革による失職や特権の喪失を危惧した官僚たちが、一大抵抗勢力として大同団結した結果であった。光緒帝は幽閉され、康有為は弟子の梁啓超とともに日本に亡命し政治変革の主張を引き続き展開するが、同志であった譚嗣同ら六名は刑死した。

このあと清朝は保守化し、国内では排外運動が激化した。清朝は一九〇〇年の義和団（民間信仰を紐帯とする秘密結社で排外を主張した）事件では、やがては義和団と合流して日本を含む八カ国に宣戦を布告し北京の公使館区域を包囲攻撃したが、救援に駆けつけた八カ国連合軍に大敗する。

義和団事件の敗北により滅亡の危機に瀕した清朝は、一九〇一年以降、西太后の指導下に一転して、生き残りを賭けた「改革開放政策」を断行する。そして康有為の提案をそのまま実行に移すことになる。その結果、一千年以上続いた科挙は一九〇五年には廃止され、明治の日本の教育制度を模範にして小学校から大学に至る新式の学校制度が建設されはじめた。また新知識を持つ人材を養成するために大量の海外留学生が派遣され、その多くが日本に赴いた。康有為が日本をモデルにする改革を構想していたからには当然ともいえるが、当時の中国側には、以下のような現実的な理由が存在した。

第一の理由は、明治の日本ではいわゆる漢文の読み下しの文章が主流で、英、仏、独の主要な学問書は概ね漢文調の文章に翻訳されていた。中国の知識人たちには、彼らにはお手の物の漢文の知識を基礎として、大した苦労なしに西洋の文物を理解することが可能であった。第二の理由は、地理的に近く欧米に留学するよりも生活費用も安かったからである。そして一九〇五年には、日露戦争に日本が勝利し、日本の明治維新以来の改革の成果が発揚されていたからである。日本でも良く知られる文学者の魯迅は、すでに一九〇二年に来日しており、東北大学医学部の前身である仙台医学専門学校に学んでいた。

一九〇六年頃の東京には一万人を超える中国人留学生が滞在し、日本側が準備した各種の学校で、短期間のうちに日本語を介して欧米の近代知識を吸収しようとしていた。この時期の留学生教育の特色は、中等知識の速成教育であったが、高等教育機関への予備校教育も存在した。主な学校をあげると、陸軍士官学校の予備校であった成城学校と振武学校（蔣介石は一九〇七年から〇九年まで学んだ）、法政（大学）速成科および普通科、早稲田大学清国留学生部、東洋大学の警官速成科などであり、この他にも多くの私立の速成教育機関があった。

このあと、一九〇七年に当時の清国と日本の間で、一九〇八年以後十五年間にわたり、以下の官立（国立）の高等教育機関に中国人留学生を毎年百六十五名入学させるという協定が結ばれた。第一高等学校六十五名（このあと各地の高等学校に配分された）、東京高等師範二十五名、東京高等工業学校四十名、山口高等商業学校二十五名、千葉医学専門学校十名、である。そしてこの制度を核として、私立の高等教育機関にも多くの中国人留学生が学ぶことになる。文学者であり政治家でもあった郭沫若は、一九一三年に来日し、第一高等学校予科から岡山の第六高等学校さらに九州帝国大学医科に進んだ。中華人民共和国国務院総理であった周恩来は、一九一七年の秋に来日し東京の予備校で学んだのち、翌一八年には高等師範と第一高等学校の受験に二度失敗した。そして一九一九年には帰国を決心し、途中で京都を訪問し第三高等学校に学ぶ友人宅に数カ月滞在した。この間、周恩来は景勝の地である嵐山を訪れ、「雨中嵐山」の詩を残している（現在、嵐山に詩碑がある）。そして四月には帰国した。

周恩来はこのあと一九二〇年には勤工倹学（働きながら学ぶ制度）によりフランスに留学する。そしてコミンテルンの影響下に共産主義者となり、以後の中国歴史に大きな影響を残すことになる。ちなみに、コミンテルンの働きかけで一九二一年に上海で成立した中国共産党の中心人物である李大釗は、一九一三年から一六年まで早稲田大学に留学していた。そして帰国後の一九一八年には北京大学の教授兼図書館長となった。このあと李大釗は、マルクス主義に関する指導的な論考を発表することになるが、基本的知識は日本語訳されていたマルクスの著作からもたらされていた。ついでにいうならば、中国共産党の最初の指導者となる陳独秀は、はやくも一九〇一年十一月に日本に私費留学して東京専門学校（早稲田大学の前身）に学び、洋書→日本語訳→中国語訳（重訳）された多くの文献から大きな思想的刺激を受けたのである。

中国近代史上の著名な人物たちの日本からの影響を指摘したが、忘れてならないのは、清朝を改革しようとした康有為たちだけでなく、清朝を打倒しようとした革命派の活動も、日本の東京を策動の中心地としていたことである。日本に亡命していた孫文を中心に革命をめざす各会派が連合して同盟会が成立したのは一九〇五年のことであり、中心となったのは留学生たちであった。陸軍の留学生であった蔣介石は、一九〇七年に同盟会に加入した。

中国近代史の最大の立役者である毛沢東は、故郷の湖南省でフランスに勤工倹学する若者たちを組織した経験をもつが、自身には海外留学の経験はない。しかし毛沢東は、一九三七年から三八年にかけてロンドンとニューヨークで出版され、彼の名を世界に知らしめたエドガー・スノー『中国の赤い星』（宇佐美誠次郎訳、筑摩叢書）の中で、最初に学んだ新式学校の湘郷県立東山高等小学堂時代（一九一〇年のこと）を回顧し、「新しい学校で私は自然科学、西洋の学問の新しい課目を学ぶことが出来ました。……教師の一人が日本から帰ってきた留学生で、……私はかれが日本のことを話すのを聞くのが好きでした。かれは音楽と英語を教えました。かれの歌の一つは日本の歌で、『黄海の海戦』というのでした。……そのころ私は日本の美を知り、感じ、ロシアにたいする日本の勝利のこの歌のなかに日本の誇りと力の何物かを感じました」と述べている。

毛沢東はスノーに「黄海の海戦」の歌詞を披露しているが、その内容は自然の美への賛美であり（明治時代に流行した歌曲「美しき天然」の歌詞と似ている）、黄海の海戦は日清戦争での海戦であり、日露戦争時のことではない。それゆえ毛沢東の記憶の中で幾つかの日本の歌が混在してしまったのだと思われるが、少年の日の毛沢東が日本留学した教師を通じて新興明治日本の息吹を感じとり、憧れたことは事実であろう。毛沢東がこのあと一九一三年から五年間学んだ湖南省立第一師範学校は、日本の教育制度を模範とするものであった。

以上の事実を確認する時、「日本から中国が学んだものは何もない」という言葉には全く根拠がない。しかしながら、中国の高等学校や中学校の教科書では、これらの事実は殆ど触れられていない。一例として高等学校用の、人民教育出版社歴史室編著『全日制普通高級中学教科書（試験修訂本・必修）中国近現代史（二〇〇〇年十一月第二版）』を見てみよう。これは明石書店より、〈世界の教科書シリーズ11〉（小島晋治ほか訳）として出版されている。そこには、康有為の改革運動が記述され、日本に倣った改革が主張されたという簡単な記述がなされている。しかしその延長上に出現した多くの日本留学生の存在と、日本からの文化的影響に関しては、全く記述がない。また、孫文が日本の東京で同盟会を組織したことは記述されるが、その会員となった多くの日本留学生に関しては全く触れられていない。中国の歴史教科書の偏った記述は、中国共産党が日本に向かって主張する「歴史認識」の種々の内容が、歴史事実を正確に踏まえていない半ば「暴言」であることを我々に示唆している。

〈読書案内〉
明治以降の中国人の日本留学の実態については、さねとう・けいしゅう（実藤恵秀）**『中国人日本留学史』**（増補版、くろしお出版、一九七〇年）が克明である。明治維新が中国に与えた影響については、彭澤周**『中国の近代化と明治維新』**（同朋舎、一九七六年）が偏りのない歴史観に基づき事実を一つ一つ確認している。清末から現代までの中国近代史を常識的に理解するためには、北村稔**『中国は社会主義で幸せになったのか』**（ＰＨＰ新書、二〇〇五年）が、最も手頃であろう。

中国に「対支21カ条要求は屈辱だ」と言われたら

岡崎《おかざき》　久彦《ひさひこ》
（ＮＰＯ法人岡崎研究所理事長）

一九三〇年大連生まれ。五二年東京大学法学部在学中に外交官試験に合格し、外務省入省。在サウジアラビア大使、在タイ大使を歴任。二〇〇二年よりＮＰＯ法人岡崎研究所理事長・所長。主著に『陸奥宗光』（上下）『百年の遺産』など。

大正三年（一九一四年）欧州大戦が始まり、日本はドイツ租借地であった山東半島の青島を占領し、翌大正四年、欧州では大戦が荒れ狂う中で、当時の中国の袁世凱大総統に提出したのがいわゆる対支二十一か条要求である。

ここで私に与えられた課題は、この要求に対する歴史的評価である。

歴史的評価と言っても色々な物差しがある。「あれは中国にとって屈辱的だったのではないか？」という質問は一番答え易い。

それは間違いなく屈辱的であった。帝国主義時代、強者が弱者に対して出した要求で弱者にとって屈辱的でないものはない。日本の場合も、戦いに負けて占領中に出された要求は全て屈辱的であった。少なくとも平等対等の立場の上の要求はあり得ようもなかった。

「あれは外交的に失敗ではなかったか？」という質問には、一般的には短期的長期的なあらゆる角度からの考察が必要であり、断定的な答えは出しにくいものであるが、このケースに限っては、その当時から今に至るまで、幾多の史観の変遷を経つつも、それが拙劣であったことについては、全ての評価が一致している。

原敬は議会で大隈内閣の外交を弾劾している。「欧州の大乱で各国は東洋に手を出すことができない。このときに日本が野心を逞しくして何かするのではないかとはどの国でも考えることである。今回の拙劣かつ威嚇的なやり方はこうした猜疑の念を深くさせるものである。又中国内の官民の反感も買っている。もともと満蒙における日本の優越権は、中国も列強も認めている。山東も日独が戦争した以上当然の結果である。こんなことは、今回のような騒ぎを起こして世界を聳動《しょうどう》させずとも、日支親善の道を尽くせば談笑の間にもできたことである。……」

石橋湛山は、戦前から一貫して反帝国主義の信念を貫いた人であるが、その石橋さえ、「南満州の権益だけならば支那側も既成事実としてやかましく言わなかったであろうに、結局は何の役にも立たない、その他の十九の要求を並べたてて、本来問題にならないはずの遼東半島、南満州鉄道までも改めて議論の的にしてしまった」と批判している。

失敗といわれる理由は多々あるが、その中で大きなものは二つである。

一つは第五号要求である。俗に二十一か条というが、五項目要求であり、初めの四項目についてはあまり問題はない。

同盟国である英国との事前の交渉でも、英国側は、とくに遼東半島と満鉄の問題については、日本の要求は決して理由のないものではないと考える旨述べ、その他の問題にもさして反対はなかった。アメリカも領土保全と機会均等を主張する以外は特に反対はしていない。

問題は第五号である。それは中央政府に日本人の顧問を受け入れること、軍事の改善、武器の製造は日本の指導を受けることなど、実質的に保護国化に等しい要求である。

しかも二十一か条要求を同盟国英国に事前通報するに際して、この第五号要求だけは通報しなかった。理由は他の四号と違って第五号は希望条項だからということであったが、支那側が直ちに英国に内々通報したので、入れ違いに英国から咎められることとなった。

どうして希望条項としたのか史料では明らかでない。先方が希望すればということであるから、中国政府内部からその希望が出て来るような裏の工作があったのだろうか。しかし、要求後の中国側の反応にはそういう形跡は見られない。第五号要求よりも抵抗が少ない他の要求さえも、結局は最後通牒で受諾させたのであるから、希望条項など初めから通るはずもない。

おそらくは、日本政府部内の強硬派から出て来た要求の中で、これは無理ではないかと思われるものも、とりあえず希望条項として要求の中にいれることにしたのではないかと思う。それならば、拙劣さを通り越して、全く無意味である。

ただ、ここで一つ留保しておきたいのは、それが拙劣であったことは誰も異論のないところであるが、帝国主義時代の国際環境では半保護国化の要求などはどの先進国もやったことだということである。

現に、大東亜戦争前、吉田茂は駐英大使として、何とか英国との協調の下に戦争を避けようと腐心していたが、支那事変直前の頃、吉田が私案として英国外務省に提示した中国問題解決のための日英了解案には、中国が日本の軍事、政治、財政顧問を受け入れること、兵器は日本から購入することなど、この第五号要求とほぼ同じ内容が含まれている。

当時西安事件後で国共合作が疑われていた蔣介石政府を西側につけようという意図と思われる。吉田が、大隈政権のような「拙劣」でない外交でより巧みにこれを実施し得たかどうか、歴史上のイフの問題であるが、大隈の時と違って、まず英国との了解の下にやろうとしたことは日本の外交の上からいって、正道を踏んでいる。

もっとも、東京の本省からは何ら事前の了承を得ていないという点では吉田らしい独走ではあるのであるが。

もう一つ拙劣だったのは、最後通牒を発出したことである。これは、中国側から「国民に対し顔を立てるために日本からの最後通告」が要望されたからだという。たしかに、最後通牒発出後の先方の、戦争する気などまるで無い、事務的な処理振りから見て、そういうことも十分有り得たであろう。それが事実としても、それは先方から、「自分達では責任は負えないから全部日本が責任を負って下さいよ」と言って来たのを受けたということであり、なんら日本側の責任回避の理由にならない。

そして、その結果は、日英同盟の信頼関係を傷つけている。もちろん最後通牒が中国人民のなかに生じさせた反日感情は後々までも残るものであったが、当面一番困惑したのは同盟国の英国であり、もし日中間に戦争が起こった場合日本側につくわけにもいかないので、その点日本側に釘を刺している。

拙劣だったという評価については誰も異論はないとして、総合的な評価、つまりそれは日本の国益にとってプラスだったか、マイナスだったか、ということが最後の問題となろう。

遼東半島の租借延長はいずれにしても必要であったろう。もっとも辛亥革命当時内田康哉外相は、自ら起草した対中外交綱領の中で「日本が遼東半島を返還するなどとは、英国も含め誰も思っていないのだから、急ぐ必要は無く、代償を払う必要も無く、もし支那が返せと言って来ても、ただそれに応じなければ良いだけの話で、英国が今でも威海衛を撤退しないのと同じように支那に実力がないかぎりどうしようもないことである」と書いている。しかしいずれは返還要求に直面せざるを得ないのだから、欧州大戦の最中は要求のために良い時期だったであろうし、またそれだけならば英米も誰も反対しない形勢だった。

結局問題として残るのは中国人民の間の対日反感であり、戦後の史論の中には、これが取り返しのつかない失敗となって、宿命的に支那事変、大東亜戦争に至ったというニュアンスで書かれたものも少くない。

しかし歴史の流れはしかく簡単ではない。

そもそも中国人民の意志なるものも、戦後の中国共産党による史観のように単純なものではない。

二十一か条要求の冒頭の山東問題はその後ヴェルサイユ条約で一応の決着がつけられるが、それに反対したいわゆる五・四運動は全国的反日運動の嚆矢とされ、今でも記念式典が行われている。しかしそれは反日運動に名を借りた当時の段祺瑞政権反対のデモだったというのが真相のようである。現に吉野作造の筆という当時の中央公論の巻頭言は、日本の自由民権運動が官僚軍閥と戦って来た歴史を想起して、軍閥専制に対する中国学生の反抗として五・四デモを同情、支持している。

二〇〇五年四月の反日デモも、日本の安保理常任理事国入りに反対の官製デモに便乗した反政府デモだったようであり、現にその後反日デモは禁止され、十月の小泉総理の靖国参拝後のデモは厳戒態勢の中の百人程度の抗議文手交だけだったようである。中国共産党政府は五・四運動の教訓を知っているのではないだろうか。

大正十三年（一九二四年）訪日した孫文は、「日本が西方覇道の手先の鷹犬となるか、または東方王道を守る干城となるか」の選択を問うた演説を行ったが、記者会見などで明らかにしたその真意は「不平等条約撤廃について日本の援助を求めること」にあった。満州権益の回収などは念頭に無かったことはその言動から明らかである。

明治時代四十五年を通じての日本の不平等条約改正の粒々たる辛苦を思えば、孫文の意図は当然のことである。

大正十四年幣原外相は中国の関税自主権回復を提議する国際会議開催を提唱した。この時は中国側の内政不安定で中国側代表団が自然消滅してしまっているが、列強の合意案まで出来ている。

しかしこれで中国の対日感情は一変している。中国一般民だけでなく、英国代表はその後は対中折衝は中国から一番信頼されている日本に任せるという態度となり、英米側では、日本の評判があまりに良いので、幣原の抜け駆け、対支協調破りの批判さえあった。

つまり幣原外交がそのまま続いたという歴史上の仮定が許されれば、二十一か条要求などは昔話に過ぎなくなっていたのである。

その後も日中間には数多変遷がある。その度に雰囲気も変り、また回復のチャンスもあった。そして歴史の流れの結果は最終的には日本帝国潰滅の悲劇を生んだ。

それが歴史である。全ての発端を二十一か条要求に帰し得るような単純な話ではないのである。

私自身の著書を引用するのはおこがましいのですが、『陸奥宗光とその時代』『小村寿太郎とその時代』『幣原喜重郎とその時代』『重光・東郷とその時代』『吉田茂とその時代』（すべてPHP文庫）が参考になるかと思います。

中国に「日本は中国革命の敵だ」と言われたら

西木《にしき》　正明《まさあき》（作家）

一九四〇年秋田県生まれ。『オホーツク諜報船』で第七回日本ノンフィクション賞新人賞受賞。「凍れる瞳」「端島の女」で第九十九回直木賞受賞。近著に『孫文の女』『一場の夢』などがある。

まずはじめに、このような問題を論ずる場合、自分の立場を明確にしておかねばならないと思いますので、それを申し上げます。わたしは、国家運営の中枢にいる人は、少なくともその職にある間は、国家的な祭事や葬儀などを除き、公的な立場で特定の宗教施設を参拝したりすることに反対です。理由は、現在のように世界各地で宗教がらみの紛争が多発している折、政治はとりわけプラグマティックでなければならないと思うからです。

個人的な思いを優先させるあまり、国家間の交渉事などの場で、相手につけいる隙を与えてしまうことは、国益に反します。こうした立場から、目下の中国との歴史観をめぐる論争について述べてみたいと思います。

ここのところ、日本と中国（そして韓国）との間で、歴史確認を一致させようというような動きがあります。これについては、出来るはずがないということを、まず申し上げます。

すでに物語の世界に入り込んでいる古代史中世史は言うに及ばず、近現代史においても同様ですが、同じ事件、事象であっても、それを北から見た場合と南から見た場合、あるいは右から見た場合と左から見た場合では、時にまるで別の風景、現象として認識されることが多いのは、われわれが日常的に経験することです。まして昨今の世界のように民族がらみ、宗教がらみの争いが続く中では、いかなる議論も文字通りの神学論争となってしまい、そこから得られるものはなにもありません。

ですから、客観的（これも言葉としては曲者ですが）に証明出来る現象を別にして、それ以外の事で歴史認識を一致させようというのは無謀です。そんなことに時間を費やすより、いかにして互いの認識違いを克服し、共生していくかを見いだすほうが、はるかに建設的であり、有益だと思います。

話題を日本と中国との関係に戻せば、明治維新以降、中国から、後に国家建設の中枢を担う多くの中国人が日本にやってきました。十九世紀末から二十世紀初頭の孫文や康有為などの革命家や改革派の亡命者、二十世紀前半には周恩来、蔣介石、郭沫若など、後に国共内戦で対峙することになる多くの人々が、しばしの平穏を求めて日本を訪れ、滞在しました。さらには第二次世界大戦後漢奸として糾弾された汪兆銘や周仏海なども、日本の大学に留学して勉学に励んだのです。

こうした顔ぶれからもわかるように、当時の日本が受け入れた中国人は、あらゆる意味でまさに多士済々でした。仏教徒、クリスチャン、マルキストなど、現代なら存在自体が軋轢《あつれき》の原因になりかねない、多種多様な文化や宗教、イデオロギーを背にした人々がいました。

それを当時の日本人は、彼らの志だけを多として、すべて同様に受け入れ、出来うる限りの支援を行ったのです。

こうした渡来人たちの中で、とりわけ日本と縁が深かったのは孫文です。

孫文が日本に姿を現したのは、日清戦争が終結した直後の一八九五年（明治二十八）。前年十一月、滞在先のハワイで革命の母体となる興中会を組織、三ヵ月後の一八九五年二月には香港でも興中会を立ち上げました。

この年の十月、広東で第一回目の武装蜂起を決行するもあえなく失敗して、日本に向かいました。

この時、武器弾薬の調達に必要な資金を用意するなどして孫文を助けたのが、香港在住の日本人梅屋庄吉です。当時梅屋は香港で梅屋照相館なる写真館を経営し、成功をおさめていました。

しかし、成功者とはいえしょせん一介の写真館の主にすぎません。その梅屋が、武装蜂起に失敗した直後の一八九六年二月、孫文に米ドルで千三百ドル余りの資金援助を行っています。

梅屋はまだ弱冠二十七歳の若者でした。孫文は二歳上の二十九歳。この資金を懐に、孫文は世界を回って革命のスポンサー探しを行ったのです。当時の千三百ドルは、現在の貨幣価値に換算すればおよそ五億円とも六億円とも言われる大金です。

これを皮切りに梅屋は終生孫文を物心両面でささえました。そのために投じた費用は現在のカネで二兆円以上と言われています。

孫文が東京で宋慶齢と結婚した時も、妻のトクともども親身に世話をしました。孫文夫妻の結婚披露宴は大久保百人町の梅屋邸で行われました。

梅屋庄吉は長崎の出身。海外の事業で成功した後、日本に帰って日本活動写真（後の日活）という映画会社をおこしました。これが日本の映画会社のハシリです。

孫文は一八九七年以降、しばらく横浜に腰を落ちつけました。この間も献身的に孫文を支えた有名無名の日本人たちがいます。

時の宰相大隈重信、その懐刀犬養毅。彼らの支えを背に、自らの人生すべてを投げうって孫文を支援した宮崎滔天こと宮崎寅蔵。宮崎は自らの家庭を完全に破壊してまで、なお孫文のために走りまわりました。

無名なところでは、横浜時代の孫文の身辺を支えた浅田ハル、大月薫というふたりの女性がいます。いずれも十代の半ばから孫文の現地妻として、献身的に仕えました。

英雄色を好むのたとえではありませんが、孫文もあのスカルノなどと同じく、多くの女性との交渉がありました。中でもこのふたりの女性が果たした役割は大きなものがあります。大月薫との間には、娘がひとり生まれています。

革命闘争の過程では、山田良政、純三郎の兄弟がいます。兄の良政は恵州での武装蜂起で戦死し、孫文をして「中国革命に命を捧げた最初の外国人志士」と言わしめました。

このように、日本の朝野を問わず、また硬軟取り混ぜた支援を得て、孫文はやがて辛亥革命で歴史を転換します。

わたしも中国にそれなりの知己を得ていますが、とりわけ若い人は、現代中国建設に大きな役割を果たした日本人たちの存在を知りません。

ロシア、後のソ連との複雑怪奇な利権争いの場となった満州国建国の是非はともかく、関東軍が熱河省に侵攻して以後の大陸における日本軍のありようについては、日本に弁解の余地はほとんどありません。ですが、日本と中国との間には、そんな時期ばかりではなかったことも、中国の人たちに知って欲しいと思います。

繰り返しますが、国家間で歴史認識を一致させることなど不可能と言ってよく、ましてそこに民族意識や宗教を介在させたら、いい事はなにひとつありません。

その違いを乗り越え、未来指向で、いい意味でプラグマティックな関係を築くのが、われわれ世代に課せられた使命ではないでしょうか。

〈読書案内〉

横浜開港資料館編『**横浜外国人居留地**』、読売新聞西部本社編『**盟約ニテ成セル 梅屋庄吉と孫文**』、一九八四年八月十八日付下野新聞『**県内にいた孫文の愛人**』などが参考になるでしょう。

中国に「日本は満洲を横取りした」と言われたら

宮脇《みやわき》 淳子《じゅんこ》
（東京外国語大学非常勤講師）

一九五二年生まれ。京都大学文学部卒業、大阪大学大学院博士課程修了。現在、東京外国語大学・国士舘大学非常勤講師。著書に『最後の遊牧帝国』『モンゴルの歴史』『世界史のなかの満洲帝国』など。

かつて日本が人的資源、物的資源の両面から、国力を挙げて投資した満洲は、現在は中華人民共和国の領土であり、中国東北部と呼ばれている。日本の満洲経営について、現代中国人研究者の書いたある書物は、次のように言う。

「日本帝国主義は、一九〇五年に旅順・大連を侵略・占領したあと、満蒙開発の旗印のもと、わが国の資源を掠奪し、わが国の東北部の占領を進めた」

「一九三一年の九・一八事変後、中国東北部を侵略した日本帝国主義者は、武力をもって傀儡国家を作り上げた。一九三二年三月九日執政就任の宣誓をもって、歴史上忽然と現れた『偽満洲国』は、一九四五年八月十八日に崩壊して跡形もなくなった。歴史上も、ほんの短期間の存在であった、そのような正統性のない非合法な政権は、国家として当然承認され得ない。それで、中国ではこれに関連するものには、すべて『偽』をつけて呼ぶのである（たとえば、偽大同××年、偽康徳××年など）」

この日本批判の根底にあるのは、かつて満洲と呼ばれた土地は、当時もそれ以前も中国の一部であった、という考えであるが、これは歴史的に言って正しくない。これについて反論するときは、次のように言うのがよい。

中国文明は、司馬遷の『史記』という中国最初の歴史書以来、天命によって現王朝が天下を統治する正統の権利を得たことを証明するために、「正史」を編纂してきた。中国人にとって、歴史は政治そのものである。

現在、中華人民共和国の国土である満洲は、太古から中国であった、としなければ、現政権の支配の正統性に疑問を表明することになる。だから、ローマ法王庁をはじめ、十五の国家が承認し、事実上承認した国を含めると二十三もの国家と関係があった満洲国を、中国では「偽満洲国」と呼ぶのである。これは中国側の事情にすぎない。

「満洲」は、もともとこの地にいた、中国人ではない種族の名前だった。彼らは万里の長城を越えて南下し、清朝を建てて中国を統治した。満洲が地名になったのは、日本の高橋景保が一八〇九年に作成した「日本辺界略図」がはじめである。一方、日露戦争後の一九〇七年、清朝の支配層は漢族に妥協して、この地にはじめて、奉天、吉林、黒龍江という、中国内地と同じ省を設置した。この東三省が、いまの中国東北部の起源である。歴史的に言うならば、「中国東北部」より「満洲」の方がずっと古い。

さてつぎに、「そうは言っても、日本人が出ていったとき、すでに満洲には何千万人もの漢人農民が住んでいたので、すでに中国だったではないか」という意見がある。これに対しては、次のように反論しよう。

清朝は、王朝の故郷である満洲と、西隣の蒙古（モンゴル）の地への、漢人の移住を禁止していた。それでも、内地で食べられなくなった貧民は、禁を犯して満洲に流入した。つづいて商人が進出し、焼酎の製造業者や高利貸しなどで蓄財するようになると、清朝は、あとから州や庁をおいて租税を集めるようになった。

国家の保護はないも同然の満洲で、土地の有力者は自警団を組織した。これを「保険隊」という。満洲軍閥の張作霖も保険隊出身で、かれら別名「馬賊」は、「保険区」外では蛮行におよんだ。

一九〇四年日露戦争前の満洲の人口は、百万人とも数百万人とも言われる。一九一一年の辛亥革命のときには千八百万人、満洲国建国時には三千四百万人になっていたが、中国人人口がいかに増えても、満洲人やモンゴル人の土地に漢人農民が流入したのであって、中国政府が統治していた中国、という観念は当てはまらない。

つぎに、「日本帝国主義者は、中国農民の土地を強奪し、中国人労働者を搾取した」という意見であるが、中国人は同じ中国人にならば、搾取されてもいいのだろうか。

張作霖は、祖父の代に、故郷の河北では食べていけず、満洲に移住したらしい。満洲という土地を支配する正当の権利があったわけではない。彼は岳父の援助で、清代にはモンゴル人の土地だった遼西で保険隊を組織し、清朝の奉天将軍に帰順したあと、他の匪賊の討伐に頭角をあらわした。清朝滅亡後も、東三省においては旧体制が温存されたので、師団長に任命され、日本の関東軍の後援で、満洲の実力者になった。

張作霖は満洲に留まるつもりはなかった。満洲を利用して中国内地の軍閥抗争に勝利し、自ら中国統一の覇権を握ろうとした。そもそも東三省の財政は、歳出の十分の八が軍事費であったという。かれの文治派官僚であった王永江は、「保境安民」をスローガンとし、東三省の外に膨張しようとする軍事力を抑止し、財政負担を軽減し、地域振興に専念しようとしたが、張作霖は聞きいれなかった。

張作霖の死後、二十七歳で満洲の実権をにぎった張学良は、北満鉄道を強行回収したため、ソ連との関係を悪化させ、ソ連軍が満洲里に侵入して満洲各地を占領するという結果をまねいた。「保境安民」は、のちには日本側から張学良への要望となったのである。

日本の満洲統治を、中国は「三光」政策と呼ぶ。軍事面では、「殺光（殺し尽くす）」、「搶光（奪い尽くす）」、「焼光（焼き尽くす）」であり、経済面では、「捜光（捜し尽くす）」、「剝光（絞り尽くす)」、「搶光」という。また、満洲国の軍や警察は、「臨陣格殺(反抗する者はその場で殺害できる)」の権限を持っていた、という。

これらの言葉が日本語でないことは明らかで、もとは、中国国民党と共産党が互いに相手を残虐だと罵るために使ったプロパガンダ用語である。反満抗日ゲリラを日本軍警が何千人も殺したとか、関東軍の財源はアヘンであったとか、現代の日本人も非難するが、当時の中国大陸全土の状況と比較するべきで、日本だけが軍国主義だったわけではない。

「満洲国」のち正式名称「満洲帝国」となった国家が存在した十三年半の間、国内で戦争はなかった。満洲の地が戦乱に巻き込まれるのは、一九四五年八月の日本の敗戦のあと、国民党と共産党がこの地の争奪戦をした、一九四九年までの四年間である。日本軍は、四五年八月下旬までには完全に武装解除を終え、そのあとは、各地のソ連軍や共産党軍や国民党軍の命令に、唯々諾々と従った。残留兵器の処理の責任が、どうして日本にあるのか、私には理解できない。

日本の「二十一箇条要求」に対して「五・四運動」が起こったのは、「要求」から四年もあとの一九一九年である。この中国のナショナリズムのはじまりには、ロシア革命の影響、直接にはコミンテルンの謀略があったのではないかと、私は考えている。いずれにしても、日本人は、もっと近代史を勉強するべきである。

中国近現代史の研究者たちが、いまでは中国の一部となっている満洲を、それだけを切り離して論じるのは時代錯誤であるとするのは、誤っている。それぞれの地域がたどった歴史は、いずれかならずその地域の将来に影響をおよぼすことは、歴史が証明している。

最後に、日本のほとんどのマスコミが、固有名詞である「満洲」を、わざわざ、さんずいをつけない「満州」と書くのは、新しい文字を使った方が進歩的に見えるという、過去を否定する気持ちを表明しているように、私には思える。となりのロシア領「沿海州」は、もともと「海に沿った地方」というロシア語からの翻訳であるから、ことばの成り立ちが違う。日本語で「満州」と書くと、「満人の地」という意味になってしまうのである。

〈読書案内〉

中国人の歴史観については、私の夫の岡田英弘**『中国文明の歴史』**（講談社現代新書）、同**『だれが中国をつくったか』**（ＰＨＰ新書）を参照のこと。近代中国の実体については、北村稔**『中国は社会主義で幸せになったのか』**（ＰＨＰ新書）が出色である。張作霖については、澁谷由里**『馬賊で見る「満洲」』**（講談社選書メチエ）がよい。黄文雄**『満洲国は日本の植民地ではなかった』**（ワックＢＵＮＫＯ）などの氏の一連の著作は、日本びいきであるが、あまりに多い悪口の毒消しとして、台湾出身の氏から日本人へのエールとして読もう。拙著**『世界史のなかの満洲帝国』**（ＰＨＰ新書）は、満洲とはどんなところだったのか、なぜ日本人が大挙して出ていったのか、どのようにして中国の一部になったのかを、ふつうの日本人にわかりやすく説明することを目的として書い

——た。政治的な論争を離れて、二千年におよぶ東アジアの歴史のなかに「満洲帝国」を位置づけたものである。ぜひ一読してみてほしい。

中国に「リットン報告は満洲事変を侵略と断罪した」と言われたら

田久保忠衛《たくぼただえ》
（杏林大学客員教授）

一九三三年千葉県生まれ。早稲田大学法学部卒業。時事通信社ワシントン支局長、外信部長、編集局次長を経て一九八四年杏林大学教授。法学博士。『戦略家ニクソン』など。一九九六年正論大賞受賞。

もし、中国人やその影響を受けた日本人から「リットン報告書をなぜ認めない、満洲事変は世界も認めた侵略だ」と詰問されたとしよう。質問者には二つの前提がある。一つは、リットン報告書が日本の満洲「侵略」を断罪している、二つはこの報告書が中国の立場を支持した「国際世論」を反映している――だ。いずれも間違っていることはあとから説明するが、この誤断に基づいて書いたとしか考えられないのが、扶桑社以外の中学校用「歴史」教科書だ。

一例を大阪書籍のテキストから引くと、「国際連盟は、満州での日本の行動は侵略行為だとする中国政府の訴えを受けて、調査を行いました。そして総会では、満州国の不承認と日本軍の引き揚げを勧告する案が四二対一で採択されました。日本政府は、この決定に従わず、一九三三年に連盟を脱退し、日本は世界から孤立していきました」となる。「侵略」、リットン報告書による「断罪」、日本の連盟脱退という型にはまったお話ではないか。ところが、中国歴史教科書『中国歴史』の近代史は、柳条湖事件を口実に日本が侵略を開始し、「半年もたたないうちに東北三省の一〇〇万平方キロメートル余りの美しい国土は、すべて敵の手に落ちた。東北三〇〇〇万の同胞は日本軍の残虐行為のもと、徹底的に抑圧され侮辱された」と述べているだけで、リットン報告書には触れていない。取り上げれば自らに都合が悪いことを知っているからだろう。

全十章からなるリットン報告書はどのような価値を持つものであろうか。国際連盟事務次長として日本の連盟脱退までの間に舞台裏で奮闘努力した杉村陽太郎氏が自著の『国際外交録』に書いているとおり、人格識見が高く、国際法、軍事、中国情勢などに通暁した一流の人物は、調査団の委員長や委員になって一年またはそれ以上の期間を極東に赴くことを拒否した。「リットン卿のごとき、ジュネーブにおいてさえ名さへ大して知られぬ第三流の士であって、器量狭小、しかも感情に激し易く、生来極めて正直ではあるがその仕事の遣方は結果において必ずしも公正と認めるわけにはいかない」と杉村はけなしている。リットン委員会の結論は調査団として出発する以前に会議の場所などで出た英米人の多くが述べていた意見をまとめたものので何も新しい材料は含まれていなかったと解すべきだと言う。その時代の紛争を連盟という名で解決しようと思えば、当事国の双方に先ずいい印象を与えたうえでお互いの譲歩を求める、日本の政治家が口にする「落しどころ」をどうするかに委員全員が腐心したのだと思う。

しかし、杉村も明言しているとおり、報告書全十章のうちの八章までは立派なでき栄えだ。一八四二年の南京条約のあとも中国は外国への適応がうまくいかなかったのと対照的に、日本は「古き伝統の価値を減ずることなく西洋の科学と技術を同化し、西洋の標準を採用したる速度と安全性は全く賞讃せられたり」とベタ誉めされている。ここから説き起こして中国の歴史と現状を説明し、「日本は、シナの無法律状態により他の何れの国よりも苦しみたり。シナにおける居住外人の三分二以上は日本人にして、満州における朝鮮人の数は約八〇万を算す。故に現在の状態においてシナの法律、裁判および課税に服従せざるべからずとせば、これにより苦しむ国民を最も多く有する国はすなわち日本なり。日本はその条約上の権利に代るべき満足な保護が期待し得られざるにおいては、到底シナ側の願望を満足せしむることを不可能なるを感じたり」、「満州における日本の行動および方針を決定せしものは、経済的考慮よりはむしろ日本の安全に対する重大なる懸念なるべし。（略）世人は右のごとき懸念に同情し、かつあらゆる事態において日本の国防を確保するため重大責任を負わざるを得ざる右政治家および軍部の行動および動機を了解するに努むべし」といった表現が少なからず登場する。実際に日本に同情的な委員が多かった報告書を日本人自身は正確に読む義務があると思う。

東京裁判におけるパル判事が「パル判決」の中で何度も引用したのはリットン報告書のボイ

コットに関する表現である。報告書はとくに第七章「日本の経済的利益および支那のボイコット」を設け、中国の反日運動がこのボイコット運動に集中された経緯と実態を余すところなく詳述している。「使用せられたる方法の技巧を検討するにボイコットの成功に必須なる民衆感情の雰囲気は『仇』国に対する民心を刺戟するため巧妙に選ばれたる標語を用い、全国にわたり統一的に実行せられたる猛烈なる宣伝により創生せられ居るを見る」で凄じさの一端がわかる。

柳条湖事件の二カ月前の三一年七月十七日に上海反日会が決めた四原則は、①既約の日貨の注文を取消すこと、②既約日貨にして積込未了のものは船積を停止すること、③既に倉庫にあるも支払未了の日貨は受領を拒絶すること、④既購入日貨を反日会に登記し、その売却を一時停止すること――である。さらに、中国人は日本船での旅行、日本の銀行の利用、業務上も家事上も日本人の下で働かないよう警告を受けた。全国的に組織を持った国民党が組織を利用してあおり立て、警告に従わない中国人業者に爆弾を投げ、財産を破壊するなどの脅迫を行った実例がリットン報告書には挙げられている。国民党はいま共産党に名前を変え、党の意のままに反日暴力デモを組織しているが、先例があったのだ。世界大恐慌の影響をもろに受けた当時の日本にとって中国のボイコットは経済面だけでもどれだけの被害をもたらしたか。

それはともかく、報告書最大の問題は第九章と第十章だった。とりわけ九章では問題解決の一般原則として十項が挙げられたが、そのうちの第四項は「満州における日本の権益は無視し得ざる事実にしていかなる解決もこれを承認し、かつ日本と満州との歴史的関連を考慮に入れるにあらずんば満足なるものにあらず」である。日本の満洲における特殊権益を歴史的にも認めているのである。この報告書を中国が葵の御紋よろしく振りかざしたらどうなるか。

日本の不満は第七項の「満州の政治は支那の主権および行政的保全を害することなく、しかも同地方の事情およびその特殊性に適応する様工夫せられたる広範なる自治による様変更すること。新文治制度は真に善政たり得る様組立てかつ運せられるべきこと」にあった。しかも、第八項は、秩序を維持するために憲兵隊を創設し、同時に外国軍隊の撤退を求めている。さらに第十章で、「先ず東三省（黒龍江省、吉林省、奉天省《現遼寧省》）に特別行政機構を設定せんがため具体案を審議すべき諮問会議を招集すべきなり」と述べた。誰が、と言うよりは、日本国民全体がこれに感情的に反発していったのだと思う。

四二対一で満洲国が否認され、日本が連盟を脱退する前の国際的な気運を知る一つの材料として、オランダの中国問題専門家でリットン委員会の専門委員を務めたアンジェリノ氏が杉村に会って述べた発言の記録が残っている。柳条湖事件の三カ月前に、視察中に中国側によって殺された中村大尉事件や中国に穏やかな姿勢を示した幣原外交などに同情してこう述べている。「自分としては既往数年間における支那側の抗日的態度、殊に中村大尉事件のごときに対し、日本の軍人達が癇癪を起こし、支那側に一撃を加えたるは真に無理からぬことと信じ、ことのあまりに当然なる、いささかも非難の余地なきものとの見解を有す。幣原外交の実績に徴するも支那側は日本側の好意に甘え、不当に付け上りたり。この一事に対しては委員会内の意見一致し、何人も異議を挿み得ず。従って日本側においても九月十八日の事件が正当防衛に出でたりとか、または満州建国は三千万の意思に基く民族自決の結果なりと言うがごとき点に力を注がるる代りに支那側の無暴摘発、之に対しやむを得ず種々権宜の措置に出でたるゆえんを率直に記述せられる方形勢を有利に展開し得べきかと思考す」

バランスのとれた意見とはまさにこれであろう。リットン報告書を全く無視し、日本の「無暴摘発」に中国は没頭し、「歴史を鑑とせよ」とのたまう。追随する日本の一部勢力は報告書を中国に有利に誤読する。コミンテルンと米国がどのように中国にかかわったかの検証を排除し、柳条湖事件以前と以後を剃刀できれいに切り離し、日本を悪者にした歴史は鑑にしたくも仕様がないではないか。

〈読書案内〉

リットン報告書は**『リットン報告書――日支紛争に関する国際聯盟調査委員会の報告』**（外務省仮訳　国際聯盟協会　昭和七年十月八日）を参考にした。英文と日本語訳を対照できる。杉村陽太郎は**『国際外交録』**（中央公論社　昭和八年八月五日）で当時の日本がどのような国際環境の下にあり、いかなる経緯で国際連盟を脱退したかを平易に書いている。支那の対日ボイコットがいかに凄じかったかは**『共同研究パール判決書――太平洋戦争の考え方**　東京裁判研究会編』（東京裁判刊行会　昭和四十一年六月十日）を読めばよくわかる。アンジェリノが杉村に語った記録は「**杉村・アンジェリノ会談録**」として「**日本外交史18　満洲事変**」（守島伍郎、柳井恒夫監修　鹿島研究所出版会）に紹介されている。

中国に「国共合作で、中国は一体で抗日戦争を戦った」と言われたら

名越《なごし》　健郎《けんろう》（在モスクワ・ジャーナリスト）

一九五三年生まれ。東京外国語大学ロシア語科卒業。時事通信社モスクワ支局長。主著に『ジョージ・ブッシュの華麗なユーウツ』（新潮社）など。

中国の胡錦濤国家主席は二〇〇五年九月三日の抗日戦争勝利六十周年式典の演説で、国共合作で抗日戦争に勝利したと強調、「国民党と共産党が指導する抗日軍隊が、正面の戦場と敵の背後の戦場で作戦任務を分担した」と述べ、抗日戦での国民党の役割を高く評価した。中国指導部は従来、国民党の役割を「反共に積極的だったが、抗日には消極的だった」などと矮小化し、「中国共産党こそが抗日勢力の中心勢力」と強調していた。急に国民党を持ち上げるようになったのは、台湾独立反対の立場をとる国民党を重視し、反日を利用して台湾の親中意識を掘り起こす狙いがある。

実際の抗日戦争は、蔣介石率いる国民党軍が戦争の正面に立ち、主力だった。共産党はもっぱらゲリラ戦にとどめて戦力を温存。戦後、日中戦争ですっかり疲弊した国民党軍を叩いて権力を奪取し、漁夫の利を収めたというのが真相に近い。

また最近、抗日戦争の歴史認識で中国は、大戦末期の旧ソ連軍の対日参戦を賞賛するようになった。「六日戦争」で北方領土を奪い、六十万人以上の旧日本兵をシベリアに抑留したソ連の対日参戦は、日本人からすれば「火事場泥棒」だが、胡錦濤主席は二〇〇五年五月九日、モスクワでの対独戦勝六十周年式典に参列した際、プーチン・ロシア大統領に「日本軍国主義に対する中国人民の勝利は、ソ連赤軍の支援のおかげで達成された。中国人民はそれを永久に忘れない」と述べた。その際、参戦したロシアの退役軍人らを大使館に招き、「中華民族とロシア民族は偉大な民族」と強調、中国製テレビをプレゼントしていた。

中国は長年の中ソ対立もあって、ソ連の対日参戦を賞賛することはほとんどなかった。一九七〇年代末の中ソ対立時代、訪日した中国要人はしばしば根室を訪れ、北方領土を指しながら「ソ連覇権主義の表れだ」と述べ、日本の返還要求を擁護していた。日本外務省幹部はこれに相好を崩し、対中ODA（政府開発援助）を大盤振る舞いしたものだった。しかし、ソ連軍の対日参戦支持は、北方領土問題で中国が事実上、ロシア支持に転換したことを意味し、ここにも日本外務省の対中外交の破綻が現れている。対日参戦支持には、蜜月関係にあるロシアを中国の反日政策に同調させることで、反日包囲網を築く思惑が読み取れる。

だが、抗日戦争での国共合作やソ連軍参戦は、中国共産党のイニシアチブではなかった。スターリンのソ連も終始国民党を重視し、共産党を冷遇した。中国が偉大な解放闘争と位置付ける抗日戦の背後では、ソ連が主導したコミンテルン（国際共産党）の冷酷な思惑が働き、中国共産党はそのシナリオに沿って動いたのだ。「共産党が抗日戦争の中心」という神話も歴史の捏造である。

国民党と共産党の協力は、軍閥に対抗した一九二四—二七年の第一次合作、日本と戦った三七—四五年の第二次合作があるが、いずれもコミンテルンの指示によるものだった。この二つの合作を通じ、泡沫政党だった共産党は勢力を拡張しており、中国革命の成立はコミンテルン抜きに語れない。

一九一七年のロシア革命で政権を握ったレーニン率いるボルシェビキは、世界革命に向けた輸出拠点となるコミンテルンを創設。極東にも強い関心を持ち、コミンテルン極東書記局を設置して日本や中国の革命運動を支援した。二一年に陳独秀、毛沢東ら十三人が上海で設立した中国共産党、二二年に野坂参三らが設立した日本共産党は、それぞれコミンテルン中国支部、日本支部の役割を担った。

中国のような半植民地体制へのレーニンの革命理論は、民族解放運動をブルジョア政党と共産党が共闘で進め、独立を達成した後、共産党が権力を奪取してプロレタリア革命を行うという二段階革命論だった。この場合のブルジョア政党が国民党であり、中国に派遣された数千人のコミンテルン顧問団は脆弱な共産党に国民党との共闘を指示。共産党員が国民党に入党し、二四年に第一次国共合作が始まった。しかし、国民党内の共産党分子がコミンテルンの指示で、日米英などの総領事館を襲撃するなど外国人排斥に乗り出したため、蔣介石が共産党弾圧を行い、国共合作を放棄した。

この間、モスクワでは、国共合作の指導方針をめぐってスターリンとトロツキーの激しい論争があった。スターリンは「革命政権樹立は時期尚早」として共産党の国民党への従属を支持したが、トロツキーは「中国の労働者・農民を武装させ、臨時革命政府を樹立すべきだ」と主張した。最終的にはトロツキーが論争で勝利し、コミンテルンは労働者蜂起を中国共産党に指示した。だが、これが逆に蔣介石の共産党弾圧を激化させ、共産党は低迷期に入った。

スターリンがトロツキーを追放して全権を握った後のソ連の対中政策は、国民党重視、共産党軽視を鮮明にした。国民党軍の幹部だった張学良が西安で蔣介石を拘束した三六年の「西安事件」に端を発した三七年からの第二次国共合作も、ソ連の指示によるものだ。毛沢東は共産党と通じた張学良に蔣介石の殺害を要求したが、スターリンはコミンテルンを通じて共産党に秘密書簡を送り、蔣介石殺害に強く反対。「蔣介石を釈放しなければコミンテルンを除名する」と恫喝した。共産党は国民党と組んで抗日で結束せざるを得なかった。

西安事件から半年後の三七年七月に北京郊外の盧溝橋で起きた日本軍と国民党軍の衝突も、「最初の一発」を撃って挑発したのは、コミンテルンの秘密指令を受けた共産党側の工作だったとの情報が、ソ連解体後解禁された機密文書で憶測されている。コミンテルンは盧溝橋事件直後、中国共産党に対し、「日中の全面衝突を導き、対日ボイコットを全土に展開し、日本への譲歩を図る要人は抹殺しても構わない」とする秘密指令を出していた。

「一国社会主義」に転じたスターリンの極東戦略は、日中を全面対決させ、日本軍のソ連攻撃を回避することに集約された。中国で日本軍と国民党軍を戦わせて双方を疲弊させることで、中国ひいては日本を共産化させるという思惑もあった。中国共産党はその駒として使われたのであり、その後の中国情勢は、スターリンの陰謀通りの展開となった。

一方で、スターリンは最後まで国民党を重視し、蔣介石に敬意を払った。スターリンは大戦中、米国のハリマン大使らとの会談で、蔣介石を「私心を持たない愛国者」と持ち上げ、中国共産党を「真の共産主義者ではない。マーガリン共産主義者だ」と酷評した。日本の降伏直前の四五年八月、ソ連は国民党政権と友好同盟条約に調印して共産党を無視した。中国内戦が激化する中、共産党はソ連の外交承認を切望したが、スターリンは共産党の勝利を最後まで信じていなかった。四九年五月、共産軍の攻勢で国民党政権の首都南京が陥落した時、米国など各国大使が南京にとどまったのに、ソ連大使は敗走する国民党政権とともに広東に移動した。

スターリンが中国共産党を軽視したのは、蔣介石政権との関係が悪化すれば、米英とのヤルタ合意が反故になりかねなかったこと、東欧革命に手一杯で、中国まで手が回らなかったことが考えられる。しかし、それ以上にスターリンは、中国革命が成功するとは信じていなかったのだろう。

ソ連は四九年十月の中華人民共和国誕生後に正式承認するが、これに先立つ七月には東北部の共産党指導者だった高崗をモスクワに招き、通商協定を締結、旧満州の利権確保に野望を示した（高崗は東北の独立王国化を図ったとして五五年に党を除名され「自殺」）。

一連のソ連の厳しい仕打ちにもかかわらず、中国共産党はソ連への服従を続けた。中国側の鬱積した怒りが爆発し、中ソ論争を挑むのは、「国際共産主義運動の偉大な指導者」と仰いだスターリンの死後だった。

中国共産党にとって、九一年のソ連邦とソ連共産党の解体は、社会主義の退潮という喪失感よりも、安堵感の方が強かったかもしれない。中国共産党は創設から日中戦争、内戦、革命、その後の中ソ対立からゴルバチョフ時代末期の和解に至るまで、「兄貴分」のソ連に翻弄され続けた。中国共産党の過去の恥部を知り尽くしたソ連の崩壊は、歴史の隠蔽という点で都合がよかった。

かつてのソ連は、中国が頭の上がらない「兄貴分」だったが、現在は国力が逆転して「ロシアが弟分」（ロシア紙・コメルサント）となった。中国はロシアに圧力を掛け、エネルギーを提供させ、合同軍事演習を実行させ、日本軍国主義批判に同調させ、化学工場爆発に伴うアムール川汚染でも沈黙させた。ロシアの識者の間には、中国への不満が鬱積しつつあり、いずれ中ロ対立が再燃するかもしれない。

〈読書案内〉

中ソ関係史は中嶋嶺雄著**『中ソ対立と現代』**（中央公論社）がお勧め。中国の内政を軸に中ソ対立の重構造を分析し、戦後アジア史の国際環境の中で中ソ対立の本質に迫っている。中ソ対立さ中の一九七八年出版だが、その後の中ソ和解も予測している。中ソ関係の概観については、毛里和子著**『中国とソ連』**（岩波新書）。近著では、下斗米伸夫著**『アジア冷戦史』**（中公新書）が旧ソ連崩壊後、ロシアで解禁された文書などを利用し、ソ連の対中政策やアジア政策を再構成した。藤岡信勝ほか著、西尾幹二責任編集**『新・地球日本史』**（産経新聞ニュースサービス）は昭和史を新しい視点から洗い直し、コミンテルンの裏面史にも切り込んでいる。

中国に「盧溝橋事件は日本軍の謀略で戦争が始まった」と言われたら

秦《はた》 郁《いく》彦《ひこ》
（現代史家）

一九三二年山口県生まれ。東京大学法学部卒業。大蔵省財政史室長を経て拓殖大学、千葉大学、日本大学各教授を歴任。法学博士。主著に『日中戦争史』『昭和史の謎を追う』『歪められる日本現代史』などがある。

まずは中国の国定史観を知るため、小学生用教科書の記述（明石書店刊の「世界の教科書シリーズ」）を引用してみよう。

一九三七年春以降、日本帝国主義はわが国への侵略を強め……盧溝橋地区で、続けざまに①挑発的な軍事演習を行った。盧溝橋は北平（北京）の西南の永定河にあり……日本侵略軍はすでに②三方から北平を包囲しており……七月七日の夜、日本側は日本軍の演習に参加した一名の兵士が失踪したと③嘘を言って、盧溝橋の東の宛平《えんぺい》県城内に入って④捜査することを要求した。この不当な要求は中国駐屯軍に断固として拒絶された。日本軍は口実を設けて大軍を集め――中国守備軍を攻撃した。二十九軍の将兵は堪忍袋の緒が切れて、奮起して反撃した……わが国は全民族の抗日戦争を始めた。⑤

中国では国定史観に反する歴史書の刊行は許されていないから、盧溝橋事件に触れた著作物はこの教科書と似たりよったりの記述ばかりなのだが、一言で評せばまちがいだらけと断じてよい。目にあまる個所には傍線を付したが、まず①について言えば、日本は義和団事件（一九〇〇）の鎮圧後に、出兵した連合軍と清国政府の間に結ばれた北清事変議定書により、英米仏伊など欧米諸国とともに駐兵権と演習権を獲得した。日本の支那駐屯軍は「不法滞在」していたのではない。七月七日夜の演習も定期検閲を控え、陸軍の主敵であるソ連軍向けの課目であり、予定は中国側に事前通報していた。

つぎは②だが、北京・天津地区の第二十九軍約六万に対し支那駐屯軍の兵力は五五〇〇、宛平県城に駐屯する第二一九団（連隊）第三営（大隊）の一四〇〇に対し、四キロ東の豊台兵営にいた支那駐屯歩兵第一連隊第三大隊は約五〇〇人だから、三方から包囲されていたのは日本軍のほうであろう。⑤も同様だ。

永定河東側の演習地で夜間演習中の第三大隊第八中隊が、堤防方向から実弾射撃を浴びたのは十時半頃である。清水中隊長がラッパで部下を呼集したさい、暗夜に迷って二十分後に戻ってきたのは、初年兵の志村菊次郎だった。志村の行方不明と帰隊した事実は、事件の報告を受けて深夜に開かれた日中外交交渉の席にも報告されている。すぐ戻ってきたのだから、宛平県城の捜索を要求する理由はない。③と④で嘘をついたのは中国側と言うべきだろう。

何よりも、中国のどの歴史書も言及を避けているのが、いわゆる「盧溝橋の第一発」、つまり七月七日夜、清水中隊が銃撃されたという事実である。前記の日中交渉で松井特務機関長が発砲者を第二一九団第三営と名指しで抗議したのに対し、秦徳純《しん》（第二十九軍副軍長）は「堤防には配兵していない」「撃ったとすれば匪賊か、西瓜小屋の番人か国民党の特務かも」とはぐらかしているが、共同で現地へ調査団を送ることに合意した。発砲があったことを前提としてのやりとりとしか思えないが、あらためて第三大隊の戦闘詳報、清水中隊長手記、特務機関日誌や生存者の証言を総合して七日夜の状況を再現してみたい。

清水中隊（約一三〇名）が永定河の堤防に到着したのは七日夕方、見ると堤防上で二〇〇人以上の中国兵が盛んに散兵壕陣地を掘っていた。中隊長は彼らの作業が終るのを待って演習にかかった。堤防の東七〇〇―八〇〇メートルに仮設敵の兵を配し、それをめざし匍匐して隠密に接敵行動する兵を発見した場合は、仮設敵が軽機関銃で空砲を点射するきまりになっていた。空砲射撃とは、運動会のスタート用ピストルに似ているが、火薬をまぶした紙を発射するさいパンという音と閃光が出る。堤防陣地から見ると、暗夜なので正面至近から撃たれたと錯覚する可能性はあった。

実際に十時半頃、仮設敵の軽機が点射した直後に、堤防方向から数発の射弾が飛んだ。飛行音から実弾だと直感した清水中隊長は、部下に演習中止、全員集合を合図するラッパを吹かせた。すると今度はラッパ音を狙ったかのように、ほぼ同一方向から十数発の実弾射撃を受ける。

清水は直属上官で豊台にいた一木大隊長へ伝令を走らせ、指示を待つ間に堤防から遠ざかる位置に中隊を移動させた。前後して北京で日中双方の交渉が進んでいたのだが、調査団が現場へ到着する前の朝三時半頃に三回目の銃撃が起き、牟田口連隊長は四時二十分、一木へ堤防陣地への反撃を命じたというのが、およその経過である。

その後、盧溝橋周辺の日中両軍はにらみあったまま対峙し、その間に日本政府の大規模派兵声明（七月十一日）、現地停戦協定の成立（同）、国民政府中央軍の北上、支那駐屯軍の総攻撃（七月二十八日）、上海の日本海軍陸戦隊に対する中国中央軍の攻勢（八月十三日）を経て全面戦争へと拡大していく。

これまでの論考で、日本軍発砲説はほぼ成りたたないことが確認できたと思うが、では犯人は誰なのか。

東京裁判でも結論は出ず、その後もミステリーの謎解きめいた諸説が乱立してきた。大別すれば（A）日本軍の公的または私的謀略、（B）第二十九軍末端兵士の発砲、（C）中国共産党の謀略、（D）その他勢力の策動、といったところである。

最近のわが国では（C）の人気が高いが、推測で書くわけにはいかない現行の教科書は「盧溝橋付近で、日中両国軍の衝突事件が発生した」（山川出版社版高校日本史）とか「盧溝橋で、演習していた日本軍に向けて何者かが発砲」（扶桑社版中学日本史）のように、ぼかした表現にとどめている。

筆者自身も久しく「発砲者は不明」の立場を通してきた。だが宛平県城を守備していた第二一九団第三営長で、河南省在住の金振中（一九〇三―八五）の回想談（一九八四年）が北京市政協編『七七事変』（中国文史出版社、一九八六）に掲載され、全文の訳を『中央公論』の一九八七年十二月号に紹介していらい、発砲者は（B）の第二十九軍兵士だと確信するようになった。あえて確度は、と問われれば九五％以上と答えたい。金の証言が初めて明らかにした重要事実は次の三点である。

1　指揮下の第十一中隊を永定河の堤防に配置していた。

2　七月六日、上司の何基灃旅長より二一九団に対し日本軍の行動を監視し、もし挑発してきたら必ず断固として反撃せよとの命令が来た。我々は、日本軍の挑発行動にかねがね憤慨していたので、決死で抵抗する覚悟を確認しあった。

3　同日、日本軍の演習状況を偵察したのち、私は部下の各中隊に戦闘準備を指令し、日本軍が中国軍陣地の一〇〇メートル以内に侵入したら射撃せよ、と指示した。

すでに書いたように、堤防方向から実弾を射たれたとして、責任を追及する日本側に対し、一九三七年当時は金振中をふくむ中国側は一貫して堤防への配兵を否認していた。ところが半世紀後に金老人はうっかり本当の話を語り、ヒアリングをまとめた若い世代の編集者も削るのを失念したものかと思われる。

1のうっかりミスは3の証言につながる。このくだりは日本軍への発砲をストレートに認めた表現ではなく条件付きとはいえ、あらかじめ部下に発砲許可を与えた事実は重い。演習を目前に眺め、敵意と恐怖に興奮していたであろう堤防陣地の下級将校か兵士が、夜間の距離測定を誤り、指示された条件だと反応し、発砲してもむりからぬものがあった。

県城内にいた金振中は、部下の発砲を知っても、命令違反として責めにくいから、配兵せず、発砲せず、で押し通すしかなかったろう。

かつて特務機関の寺平大尉は、八日に占領した堤防陣地の検分から発砲の責任者を第十一中隊長の耿錫訓《こうしやくくん》大尉と推定した。一九八〇年代から三度にわたり現地を検分した筆者は、耿の消息を探したが、突きとめるに至っていない。

ただし二回にわたる七月七日夜の発砲が乱射乱撃にならず、中国軍は堤防陣地から出撃していない点から、必ずしも故意の発砲とは思えない。あえて想像すれば、仮設敵の軽機点射は空砲だから、音響と閃光だけで実弾の飛行音もないし、ついで集合ラッパに刺激されて反射的に撃ったものの日本軍が突撃してくる気配もないので、発砲を中止したものかと思われる。

筆者は『中央公論』の金回想記への解説で以上のような推論を書いたのだが、数日後に中国の新華社通信が回想記の編者による「金の記述を根拠なしに歪曲している」とのコメントを報じた。おそらく編者はミスの責任をきびしく問われたのだろうが、案じていた金振中はすでに一九八五年に死亡し、遺言で遺灰が盧溝橋の下に葬られていることがわかり、ホッとした記憶がある。

ついでに中共謀略説に触れておくと、その可能性はきわめて低いというのが拙著『盧溝橋事件の研究』(一九九六)の結論だ。そう判定した理由の第一は、華北一円の政治工作を担当する中国共産党北方局の劉少奇書記を含む主だった幹部は延安で開かれた白区会議に出席して不在だったうえ、事件直後の北方局は党員を安全地帯へ退避させるのに忙しかったこと、第二に有力な裏付け材料とされた対日即時開戦を呼びかける七月八日付の党アピールが実際に発電されたのは、十二日か十三日頃と判明したことなどである。

第二十九軍兵士による偶発的発砲説は、その後、安井三吉(神戸大教授)や故江口圭一のような研究者からも支持されており、もはや定説化したと言ってもよいのではあるまいか。

〈**読書案内**〉
日本語の文献としては秦郁彦『**盧溝橋事件の研究**』(東京大学出版会、一九九六)、安井三吉『**盧溝橋事件**』(研文出版、一九九三)、同『**柳条湖事件から盧**

溝橋事件へ』（研文出版、二〇〇三）、江口圭一『盧溝橋事件』（岩波ブックレット、一九八八）、劉傑『日中戦争下の外交』（吉川弘文館、一九九五）、寺平忠輔『盧溝橋事件』（読売新聞社、一九七〇）などがある。

中国語の文献としては『原国民党将領抗日戦争親歴記・七七事変』（中国文史出版社、一九八六）、李雲漢『盧溝橋事変』（東大図書公司、一九八七）、『中華民国重要史料初編――対日抗戦時期　緒編（一）―（三）』（中央文物供応社、一九八一）などがある。

中国に「日中戦争の死傷者三五〇〇万、南京大虐殺三〇万を認めろ」と言われたら

櫻井《さくらい》よしこ
（ジャーナリスト）

一九四五年生まれ。主著に『エイズ犯罪・血友病患者の悲劇』（中央公論社）、『日本の危機』（新潮社）、『憲法とはなにか』（小学館）、『国売りたもうことなかれ――論戦２００５』（ダイヤモンド社）など。

中国政府は日中戦争の死傷者は三五〇〇万人であり、南京での日本軍による虐殺は三〇万人にのぼると声高に主張する。

一方で、戦後六〇年がすぎて、多くの研究が行われてきた。これまで世に出ることのなかった中国側の資料を精査して行われた調査、研究は、中国政府の主張する一連の数字が明らかな事実誤認であることを示している。のみならず、一連の数字の間違いは、間違いというより中国政府の政治意思に基いた〝捏造〟であることも明らかになってきた。

まず、日中戦争で日本軍によって三五〇〇万人が犠牲になったという主張である。〝三五〇

〇万人〟というこの数は、一九九五年五月九日、江沢民国家主席（当時、以下同様）がモスクワで突然、発表したものだ。

江沢民主席は、ロシア政府主催の第二次世界大戦終結五〇周年記念式典で三五〇〇万の中国人を死傷させた日本軍の野心を中国が粉砕し、不滅の貢献をしたと演説した。帰国後、江沢民は、前年に打ち出していた愛国主義教育実施要綱の実施に着手した。

愛国主義教育の内容は第五条、「愛国主義教育の為に社会的雰囲気を作る」で説明がつく。愛国、つまり反日教育は、単に学校での教育によって成し遂げるべき課題ではなく、社会全体を反日の雰囲気で包むことによって達成すべきことだというものだ。対象を幼稚園児から大学生まで二億三六〇〇万人に限るのではなく、十三億余の国民全員を反日に染め上げることを明確な国家目標として掲げたのだ。

江沢民の指示を受け、中国全土で、早速、セミナー、シンポジウム、公演、展示会、写真展、映画など、考え得る全ての手段を動員した、国民各層への愛国に名を借りた反日国民教育プログラムが実施された。

同主席は日中平和友好条約二〇周年の一九九八年に国賓として来日、早稲田大学での講演でも三五〇〇万人説を展開した。私学の雄の早稲田の学生でさえ、日本の歴史を知らない。歴史に関して殆んど白紙状態の早大生、日本国民、そして中国に物言わぬ外務省と政治家らが沈黙を守り通すなかで、三五〇〇万人という数字が一人歩きを始めたのだ。

歴史を振りかえると、日中戦争の犠牲者の数は、日本人の常識では理解し難い変遷を辿ってきた。日本が、戦いに敗れたことをもって犯罪国家とされて裁かれた東京裁判で、中華民国軍政部長を務めた何応欽が中国の人的被害の数を「軍人三二〇万、民間人不明」として出している。しかし、何応欽はその後両方合わせて五七〇万人だと訂正した。一方、内戦を経て中国共産党が中華人民共和国を樹立すると、日本軍による人的被害の数は二一六八万人へと飛躍的にふえた。

三二〇万人から五七〇万人へ、さらに二一六八万人へと想像を超えて増えた犠牲者の数はとどまるところを知らず、前述のように、九五年五月には三五〇〇万人にされたのだ。二一六八万人から三五〇〇万人に、約一四〇〇万人の増加について、江沢民も中国政府も何の説明もしてはいない。

中国政府は二一六八万人を〝正式な数字〟として、その数を長年各地の反日を基調とする博物館等に掲げてきた。その当時はそれでも、軍人と民間人、死者と負傷者の内訳を示していたが、いまや、三五〇〇万人について中国政府は、内訳さえも示してはいない。

中国人による〝数字〟について、私は二〇〇五年夏、興味深い体験をした。「文藝春秋」の企画で杏林大学客員教授の田久保忠衛氏と共に北京を訪れ、中国を代表する学者二名と共に日中歴史問題について論じたときのことだ。中国側の学者両氏は、歴史問題では日本が悪いとの主張を、表現を変えて繰り返した。私は彼らに、三二〇万人から五七〇万人、二一六八万人、さらに三五〇〇万人へと被害者数が増加した根拠について問うた。さらに、たった一種類しかない中国の国定教科書で、日中戦争の犠牲者は一九六〇年までは一〇〇〇万人と教えられ、八五年には二一〇〇万人と改訂され、九五年には三五〇〇万人と、なんの説明もなく増えていったのはなぜかとも問うた。

彼らは当初、右の問いには全く答えようとせず、話題を他の点に移そうとした。しかし、中国流の事実の歪曲を知るにはどうしても答えてもらわなければならない。三度目に問い質したとき、中国社会科学院研究所研究員の歩平氏が次のように答えたのだ。

「戦争の犠牲者についてですが、歴史の事実というのは孤立して存在するのではなく、それは感情というものに直接関係しているということを申し上げたいと思います」

馬脚を露すとはまさにこうしたことだ。日中戦争の犠牲者の数の理不尽な増加が国民感情に直結していると言うのであれば、その数は日本への恨みと憎しみの感情表現に他ならず、歴史事実とはなんの関係もない。しかもその恨みと憎しみを愛国主義教育によって植えつけ、増幅させるのが中国の国策である限り、反日感情も、犠牲者数も、その主な部分は中国政府自らが創作したものだと言われても弁明できないだろう。

右のくだりで歩平氏はこうも述べた。

「たとえば南京大虐殺の三十万人という数字について、当然、根拠はありますが、これはたんに一人ひとりの犠牲者を足していった結果の数字ではありません。被害者の気持ちを考慮する必要もあります」
中国を代表する立場で、社会科学院の学者が、事実上、南京事件の犠牲者、三〇万人という数も、事実ではないと言っているのだ。中国国民の感情の反映であれば、この数字もいつの日か、日中戦争全体の犠牲者の数が根拠もなく増加したのと同じく、増えていく可能性はゼロではないだろう。

そこで南京事件である。いわゆる南京大虐殺は、日本の敗戦後、日本を犯罪国家と決めつけて裁いた軍事法廷で、はじめて出現した。南京で行われた国民政府国防部戦犯軍事法廷と東京で行われた極東軍事裁判でのことだ。両法廷での南京事件に関する判決内容は、南京裁判が「大虐殺」の犠牲者を「三十万人余り」とし、東京裁判が「十万人余り」とするなど、甚しく食い違う。

〝南京事件〟を最初に世に伝えた書が"WHAT WAR MEANS: The Japanese Terror in China"であり、その著者はH・J・ティンパーリー、日本軍の南京占領当時、中国に駐在したマンチェスター・ガーディアン紙の特派員である。ティンパーリーの著作と共に、日本軍による〝南京大虐殺〟を確定する一連の証拠資料の基本となったものに、当時金陵大学教授だったルイス・スマイスの"War damage in the Nanking area, December, 1937 to March, 1938. Urban and rural surveys"がある。

この両者共になんと、〝カネ〟で中国国民党政権に雇われていた事実が明らかにされているのだ。

国民党は一九三七年十一月に国民党中央宣伝部を設置、その下に対外宣伝担当の国際宣伝処を設けた。中国の「部」は日本の「省」にあたるため、中央宣伝省国際宣伝局が出来たと思えばよい。その国際宣伝処の処長となったのが曾虚白という人物だ。

曾は国民党が中国共産党との戦いに敗れて蔣介石が台湾に逃れると、自身も台湾に逃れ、中央通信社社長を務めたそうだ。彼は『曾虚白自伝』の中で、次のように述べている。

「我々は目下の国際宣伝においては中国人は絶対に顔をだすべきではなく、我々の抗戦の真相と政策を理解する国際友人を捜して我々の代弁者になってもらわねばならないと決定した。ティンパーリーは理想的人選であった。かくして我々は手始めに、金を使ってティンパーリー本人とティンパーリー経由でスマイスに依頼して、日本軍の南京大虐殺の目撃記録として二冊の本を書いてもらい、印刷して発行することを決定した」（北村稔『「南京事件」の探究』文春新書）

こうして書かれた資料を元に、南京大虐殺は事実だったと確定されていった。では、南京大虐殺は本当にあったのか。

国民党軍の士官で南京陥落後三か月間南京市内にとどまり、『陥都血涙録』を書いた人物に郭岐がいる。郭岐は日本軍が南京で殺戮を繰り返したとしたうえで「（中国人を銃殺する）その銃声が終日たえない日が三カ月続いた」と書いた。

その一方で当時の自身の日常生活を綴った部分には「正午になると同僚の軍人の家へ行き昼食を食べ」た、「碁を打」った。「いずれにしても平々凡々と過ごした」などと書かれているのだ。

南京市が安全区と一般市街地に分かれていたとはいえ、両区域間に音を遮断する壁があったわけでも、往来を妨げる堀があったわけでもない。安全区に住んでいた郭岐が、一方では日がな一日、中国人を殺戮する日本軍の銃声が聞こえたと書きながら、他方ではその日記の部分で同僚の家を訪ねて昼食を共にし、碁を打ち、平々凡々とすごしたと書いている。

暮らしの描写に、毎日、嘘を書き綴ったとは思えない。『陥都血涙録』こそが偽りなのだ。

こうしてみると、「南京大虐殺」が事実であったとする根拠は決定的に崩れ去っている。

かつて中国は日本を貶めるために国策として虚偽の情報を国際社会に広めた。現在も、彼らは日本を貶めるためにはどんな嘘をついてもいいと考えている。そのような心理から生れてきたのが日中戦争の犠牲者三五〇〇万人説であり、南京大虐殺三〇万人説である。日本国民は、こうした一連の事実関係を明らかにした鳥居民氏の『「反日」で生きのびる中国――江沢民の戦争』（草思社）や北村氏の前掲書、鈴木明氏の『新「南京大虐殺」のまぼろし』（飛鳥新社）などを心して読むべきである。

〈読書案内〉

中国人の言う数の出鱈目さは何故なのか。この件について知るにはまず、中国人自身がどれほど人命を軽視する民族であるかを知らなければならない。一九五七年、フルシチョフとの会談で毛沢東は対米核戦争で中国の六億の民の半分が死んでも残り三億が生き残るから構わないと述べている。平松茂雄氏の**『中国は日本を併合する』**（講談社インターナショナル）を読めば中国の政治がいかに国民の犠牲を当然の条件として成り立っているかがわかる。**『中国がひた隠す毛沢東の真実』**（北海閑人、草思社）も四千万人以上の国民を死なせて恬として恥じない毛沢東の中国を報じている。その他、文中で触れた鳥居民、北村稔、鈴木明各氏の著書を読まれることをお勧めする。

中国に「『万人坑』『三光作戦』『731』で大量殺害された」と言われたら

田辺《たなべ》 敏雄《としお》
（昭和史研究家）

一九三八年東京生まれ。東京理科大学中退。八六年頃より、旧日本軍・民の虐殺行為報道に疑問を持ち調査に当たる。主著に『検証 旧日本軍の「悪行」』『追跡 平頂山事件』などがある。

日中戦争による「中国人死傷者三千五百万人」の定着を目指し、中国は機会あるごとに世界に向けて喧伝している。

ナチス・ドイツによるホロコーストを議題とした国連総会の審議で、中国代表はこの数をあげながら「ユダヤ人の人々と同様、アジアの人々も歴史のこの一幕を決して忘れないだろう」（産経新聞、二〇〇五年十一月三日付）と日本非難を展開したのもこの表われであろう。おそらく二〇〇八年の北京オリンピックが宣伝の山場になると思う。

いうまでもなく、三千五百万人の根拠となると漠として不明である。だが、「万人坑」がその一つになっているのは間違いなく、「三光作戦（政策）」も有力な根拠にあがっているはずである。それらを検証しておきたい。

万人坑とは主に旧満州（中国東北部）の日本人経営の鉱山や大規模な工事現場で、中国人労働者に苛酷な労働を強要した結果、栄養失調やケガ、病気などで使いものにならなくなると、生きながらも捨てた「ヒト捨て場」だとされている。

一九七一（昭和四十六）年、本多勝一記者の手になる朝日新聞連載「中国の旅」で一躍有名になった。南満州の大石橋にあったマグネサイト鉱石を採掘していた南満鉱業では、推定犠牲者一万七千人という万人坑が発掘され、その上に建設した記念館に累々とした白骨遺体が展示、公開された。

これらの遺体は、軍ばかりでなく民間人も含めた日本人の残虐ぶりを視覚に訴えるだけに、見る人に与えた衝撃は大きく、われわれの贖罪意識が倍加したことは想像に難くない。

また、満州最大の炭鉱、撫順炭鉱では約三十～四十カ所、犠牲者約二十五万～三十万人というから、万人坑の一つひとつが、文字通り万単位の「ヒト捨て場」ということになる。

その後、毎日新聞や写真週刊誌などが、犠牲者六万人の大同炭鉱、一万五千人の豊満ダムなどを報じ、やがて日本の高校用歴史教科書にも一時採りあげられた。

加害者とされた側が事実無根と朝日新聞社などに抗議をしたにもかかわらず、今日に至るまで朝日、毎日そして学者の誰一人として、否定する側を取材の対象としなかったのである。つまり、万人坑報道は中国の言い分を一方的につたえたもので、日本側の裏づけがまったくないものだった。

それどころか、本多記者は抗議をした人に対し、「私は中国側の言うのをそのまま代弁しただけ」だから、「抗議をするのであれば中国側に直接やっていただけませんでしょうか」という人を食った回答を寄こしている。

調査の上、これらは完全な中国のデッチ上げであると私は断じてきた。その結果であろう、教科書記述は消えた。

しかし、その後も、中国東北部であらたに六十カ所の万人坑が発見され、こうしたデータを加えた結果、三千五百万人に達したのだとする中国の主張が変わるわけもあるまい。

万人坑がデッチ上げだと断じる理由を簡単に説明しておきたい。

私の調べたのは、右のほか鶴岡炭鉱など六企業である。勤務経験者を中心にその夫人など約三百人に連絡をとり、資料にも当たった上で得た結論である。なお私の調査後、撫順炭鉱の社友会が全会員一千人の調査を行ない、同様の結論を出している。

第一に、万人坑なるものの実物を見た日本人が一人もいないこと、また報じられるような現地人への残虐行為も全面否定していることである。

第二に、戦後行なわれた国民政府による満州唯一の瀋陽裁判で、同容疑で刑を科せられた例は一例もなかったし、取調べも逮捕された例もなかったことである。

この二点だけでもおおよその判断はつくと思う。万人坑が事実なら、敗戦時に現存していたはずであるから、現地の中国人が黙って見過ごすわけがあるまい。それこそ日本人への報復が頻発し、また多数の日本人が連行され、裁判で極刑を言い渡されたに違いない。また、現場の惨状が世界に向かって発信されていたはずである。だが、このような事実はない。

この他にも事実無根とする根拠を多数指摘できる。だが中国は各地に展示館を建てては巨大なウソを平然と主張する。そして、産経新聞以外の日本の報道機関、万人坑を事実と疑わなかった学者は、今なお沈黙を守ったままである。

日本将兵は「三光作戦」、つまり中国人を殺しつくし（殺光）、家を焼きつくし（焼光）、家畜などの財産を奪いつくす（奪光、搶光など）という作戦を知らなかったし、ごく一部を除けば、「三光」という言葉も聞いたことはなかった。

「三光」なる語が日本で知られるようになったのは、中国抑留者の手記集『三光』（カッパブックス、一九五七年）からであろう。だが、「三光」が中国語である以上、日本軍が「三光作戦」なる名称を使うわけもない。また、「燼滅作戦」が該当するという論を見かけるが、日本軍に「燼滅作戦」という作戦名がなかったのはほぼ確かと思う。では、三光作戦とは具体的に何を指しているのだろうか。

藤原彰・元一橋大学教授は『『三光作戦』と北支那方面軍（1）（2）」（「季刊戦争責任研究」九八年夏・秋季号）のなかで、①抗日根拠地への燼滅掃蕩作戦、②無住地帯の設定、③遮断壕の構築をあげ、「人命の被害だけでも、それを総計すれば、南京大虐殺や細菌戦の犠牲者とは桁違いの多数に上るだろうことは確かである」とし、次の結論に同調する。

〈ここでは姫田光義が中国側の公表された数字をもとにしてあげた「とりあえず華北全体の被害は将兵の戦死者を除いて『二四七万人以上』」によっておきたい。これだけでも、南京大虐殺の一〇倍もの犠牲者が出ていることになるのである〉

右の犠牲者数は将兵の戦死者を除いたものであり、中国の『国恥事典』による無辜の民の犠牲者三百十八万人と一脈通じている。

さらに藤原は、〈この他にも、強制連行され労働力として満州その他に送られた膨大な人々、犯された女性、奪われた財産、焼かれた家、数えあげれば際限のない「三光作戦」の被害は、ようやく最近その一端が紹介されるようになった〉と書き、あれもこれも「三光作戦」といった具合なのである。

同事典によれば、華北からの強制連行数は五百六十九万人としている。日本の一部で幅を利かしているごとく、この大部分が満州へ連行され、過酷な労働を強いられたあげく、「ヒト捨て場」への道をたどったという筋書きなのだろう。また「毒ガス作戦」が含まれる例もあるが、それらの根拠は以下に見るように極めて貧弱だ。

①抗日根拠地の掃蕩

鈴木啓久中将（終戦時、第一一七師団長）は中国に抑留され、帰国後に長文の回想録二編を書き残した。これは第二七歩兵団長時代（少将）の任務地・河北省東部を中心に約五年間の「勦共戦の実態」を記したものである。ここに記録された中共軍との戦いは、われわれが漠然と持つ知識とまったく違った様相を教えてくれる。

共産八路軍集結との情報をつかみ出動すればもぬけの殻、一兵も捕捉できずに終わってしまう。鈴木中将は「空撃」という言葉を頻繁に使い、カラ振りつづきの討伐の実態を描いている。魯家峪での戦闘を唯一の成功例としているが、戦果は「約三百殲滅」であった。そして、「大部隊を捕捉することは極めて稀であって、多くの場合、空撃するのは常」であったとし、魯家峪の戦果は「全くの例外」と記している。この戦いが武器を持った兵同士のものであることに間違いはない。

この戦闘はしばしば「三光作戦」の例に挙げられ、鈴木中将に対する最高人民検察院の起訴状は、「李氏は強姦を拒んで腹を裂かれ妊娠中の胎児をえぐり出され、……火の中に放り込まれた」といったおなじみの調子である。

「だが、討伐はいつも空撃であろうか、いやそうではなく之は大部隊を以て討伐した場合のことで、小部隊で出掛けると殆ど捕捉するのである。而かし、此の場合には之亦、殆ど例外なく不利な戦斗となるのが多い」とし、「損害を累計すると敵に比して我が方が非常に多いことになるのである」と注目すべき見方を記している。

藤原の見方との開きは大きい。ある局面をとれば、非難されても仕方のない不祥事を起こしている。だが、全体像は中将の記録に近似したものと考えて大差ないものと思う。

②無住地帯と③遮断壕

姫田光義・中央大学教授、陳平（元新華社通信記者）らによる共同研究で明らかになった「無人区化」政策は、「長い年月をかけて綿密に計画・計算され、体系的に展開された大量殺人、中国人抹殺作戦」（毎日新聞、一九八九年八月十四日付）だったという。

万里の長城沿いの村落は、食糧の貯蔵、弾薬の補給、人員補充など八路軍の根拠地になりがちであった。日本軍は両者の結びつきを絶つため、住民を強制的に移住させる政策をとった。日本側のいう「無住地帯」である。

この政策は満州国側に始まり華北側におよんだ。私は「中国人抹殺作戦」に加わったとされる部隊を調査し、これらは強制移住策であり、住民抹殺作戦とは無縁と書いてきた。将兵の実名をあげ、「なぜわれわれに聞きにこないのか」とする声を記したが、連絡をとって話を聞こうとする者が一人としていなかった。

遮断壕は日本軍の支配地区と八路軍の支配地域を隔絶するため、方面軍が定めた境界線上に深さ二メートル、幅四メートル以上の連続した掘削壕で自由交通を禁じる策であった。鈴木中将の表現を借りれば「東西ベルリンの壁ならぬ壕が出来た」のである。これらは簡単に埋められてしまい、ほとんど役に立たなかったと聞いている。藤原自身「人や物の往来を遮断するという効果は無いにひとしかった」と判断しているのだから、どこを押せば「三光作戦」になるのか理解できない。

また、満州国への膨大な「強制連行」数は、敢えて解釈すれば、労働者の満州移入数を単純に積算したものかも知れない。

朝日新聞（一九九九年十一月二十九日付）によれば、新華社通信は日本軍の細菌戦により、「中国民衆に少なくとも二十七万人の死者が出た」と報じたという。これに対し、常石敬一・神奈川大学教授は「残っている証拠から推定すると中国側の死者は多くても千人ほどだと思う」とコメントをしている。

二十七万人の内訳が不明だが、七三一部隊による人体実験の犠牲者が「三千人以上」（ハバロフスク裁判の起訴状）とされてきたから、残る犠牲者の多くも同部隊がらみに相違ないだろう。

ここで取り上げるコレラ菌散布事件は、十余人の中国抑留者が残した「供述書」にもとづく。一人は「私の知る限りでも二万五二九一名の一般住民が死亡した」とし、他の一人は「二十万人以上の中国人民と罪もない農民がコレラ病菌によって殺害された。私は直接部下を指揮してこの殺人の陰謀を実行した」と供述した。

これは第一二軍隷下の五九師団に関わる「事件」で、七三一部隊と関連づけた供述は限られていた。しかし、一部の活動家の活発な証言活動によって、七三一部隊との共同作戦ということになってしまった。例えば、『証言・７３１部隊の真相』（ハル・ゴールド、廣済堂出版、一九九七年）がそれである。一二軍軍医部長であった川島清大佐（後に少将）の七三一部隊への転出も影響したのだろう。日本の状況を中国が熟知していることを考えれば、二十七万人のなかにこの事件の「犠牲者」が含まれていることは十分に考えられることである。

事件というのはこうである。

一九四三（昭和十八）年九月、山東省臨清県一帯に雨が降りつづき、近くを流れる運河は溢れんばかりに増水する。これを絶好の機会とみた日本軍は農民を根こそぎ抹殺するため、コレラ菌を流し入れ堤防を決壊させる。これに先立ち、コレラ菌を付近一帯に散布していた。狙い通りにコレラが流行すると、日本軍は大部隊を動員、「コレラ作戦」を開始した。村に行ってはコレラ患者を追いたて、まだ発生していない村に患者を追い込む作戦である。こうすればコレラが蔓延し農民を一掃できるからであった。

この結果、二万人とも二十万人ともいう膨大な犠牲者を出したといい、堤防の決壊命令を出した将校、コレラ菌散布の命令を受けた将兵、コレラ菌を関係者に手渡したと供述した防疫給水班の下士官など証言はそろっている。

だが、これは増水による自然決壊に便乗した作り話である。「供述書」に名指しで堤防決壊を命じられたという中隊長は、「全く噴飯もので天地神明に誓って『ノウ』である。現存する本人がいうのだから間違いはない。そのような話は聞いたこともない。命令を受けたことも絶対にない。一事が万事である」と答え、決壊を兵に命じたという別の中隊長は、「堤を切り崩させた等、とんでもない嘘で笑止千万」といい、逆に決壊を防ごうとしたのだと主張する。その他、根も葉もない虚偽だとする多くの証言を私は得ている。

事実だとする抑留者十余人の証言が一致していることは、抑留者に対する中国の洗脳的ともいうべき苛酷な取調べ方法（とくに「グループ認罪」）を見れば、別に不思議なことではなく、むしろ当然ともいえる。要するに、中国側の主張、抑留者の証言は日本側による裏づけが不可欠であり、それがないものは眉唾物でしかないということを、この事件もまた示しているのである。

尚、この件に関してより詳しくは、http://home.att.ne.jp/blue/gendai-shi/ をご覧ください。

〈読書案内〉

万人坑を断罪した本に、本多勝一著**『中国の旅』**（朝日文庫）、および同書の写真版と称する**『中国の日本軍』**（創樹社）、また「グラフィック・レポート」と銘打った**『昭和史の消せない真実』**（上羽修他、岩波書店）などがある。一方、これらを中国の創作と断じたのが私の**『「朝日」に貶められた現代史』**（全貌社）である。三光作戦については、姫田光義**『「三光作戦」とは何だったか』**（岩波ブックレット）、また藤原彰他編の**『侵略の証言』**（岩波書店）は、中共裁判で有罪となった将官クラスの軍人、満州国高級官吏の「供述書」を編んだもので、これらが「三光政策の実態」を正確に表したものと手放しで評価する藤原解説「史料の意義について」は面白い。七三一部隊のコレラ作戦に関しては、抑留者の「供述書」を抄録した**『証言　細菌作戦――BC兵器の原点』**（江田いづみ他編訳、同文舘出版）が、また本多勝一・長沼節夫共著**『天皇の軍隊』**（朝日文庫）にも詳しい記述がある。

中国に「中国共産党が日帝を打ち破った」と言われたら

鳥《とり》居《い》　民《たみ》
（近現代史研究家）

一九二九年、東京に生まれ、横浜に育つ。近現代史を研究。主著に『毛沢東五つの戦争』『昭和二十年』（第一期全十四巻、十一巻までを刊行　草思社）がある。

二〇〇五年の九月三日、中国共産党の総書記、胡錦濤は抗日戦争勝利六十周年を記念する式典で、中国共産党の軍隊の対日戦への貢献を称賛した。ところで、その「講話」のなかで、今回はじめて「国民党軍隊」が日本軍と戦ったことに言及した。胡錦濤は国民党の軍隊が主体となって正面で戦ったのだと語り、共産党は敵後方の戦いを指導したと言ったのである。

国民政府の軍隊へのこのような言い添えは前にはなかった。これまで中国共産党の指導者たちは共産党の軍隊が抗日戦争を戦ったのだと自画自賛し、腐敗堕落した国民党軍は戦えばすぐに投降してしまったのだと嘲笑、蔑視してきたのである。

国民党の軍隊が主体となって正面で戦ったとはじめて語ることにしたのは、台湾の野党勢力の中核となる大陸系の人びと、その二世、三世を懐柔しようとしてのことである。化粧を直しての国共合作の呼びかけである。

多くの人を騙し、挙げ句の果ては恐怖と牢獄、無惨な死に追い込むことになった国共合作と「連合政府」の絵空事のすべてを承知してはいても、年老いた大陸系の退役軍人のなかには、国民党の軍隊は正面、共産軍は後方で戦ったと北京の指導者が言ったと知って、共産党もやっと僅かながらも真実を認めるようになったか、もう一歩だと期待をかける人もでてこよう。

さらに一歩を進めることになれば、どんな宣伝をすることになるのであろうか。

二〇〇六年、二〇〇七年には、中国の指導者は、対日抗戦のあいだ、国共合作の大旗のもと、共産軍は「中華民国政府の軍隊」と協力し合って、日本軍と戦ったのだと主張することになるのであろうか。

そんな具合に喋りたいのは山々だが、それでは三歩、四歩の後退になってしまう。中国の指導者が「国共合作の大旗のもと」といった話をすれば、台湾の大陸系の国民党員は呆れるだろうし、日本、アメリカの研究者、批評家もびっくりして、だれもがその昔を思いだすことになる。

その昔を語ろう。

毛沢東が国共合作に期待したのは、合作や共同とはまさしく正反対、まったく逆のことだった。蔣介石の国民政府が日本軍に叩きのめされることを望み、漁夫の利を狙っていたのが毛沢東の本心であった。

かれのその考えをかれの部下たちのすべてがはっきりと知るようになったのは一九四〇（昭和十五）年のことだった。八路軍はその年八月から数カ月にわたって華北全域の交通線を破壊する戦いを敢行した。はじめての大規模な作戦であり、百個連隊を投入したということで、「百団大戦」と呼ばれるようになった。ところが、延安の毛沢東がその戦いをやったことを怒った。

そんな戦いをやってしまって、国民党を助けるだけだとかれは憤激した。しかも、その戦いは最初の不意打ちは成功を納めはしたものの、そのあと大変な事態になったことから、毛の怒りはいよいよ激しいものとなった。

その翌年、一九四一（昭和十六）年から一九四二年にかけての日本軍の大反撃は共産軍を痛めつけた。五十五万人の八路軍の戦力は三十万人に減少してしまい、多くの政治工作員を失い、支配地域の面積は半減し、延安の財政状況は極度に悪化した。

中国共産党が力を回復し、支配地域を拡大しはじめたのは、一九四三年からである。毛の力量も他の幹部たちを圧するようになったことから、百団大戦を計画し、その総指揮をとった彭徳懐を批判して、蔣介石を助ける戦いをやったと厳しく非難することになった。彭徳懐が文革のさなかの一九七四年に悲惨な死を遂げることになったのは、ここに遠因があった。

ところで、一九四三年から共産党が領域を拡大し、戦力を増強させることができるようになったのは、共産軍が日本軍にたいして積極的な作戦をまったくおこなわなかったからである。

共産軍が戦いを仕掛けることをせず、支配する農村地域にとどまるのなら、日本軍も平和共存を選んだ。戦いはしたくなかった。アメリカ軍の全面的な反攻がはじまったことから、兵員も、武器弾薬も余裕があるなら、太平洋正面の戦場に送らねばならなかった。

ところが、アメリカが中国に長距離爆撃機の航空隊を置くことにして、日本本土攻撃の発進基地にしようとした。陸軍は建設中のこれらの基地を占領、破壊しようとした。こうして大陸を縦断する大作戦を実施することになった。中国でかつておこなわれたことのない大きな戦いとなった。

アメリカが飛行場を建設しようとしたのは当然ながら国民政府の支配領域であったことから、戦いは国民政府軍が相手となった。

一九四四（昭和十九）年四月半ばからその年の末までつづいた戦いは国民政府を大きく痛めつけた。蔣介石配下の全野戦軍の半数が撃破された。蔣介石にとってより大きな打撃は、かれの軍隊の士気の低さ、将軍たちの無能さ、かれの政府・党の腐敗ぶりが白日のもとにさらされて、アメリカ大統領とアメリカ軍首脳の信頼をいよいよ失ってしまったことだった。

それだけならまだ我慢できた。蔣介石にとって、なによりも我慢できなかったのは、日本軍が大陸縦断の大攻勢をおこなっているさなか、共産軍と政治工作員が、国民政府の軍隊が瓦解、退却したあとの広大な地域に浸透をつづけていることだった。日本軍は都市と交通線を支配するだけだったから、毛沢東が言うところの「蔣介石が捨てた土地」はたちまち毛沢東のものとなってしまった。これが「正面」の戦いだ、「後方」の戦いだといった総書記、胡錦濤の話の真実だった。

蔣介石を怒らせたことはまだまだあった。アメリカの副大統領は蔣介石に向かって、共産党の本拠、延安にアメリカの軍人、外交官を視察のために常駐させたいと要求した。かれの軍隊がだらしない負け方をしていたときだから、蔣介石は副大統領に向かって、「叛徒の山塞」に行く必要はないときっぱり拒否できなかった。

さらにかれを怒らせたのは、アメリカの軍人、外交官が中国共産党とその軍隊を称賛し、それに引き比べてといった調子で、国民党とその軍隊を非難、批判しだしたことだった。

それだけではなかった。アメリカの軍人と外交官が延安に行くようになってからは、毛沢東や周恩来、葉剣英らがアメリカ人に向かって、日本軍を追い払ってみせるから、国民党の軍隊に与えている武器をこちらにも回せと言い、共産軍支配地域にアメリカ軍の空挺部隊を降下させよと説き、毛と周は自分たち二人をワシントンに公式招待してくれとねだる始末となった。

毛沢東は国民政府が日本軍に痛めつけられているのに乗じて、自分の支配地を拡大したばかりでなく、アメリカを自分の味方に引き入れようとしたのだ。

たしかに毛沢東はアメリカを味方にすることには成功しなかった。だが、本当は見事に成功したのである。一九四四年にアメリカの外交官、軍人、新聞記者を延安に招いて、かれらを共産党の支持者にするか、協力者にしてしまったために、日本敗戦のあとの国共内戦がはじまってから、アメリカをして蔣介石援助に徹底して踏み出させないことになってしまったのである。はじめに戻るなら、国共合作の約束を守って、共産党は国民党と一体となって、日本と戦ったといった話はお伽話なのである。

華北で、揚子江デルタ地域で、そして大陸縦断作戦によって、国民政府の軍隊が日本軍によって叩かれたことが、毛沢東と共産党にとってそれこそ神風となった。それが国共合作を蔣介石に仕掛けた中国共産党のはじめからの狙いだったのである。

〈読書案内〉

「中国共産党が日帝を打ち破った」との宣伝にたいして、そんな破廉恥な嘘をついてはいけないと語気鋭く論詰したのが**『中国がひた隠す毛沢東の真実』**(草思社　二〇〇五年)だ。北海閑人を筆名とする著者は北京在住の中国人であり、中国共産党の古参党員である。また、「中国共産党が日帝を打ち破った」の偽りを具体的に明らかにするのには、昭和十九(一九四四)年に日本軍が敢行した一号作戦の全過程を見るのが一番だが、残念なことに、この戦いの全体を明らかにした書物はない。私は**『原爆を投下するまで日本を降伏させるな』**(草思社　二〇〇五年)のなかで、重慶の国民政府軍が日本軍によって手痛い敗北を喫したさなか、延安の毛沢東がなにをやったかについて、いささかの究明を試みたつもりである。

中国に「汪兆銘ら対日協力者・漢奸は売国奴だ」と言われたら

譚《たん》璐《ろ》美《み》（ノンフィクション作家）

一九五〇年東京生まれ。本籍、中国広東省。慶應義塾大学文学部卒業後、慶應義塾大学講師、中国広東省国立中山大学講師を歴任。主著に、『中国共産党葬られた歴史』『「天安門」十年の夢』『阿片の中国史』等。

「漢奸」とは、「敵国と通じて、祖国に対する反逆罪を犯した裏切り者。売国奴」という意味である。国際的な「戦争犯罪人」とは異なり、中国国内だけで問題視された政治犯であり、従って、中国で「漢奸裁判」が行われた際に依拠した法律は、主として「中国刑法」と直前に制定された「懲辦漢奸条例」のふたつであった。

中国国内の問題なら、日本とは直接関係がないかというと、そうではない。第二次世界大戦の結果、米英と手を組んで勝者となった蔣介石国民政府が、敗者となった日本と手を携えたり深く親交を結んだりした中国人を「対日協力者」として捕らえ、厳しく断罪した点で、日本人とは大いに関係があるのである。

「漢奸裁判」が実施された時期は、終戦翌年の一九四六年四月から四八年九月までの、僅か二年五カ月間である。まことに拙速に進められた感が否めない。その原因は、終戦後、蔣介石国民政府と中国共産党との内戦が激化し、国民政府の敗色が濃くなったためである。事実、「漢奸裁判」から三カ月後の四八年十二月、蔣介石国民政府は首都・南京を捨てて広東へ移り、翌年の四九年には台湾へ逃げてしまった。中国共産党が中華人民共和国を樹立したのは同年十月だが、奇妙なことに、「漢奸裁判」で断罪された人々に対する評価は、敵対した国民政府の評価をそのまま受け継ぎ、歴史的な再検証もなされないまま、今日に至っている。

内戦の大混乱の中、茶番劇ともいえる「漢奸裁判」で逮捕された人数の統計は残っていないが、一説には、主だった人々だけでも約二百六十人以上が死刑になり、有罪判決を受けた者は合計二千人以上に達したという。

主な人物を挙げれば、汪兆銘（字は精衛）が樹立した和平政権・南京国民政府の代理主席になった陳公博をはじめ、林柏生、梅思平、周仏海、汪兆銘夫人の陳璧君、褚民誼、梁鴻志、蔡培ら南京政府の要人たち。「東洋のマタハリ」と呼ばれた女性スパイの川島芳子。華北政務委員会委員長だった王揖唐。冀東防共自治政府政務長官（主席）の殷汝耕。文化人では著名な文学者である魯迅の弟で日本文学研究者の周作人。その他、映画界、経済界、教育界など、社会全般の中心的存在として活躍した人々が幅広く含まれている。いずれも戦前をよく知る日本人にとっては縁の深い人たちである。この中でも「大漢奸」と呼ばれるのは、和平を唱えて日本と手を結び、「傀儡政権」を樹立したとされる汪兆銘ら南京国民政府の人々である。

南京国民政府の代理主席だった陳公博は広東省出身で、同郷の孫文や汪兆銘とは師弟関係にあった。中国共産党（広東）の創始者のひとりで、中国共産党第一回全国代表大会にも参加した。しかし共産党の変質に失望し、アメリカのコロンビア大学大学院へ留学して経済学を学び、帰国後は国民政府に入った。彼が汪兆銘の和平政権に加わったのは、「途上で辱められているものを見ればただちに助太刀する」（『苦笑録』陳公博著）という性格から、尊敬する先輩の汪兆銘が、和平論を唱えて人々から罵られながらも、犠牲を覚悟で祖国の存続のために戦う姿を見て、自分の命を捨てても助太刀したくなったからだという。陳公博が「漢奸裁判」の被告席に立ち、朗々と読み上げた自白書『八年来の回顧』は、裁判官や傍聴者の耳目を集め、新聞記者は「こんな立派な人物が漢奸であろうか」と、感嘆する記事を書いた。

陳公博が尊敬して止まない汪兆銘とは、どんな人物なのか。汪兆銘は法政大学留学中に孫文が日本で旗揚げした中国同盟会に参加して以後、ずっと革命運動に従事して、孫文の右腕となった。また、孫文が死の床に伏した際には、遺嘱を代筆するほど信頼された外交畑の政治家でもあった。だが孫文亡き後、行政院院長（首相）兼外交部長（外相）として国民政府を担った汪兆銘は、軍事力に物言わせてのし上がった蔣介石と対立し、一九三八年十二月、近衛首相の発した「近衛三原則」声明に応じて首都・重慶を脱出した後、一九四〇年三月、南京で和平政権を樹立した。

汪兆銘が和平政権を樹立した際のスローガンは「一面抵抗、一面交渉」であった。蔣介石の主張する「抗日救国」と、汪自身が主張する「和平救国」は方法論では対立するが、目的は一致していると、彼は説く。「抗日」か「和平」か、どちらか一方でも成功すれば、それで中国は救われると考えたのである。その一方、蔣介石が口では威勢よく「抗日」を主張しながら、軍事力で格段にまさる日本軍を恐れて戦わず、自ら国土を焼き尽くしながら逃げ回る「焦土作戦」を目の当たりにして、強い焦燥感を抱いた。

和平政権を樹立する前年の一九三九年八月九日、広東で行った放送演説――「如何にして和平を実現するか」のなかで、汪兆銘はこう述べている。

「将来は重慶も成都もすべておなじ運命を辿るであらう。……かくして中国全土を瓦礫灰燼に化せしめようとしてゐる。もしも和平の見込みがないならば、全部死滅するのもまたやむを得まい。しかし、もし和平の希望があり、和平の条件が国家の独立と自由に害がないならば、何故に民衆を駆ってあくまで死滅の路を辿らしむる必要があらうか?」(『昭和精神史』桶谷秀昭著、文春文庫)。

素朴に考えれば、どこの国でも、誠実で理想ある政治家であれば、焦土と化した国土や塗炭の苦しみにあえぐ国民を前に、心を痛めない者はいないだろう。是が非でも国家を守り、国民を救おうと考えるはずである。その良心と責任感こそ国家の指導者には不可欠な要素であるはずだ。

しかしながら、和平実現への可能性はその実、汪兆銘自身も悲観的な予測を立てていた節がある。和平交渉には相手の誠実な対応こそ不可欠だったが、肝心の日本の態度が曖昧で首尾一貫しなかった。近衛声明に応じて日中和平運動に身を投じたものの、近衛内閣（第一次）は翌月に総辞職してハシゴをはずされる格好になった。和平政権を樹立する直前にも、日本は汪兆銘だけでなく蔣介石にも並行して和平工作を試みて失敗し、両天秤にかけて腰が定まらなかった。だが汪兆銘はそんな日本に恨み言ひとつ口にしたことはない。汪兆銘を「漢奸」とみなす人々はこれひとつとっても「弱腰外交」で売国奴だと主張するが、この事実はむしろ高潔な文人気質の汪兆銘がプライドをかなぐり捨てても和平実現に一縷の望みをつないだと捉えるべきだろう。

汪兆銘は終戦前年の一九四四年十一月、名古屋帝国大学医学部付属病院で、多発性骨髄腫のために死亡した。この難病は、一九三五年に国民政府行政院院長だった当時、南京で開かれた第六次六中全会の開催直後の写真撮影の際、カメラマンに変装した刺客に襲われて三発の弾丸を身に受け、そのうちの一発が脊髄近くに長く留まっていたために発症したものであった。

そのため「漢奸裁判」には付されなかったが、南京にあった孫文の墓の横に設えられた汪兆銘の墓は、蔣介石の命令によって爆破され、コンクリート製の墓もろとも遺骨は木っ端微塵に砕け散った。中国人は「河に落ちた犬」に石を投げつけるが如く、死んだ人間をも罵りつくし、ツバを吐きかける体質なのである。

だが、「売国奴」なら、それなりの対価を得るはずである。しかし汪兆銘は生涯にわたって個人の住居と別荘以外に資産を持たなかった。蔣介石が米英から支援された資金を着服し、北京の故宮から金銀財宝を持ち去り、海外の銀行に莫大な私産を残したのとは、対照的である。

日本には、汪兆銘を筆頭とする「対日協力者」たちを、現代中国の非難に呼応して声高に罵る人々がいる一方で、密かに「悲劇の人」として同情を寄せる声も通奏低音のように響いている。記念館を作って弔おうという意見もある。だが、「漢奸」として裁かれた中国人たちは同情されることを望まないだろう。

現在の中国が汪兆銘を漢奸だとみなす唯一の理由は、一九二七年七月、汪兆銘が実施した「分共」政策によって共産党を国民政府から排除した点にある。それを蔣介石の「反共」政策と同一だとみなすからである。だがこれは明らかに誤りであろう。蔣介石の「反共」政策とは、二七年四月、「国共合作」中に突然軍事クーデターを起こし、共産党員とその支持者を大量虐殺したことに始まる。軍事クーデターで虐殺された共産党支持者は約三十二万人にのぼり、六万人いた共産党員は一挙に二万人以下に減った。国民政府主席だった汪兆銘は、蔣介石を罷免した。だが生き残った共産党員が国民政府内で破壊工作に着手したため、汪兆銘は共産党員の身の安全と自由を確保したのち、国民政府から退去を命じた。これが「分共」政策である。一説には、共産党の破壊工作はソ連共産党の指示によるものだったという。近年、ロシアから旧ソ連時代の極秘資料が公表されるようになり真実が明らかにされつつあるが、中国は今も歴史の再検証に取り組む姿勢をみせていない。それどころか北京の天安門広場に孫文の肖像を掲げて、まるで「孫文時代」から一足飛びに「毛沢東時代」へ歴史が継承されたように取り繕っている。

中国の近代史には明らかに不連続線があるのだ。中国が今後も自国の歴史の再検証を怠り続けるならば、日本人の手で日中関係史の真実を解明し、歴史の不連続線をつなぎ合わせ、真に日本と中国が手を結ぶことこそ、歴史の闇に葬られた人々が強く願って止まなかったことにちがいない。日本にはそれを行うだけの責務があるはずだ。

平和な時代に「平和」を唱えることはやさしいが、戦争の時代に「平和」を唱えることは勇気がいる。「悲劇の人」と呼ばれるべきは汪兆銘ではなく、歴史の真実を覆い隠すような国家体制のもとで、自国の歴史すら知らずに生きている中国人こそが不幸で悲劇の人たちなのである。

〈**読書案内**〉

「漢奸裁判」については、毎日新聞特派員で現地取材し、戦後はこの一冊に半生を費やした益井康一著『**漢奸裁判史**』(みすず書房)を参照のこと。汪兆銘については、桶谷秀昭著『**昭和精神史**』第十七章「汪兆銘和平運動の悲劇」(文春文庫)が出色である。国民政府の内情と和平政権樹立の経緯については、陳公博の回想録『**中国国民党秘史**』(松本重治監修、岡田酉次訳、講談社)が必読である。日本を代表する文化人の松本重治著『**上海時代**』(上・中・下 中公新書)は、日中近代史の時代考証に優れている。

中国に「台湾は植民地として搾取された」と言われたら

酒井《さかい》亨《とおる》
（在台湾ジャーナリスト）

一九六六年石川県生まれ。早稲田大学政治経済学部卒業。共同通信社記者などを経て、現在は台湾在住。主著に『哈日族』『台湾海峡から見たニッポン』『台湾　したたかな隣人』などがある。

日本が台湾を植民地として搾取したかどうかについては、まず最初に「搾取」というものが、心理的な問題である以上、当時の台湾住民の立場からみて、日本の植民地支配時代は、日本によって差別、搾取されたという認識があったことは疑いようがない。

たしかによく指摘されるように、当時の日本の立場から見て、台湾という植民地に対して多大な投資や建設を行い、そのために持ち出しのほうが多かったことは事実である。また食糧増産、衛生状態の改善、教育の普及など近代化が進んだ以上、「搾取といえない」と日本人の多くは考えていたであろう。しかし、それはいわば「支配する側」の論理であって、支配されている側、台湾人の目から見たらどうかを考えなければならない。

どんな植民地支配も善意ではない。台湾における建設や近代化のすべては、一義的にはあくまでも日本自身のためであって、台湾人の福祉を考えたものではなかったことは事実である。

そもそも、内地と台湾などの外地では、法体系も別々だった。「植民地とは国内法では外国、国際法では国内」という法社会学上の定義に照らせば、台湾は典型的な植民地であり、法的に差別されていた。

徴兵制は長い間植民地では施行されなかったが、それは植民地を保護したのではなく、植民地出身者は「軍夫」という軍人よりももっとつらい、人足をさせられたのである。

日本式の改名は強制されなかった。というより、朝鮮の創氏改名と逆に台湾ではむしろ待ったがかけられていた。それは別に台湾人自身の文化を守ろうとしたからではなくて、「台湾人などという土人が日本人と同じ名前を名乗るのは汚らわしい」と考えられたからだった。

よく言われる食糧増産にしても、台湾人がその成果をすべて享受できたわけではない。いや増産された食糧は、ほとんどが内地に運ばれ、台湾人自身はそのメリットを受けることは少なかった。また、教育にしても、台湾人と内地人は、行ける学校が別々で、台北高等学校にいたっては内地人が優先され、台湾人はずば抜けて優秀でなければ入れなかった。戦時中の配給その他でも、内地人と台湾人との差別待遇は歴然としていた。

こうした植民地時代の差別や搾取問題について、「親日的」といわれている台湾の与党民主進歩党（民進党）やそれに近い長老教会系の団体でさえ、日本の誠意と補償の徹底を主張している。そもそも民進党や台湾人にとっての「親日」とは、戦後の日本への親近感であって、軍国植民地主義の日本はやはり批判されるべきだからである。(注)

しかし「日本の台湾人搾取」問題は、あくまでも台湾住民と日本・日本人間の問題である。つまり、中国という「外野の第三者」が台湾人に便乗して、日本統治を批判したり、台湾「搾取」問題に容喙《ようかい》する権利も資格もないのである。

なぜなら、中華人民共和国は一九四九年の建国以来、台湾を実効支配したことがないからである。

台湾では一九九〇年代に民主化が進んでから、選挙によって民意を反映する仕組みが定着している。そこでは誰ひとり、どの政党も中華人民共和国が台湾を代表するなどと主張したことがない。台湾土着の民進党に限らず、中国に起源を持つ国民党ですら、北京政府による台湾併合を拒否している。台湾では、民主主義のシステムが打ち立てられており、それを国家と呼ぶか地域と呼ぶかは別としても、そこには中華人民共和国に属さない、独自のクニ（政治実体）と政府が存在していることは厳然たる事実である。

そうである以上、台湾の歴史問題について、日本が搾取したかどうかを提起し、論じる資格があるのは、台湾の住民とその政治実体だけであり、中華人民共和国は、台湾住民にとっては、「外国」のひとつに過ぎないのであって、中国が台湾住民を代弁して日本を批判することはできない。

まして、台湾住民の多くは中国政府による干渉を嫌っているし、中国を横暴な覇権主義国家だと見ている。

事実、中国は台湾に対して、住民を大量に殺傷できるミサイルの照準を定めているし、台湾住民独自の経済・国際交流活動にさまざまな妨害を加えている。たとえば、台湾のWHO（世界保健機関）オブザーバー加盟問題のように国家・国境とは関係ない健康・衛生問題についても「主権国家の形式」にこだわって台湾を排除しようとする。

これは、中国は台湾住民の命や福祉などまったく考えずに、台湾住民全体に対して敵対行動をとっているに等しい。

そうやって台湾住民を圧迫している中国が、「台湾住民は日本に搾取され、自尊心を傷つけられた」などと主張するのは、お笑い種というべきである。

「お前にだけはそんなことを言われたくない」というのが日本人と台湾人に共通した言い分であろう。

いま現在、台湾住民の感情を傷つけ、台湾を併呑して搾取しようとたくらんでいるのは、まさに中国のほうである。

もし、中国がほんとうに台湾の不幸な歴史に関心を持っているというのであれば、台湾の独自性を尊重し、台湾を中国と対等の国家として承認するべきである。それができないで、「台湾は中国の一部だ」などと横暴な主張をしている中国に、歴史を批判する資格はない。

しかもあきれたことに、中国は最近、歴史の歪曲をエスカレートさせている。二〇〇五年九月三日、胡錦濤主席が「抗日戦勝60周年記念」演説で、「日本が台湾を侵略占拠していた50年間、台湾同胞は絶えず反抗し、65万人が犠牲となった」と主張したという。最高権力者である胡錦濤が主張した以上は、これは中国共産党政権の公式の歴史認識になっているのであろう。

ところが、日本統治期間中の台湾住民殺害人数は、どう多く見積もっても、五万人を超えない。しかもこの中には、略奪を行った土匪に対する取締りと処刑も含まれている。中国国民党や中国共産党が行ったように、日本が無辜の民を手当たり次第に虐殺した証拠はない。

もちろん、虐殺は数ではなく質というか残虐さの問題であるので、植民地支配の間、残虐な暴行や弾圧がなかったとはいえない。しかし、ただ単に数を多く見積もって相手を攻撃すればいいと考えているとしたら、中国政府は明らかに歴史に対する謙虚さが足りない。

中国は台湾が日本に植民地支配されたと非難する一方で、自らは旧満州を「東北部」、南モンゴルを「内蒙古」、東トルキスタンを「新疆」、チベットを分断したうえ主要部を「西蔵」と、それぞれ北京の視点と都合で命名し、異民族に対する実質的植民地支配を行っている。

また、チベットや東トルキスタンについては、「経済建設などに中国政府が出費していて、それで住民の経済水準は向上した」などと一方的に強弁するが、この理屈は中国が批判してやまない「日本の右翼」が「台湾と朝鮮の植民地支配を美化」するときのロジックと同じである。

しかも、中国の植民地統治を果敢に批判したチベットや東トルキスタンの人たちは、即座に逮捕され、拷問にかけられ、むごい遣り方で処刑されている。

近年日本政府も、中国の横暴な屁理屈に反論したり対抗する術をようやく身につけつつあるようである。しかし、問題は方向性がずれている点である。

同じ中国と喧嘩するなら、靖国神社で喧嘩しても、外交的にはあまり得るところはない。靖国などというドメスティックな問題で遣りあうエネルギーがあるのであれば、その分中国によるチベット植民地搾取問題を提起すべきであろう。

そして、中国が「日本はかつて台湾など植民地を搾取した」と言ってきたら、次のように言い返せばよい。

「それよりひどいことをあなたがたは現在やっている。台湾住民を脅かす軍拡にも狂奔し、チベットや東トルキスタンにおいて少数民族の文化と宗教と人権を蹂躙している。植民地主義と帝国主義は現在のあなたたちのほうだ。台湾の歴史問題については、台湾住民や台湾当局と話し合って補償すべきものは補償する。しかし、台湾を支配していない中国政府には台湾について発言する権利はない。それよりも早く台湾やチベット・東トルキスタンから手を引け」

もちろん、そんなことでひるむ相手ではないだろうが、日本は中国の国家権力の大きな声だけに耳を傾けるのではなくて、もっと広くアジアの人たちが何を考えて、望んでいるかに目配りするべきだろう。

（注）ここで誤解ないように補足しておくと、民進党系が軍国主義批判を展開する場合「日本が悪い」という反日的スタンスではなく、普遍的な人権問題としてとらえているところが、中国や韓国のスタンスと異なる。したがって慰安婦問題についても、戦後国民党が設置した慰安所についても鋭く追及している。

〈読書案内〉

台湾人自身の日本植民地時代の見方については、日本統治時代に教育を受けた当事者の自伝的な記述として、蔡焜燦**『台湾人と日本精神（リップンチェンシン）』**（小学館文庫）、李登輝**『台湾の主張』**（ＰＨＰ研究所）、蔡徳本**『台湾のいもっ子』**（集英社）、楊基銓**『台湾に生を享けて』**（日本評論社）などを参照のこと。一方で、比較的客観的な叙述としては、台湾の歴史教科書の翻訳で、日本統治についても一定の評価を交えて冷静に著述されている**『台湾を知る—台湾国民中学歴史教科書』**（雄山閣）、伊藤潔**『台湾』**（中公新書）も参考になろう。また拙著で恐縮だが、台湾人の対日観については**『哈日族』**（光文社新書）、近年の民主化・自立化過程については**『台湾　したたかな隣人』**（集英社新書）。

中国に「『支那』は差別語だ」と言われたら

小谷野《こやの》 敦《あつし》
（国際日本文化研究センター客員助教授）

一九六二年生まれ。東京大学大学院比較文化専攻博士課程満期取得退学。大阪大学助教授などを歴任。主著に『聖母のいない国』『江戸幻想批判』『恋愛の昭和史』など。

先般私は、ある出版社で企画していた本を没にした。「支那」という語を使うことを禁じられたからである。「シナ」ならいいのかと訊けるような状態ではなかった。それ以前にも、絶対にシナがいけないというので、二つの出版社からエッセイ集を出すのを断念したことがある。私は、雑誌・新聞の場合には、さしたる問題ではないので、「中国」と書くこともあるが、自著単行本では妥協しないことにしている。しかし、ために編集者との関係も途絶えてしまったりして、残念である。

支那を使ってはいけないという議論は、敗戦後、中華民国政府が出した要求に始まる。後藤末雄『支那思想のフランス西漸』（昭和八年）は、戦後昭和三十一年に『中国思想の……』と改題され、麻生磯次の『江戸文学と支那文学』（昭和二十一年）は昭和三十年に『……中国文学』と改題されている。その後日本国内でも、さねとうけいしゅう、竹内好らの論争があり、後年もなお、長澤規矩也《きくや》、榎一雄のようなシナ学者で、支那は差別語ではないと主張する人々はいた。が、これが再燃したのは、他のシナ関係の問題と同じく一九八〇年代で、それまで『シナの五にんきょうだい』（一九六一）のような絵本は普通に出ていたが、一九八一年、「シナそば」「シナチク」などの表現が残っているのが問題だ、と声があがって新聞ダネ（『朝日』八月十八日）になり、こと改めての「シナ」追放になったのである。それはちょうど、中共政府が、靖国神社におけるA級戦犯合祀と総理の参拝、あるいは日本の歴史教科書におけるシナ侵略が「進出」と書き換えられた（のち誤報と判明）のを問題にし始めた時期と一致している。

　別に「中国」と言ったっていいのだが、「シナ」はチャイナと同語源の語なのだから、シナがいけないならチャイナもいけないはずだ、と私はこれまで何度も言っている。私の議論は呉智英の影響を受けたものだが、私と違って呉は、清貧に甘んじながら、いかなる場所でも「中国」とは書かない。立派な態度である。呉は、日本には「中国」を強制しておきながら、西洋諸国が「チャイナ」「シーヌ」などを使うのを許すのは、アジア人差別だと書いていたが、これは正確ではない。アジア諸国のシナ呼称を調べると、タイでもインドでもトルコでも、「シナ」系の語で、「中国」系の言い方をしているのは、南北朝鮮とヴィエトナムだけである。つまりみごとに、かつての中華帝国冊封《さくほう》体制下にあった国々だけなのである。あるいは人は、シナはかつて日本の侵略を受けてひどい目にあい、支那人と差別的に呼ばれたから、日本は許せないのだと言う。ではシナ侵略の先鞭をつけ、ついこないだまで香港やマカオを領有していた英国やポルトガルはなぜいいのか、フランスだってドイツだってそうだ。ロシヤに至っては今なお帝国主義的に奪った沿海州を返そうとはしない。英国の大学教養教育で使われる歴史教科書には、「チャンコロ」に該当すると言っても遠くはないであろう「チャイナマン」なる語さえ出てくるのである。もちろん、事態は明らかであって、西洋諸国にそんなことを言っても聞く耳は持たないし、下手に逆らうと怖いからである。要するに日本はいじめやすいからいじめているのだとしか考えようがない。

「中国」というのは、中華民国や中華人民共和国の略称ではない。古代から、中華思想を表すために使われていた言葉で、徳川時代には、シナ崇拝家の日本人も使っていた。私が「中国」を使うのを潔しとしないのは、そこにこうした中華思想が潜んでいるからである。西洋人はチャイナやシーヌ以外に言い方がないなどと言う人がいる。そんなことはない。フランス語には「中華帝国」の意で「アンピール・ドゥ・ミリュ」という言葉があったし、英語でも、「ミドル・キングダム」というのがあった。シナ政府が、アジア各国や西洋諸国にも、シナ系統の呼称を使うな、というなら筋が通る。

呉智英が、支那がいけない理由はない、というコラムを新聞の連載で書いた時、『毎日新聞』

は但し書きをつけてそのまま載せた（二〇〇二年一月二十八日）が、『朝日』は拒否し、その代わり私や田中克彦など、「シナ」を使う者と、これに反対する人々のコメントを載せた記事を掲載した（二〇〇三年六月三日）。私は以上のようなことを述べたが、張競は「使うな、とは言わないが、とても不快感を覚えています」、朱建栄は、「英語のチャイナとは違い、シナには侵略の苦い記憶が染みついているのです」と言っている。しかし、一九五七年生まれの朱にとって、日本の侵略も英国の侵略も、生まれる前のことである。呉は直接趙宏偉と対論しているが、議論は嚙み合っていない（『ホントの話』小学館文庫）。しかし、張、朱、趙らは、日本滞在がいかに長いとはいえ、シナ出身で、シナに家族や親族がいる。もし日本で「シナでもいい」と認めたら、中共政府の支配下にある家族が迷惑をこうむることは目に見えているのだから、本心を明かすはずがないのだ。だから、この問題でシナ人の意見を聞くなら、華僑か亡命シナ人にすべきなのである。しかも彼らが直接、シナと書くことを規制しているわけではない。規制を加えているのは、新聞社、出版社などのマスコミなのである。本来、なぜチャイナがよくてシナがいけないのか、という問いに答えるべきなのは、シナに家族がいるシナ人ではなく、「シナ」を禁圧する新聞社や出版社なのである。

人気マンガ『美味しんぼ』の中で、原作者・雁屋哲が「支那」呼称を批判している。単行本第七十六巻第三話「中華と中国」である。主人公の山岡が、支那がいけない理由を説明し、中華民国政府ができた時、その呼称を使うよう日本に要請したが「日本は無視した」とあるが、これは間違いである。折衝が重ねられ、日本文では「支那共和国」、漢文では「中華民国」とすることで一応落着したのだ（川島真「『支那』『支那国』『支那共和国』――日本外務省の対中呼称政策」『中国研究月報』一九九五年九月号）。また山岡は、なぜチャイナはいいのか？という問いに対し、国連では日本はＪａｐａｎと呼ばれており、「本当は日本も中国も、自分たちの名前を国際的な場でもきちんと名乗るべきだよ。残念ながらアジアと欧米の力関係で、俺たちが負けてるんだ。でも、日本と中国は同じ漢字を使う国だよ。だったら日本人は中国と言えばいいじゃないか？中国人には日本と書かせてるし、言わせているんだ」と答えている。雁屋は、国連でＮｉｐｐｏｎと呼ばせるべきだというのだろうか。大東亜戦争中にも、「Nippon-ese」などと英語教科書に書かれていたようで、平川祐弘は中学の英語教師が「馬鹿々々しい」と言ってそれを消させた思い出を綴っている（平川・佐々木元太郎『特別科学組』大修館書店）。しかし、アルファベット表記であれば欧米中心主義であることに変わりはない。しかもシナ人は日本と書くよう強制されてなどいないし、「にほん／にっぽん」ではなく「リーベン」と呼んでいるはずで、ジャパンがいけないならリーベンもイルボンもいけないだろうし、「ちゅうごく」「かんこく」ではなく、「チュンクオ」「ハングク」と、あるいは西洋でも、スペインではなくエスパニャと呼ばなければなるまい。それどころかドイツはフランス語ではアルマーニュ、英語ではジャーマニーと呼ばれ、英国はフランスではアングルテール、スイスに至っては自称はヘルベティアである。それでどの国が自国の名を正しく呼べと文句を言っているか。東大卒にしては雁屋哲先生、教養がなく、論理が支離滅裂である。

私はこれまで、最初の本を除いては、シナで通してきた。支那と漢字表記しないのは、同文同種という誤解を避けるためだ。しかし、それらの出版で、出版社が激しい攻撃に逢ったとか、テロに逢ったとかいう話は聞いたことがない。彼らは、シナ人が不快がっているから、と他人に責任を転嫁するが、では、日本に対してシナはいけないと言いつつ、西洋諸国に対して言わないことが私は不快なのだ、と言ったら、その不快はどうするのだろう。私は、シナがいけないと出版社から言われた時、一瞬、「チャイナ」で統一してやろうかと思った。実際、今の大学生は、シナ語（北京語、普通話）を「チャイ語」と呼んでいるくらいで、「チャイナ事変」とか「日チャイナ事変」とか、「チャイナそば」「チャイナ料理」にしたらどうか。別におかしくはない。南北朝鮮で国号が違うことに苦しんだ人たちは、「コリア」「コリアン」などという英語を使っているのだから。とにかく英語なら問題ない、という姿勢をとる人たちが、日本の対米追随などと言って批判しているが、彼らの英語追随はどうなのか。「コリア」の語源は「高麗」なのだから、高麗と言えば良かろう。また趙宏偉は、シナと言う人はシナに対して批判的な人なのではないか、と言っており、呉は、そんなことはないと答えているが、では趙は、日本人がシナに対して批判的であることを許さないと言うのだろうか。もっとも趙は、民族的侮蔑意識があるのではないかという意味で言ったらしいが（呉氏に確認した。趙は呉が『論語』講義をしていることも知らなかったようだ）、仮に現在のシナの政治体制に批判的なのを不快に思うというなら、日本の左翼たちの米国に対するすさまじい批判ぶりはどうなるのか。ましてや、共産党独裁で、国民に真実を教えず、チベットやウイグルを弾圧している社会主義シナに満腔の好意を抱いている日本人がいるとしたら、それこそおかしいと言わざるをえない。むろん、水谷尚子が、西安の大学での日本人学生の寸劇のあとに起きた暴動を批判したのに対し(『産経新聞』二〇〇三年十一月八日、詳細は『「反日」解剖』文藝春秋所収論文)、この日本人学生を擁護するとは「大学人として到底、理解できない」などと書く一橋大学教授の坂元ひろ子(「中国の『反日』とどう向き合うか」『現代思想』二〇〇五年六月号)のように、シナ人が日本人に暴行するのは許されると言わぬばかりの人もいるのだから、そういう人に比べたら、私も呉もシナの政体に対して批判的だということになろう。

中国共産党政府が「シナ」は認めないと言っている以上、シナ本国に家族や親戚のいるシナ人に「なぜシナがいけないのか」と問うのは無意味である。言論の自由がない国なのだから。むしろシナがいけないと言う日本人(あるいはやはりシナがいけないと言った米国人日本学者など)にこそ、「シナ人が嫌がっているから」以外の理由を挙げて、なぜチャイナはいいのか、説明させるべきなのである。

〈読書案内〉
中華思想については、古田博司**『東アジア・イデオロギーを超えて』**(新書館)

が優れた時論的研究書である。シナ呼称問題については、私の『**中庸、ときどきラディカル**』（筑摩書房）の中で論じている。この問題の根源にあるのは、同じ帝国主義的侵略をしても、第二次大戦の戦勝国は責められていないという問題である。たとえば陳舜臣『**実録　アヘン戦争**』（中公文庫）に、アヘン戦争は英国が自由貿易を求めたために起こったというのは英国の愛国的歴史家の捏造で、アヘンを売ることが目的だった、とある。日本のシナ侵略に関する本は汗牛充棟なのに、西洋列強のシナ侵略に関する纏まった本というのが見当たらないので、小林一美『**清朝末期の戦乱**』（新人物往来社）をあげておく。

中国に「朝鮮戦争はアメリカの侵略戦争だ」と言われたら

中島《なかしま》　光子《みつこ》
（国際教養大学非常勤講師）

一九六八年生まれ。北九州市立大学大学院社会システム研究科修了。博士（学術）。朝鮮半島社会研究者。大学では「日本国憲法と法」を担当。主な論文に「永住外国人の法的地位とアイデンティティ」。

一九五〇年六月二十五日に開戦した朝鮮戦争については、北朝鮮（朝鮮民主主義人民共和国）が北緯三十八度線を破って大韓民国（以下、韓国）に侵攻して勃発した戦争であるというのがいまや定説である。

開戦翌日、国連安全保障理事会は北朝鮮の武力攻撃を「侵略行為」であると宣言し、戦闘行為の即時停止と三十八度線までの軍隊の撤退を北朝鮮に要請した。これを無視し開戦二日後には漢江を血で染めるようにしてソウルを占領した北朝鮮軍を阻止すべく、アメリカ軍を主とする世界十六カ国からなる国連軍は、マッカーサー司令官の指揮の下（韓国軍も七月十四日その作戦指揮権をマッカーサーに移譲）、参戦した。しかし苦戦を強いられ、日本海沿岸よりおよそ百キロの「釜山橋頭堡」といわれた東南端の一角を除いて、半島全域が北朝鮮側に占領された。

その後、国連軍は九月十五日、マッカーサー将軍の指揮で韓国の仁川で上陸作戦を展開、この奇襲作戦が功を奏して南方およびソウルを奪還した。十月初めに韓国軍が三十八度線を突破し北上したのにつづいて、朝鮮の統一・独立・民主政府の樹立を目的とした国連の行動および加盟国の対韓援助などを定めた国連の決議（十月七日決議）を受けて、国連軍も三十八度線を越えて北進した。

中国は、国連決議は違法であり、アメリカ軍の北朝鮮進撃を中国の安全に対する重大な脅威であるとして、これをアメリカ帝国主義の「侵略戦争」だと位置づけたのである（一九五〇年十月九日北京放送）。そして十月二十五日、中国の義勇軍（人民志願軍）は鴨緑江を越えて北朝鮮に入った。

また北朝鮮は、韓国の先制攻撃が戦争勃発を招いたのだと主張している。しかし、北朝鮮がソ連から大量の武器や軍事資金を調達して開戦準備を整えていたのに比べ、韓国側の軍事力はかなり手薄だった。それゆえにソウルは即座に占領されたのである。さらに当時アメリカは、朝鮮半島をめぐる軍事的防衛に対してほとんど興味を示していなかった。

これらの事実は、北朝鮮とソ連に戦争の勝利を確信させ、韓国侵攻を決断させる要因になったといえよう。それゆえに、南進を続けた北朝鮮軍は、およそ七十日間という短い期間に韓国のほぼ全土を占領するほどの十分に計画された攻撃を行うことができたのである。

野心に満ちたスターリンのソ連は一九四五年、北朝鮮に進駐した直後から北朝鮮内の軍備を強化していった。一九四八年九月の北朝鮮政府樹立の翌月、ソ連は北朝鮮から撤収し始めるが、その時点で北朝鮮は戦争に備えた完全な武装を終えている。十三個中隊の兵力で北朝鮮鉄道警備司令部を設置して、一万名以上の青年をシベリアの士官学校に送って軍事技術を習得させ、金日成の指揮の下で朝鮮人民軍を創設した。

一九四九年二月、ソ朝経済文化協力協定の締結によって北朝鮮はソ連から二億一千二百万ルーブルの借款を得た。翌三月には満州の中国共産軍に在籍していた朝鮮人古参兵二万五千人が引き渡された。さらに十万の予備軍が編成され、戦争勃発時にはソ連の新型重装備が十分に拡充されていた。

その反面、韓国では国内問題が山積しており、国家の運営は多難だった。経済沈滞と物資不足に加えて、南朝鮮労働党の煽動による治安の混乱によって国内各地で起こる反乱の鎮静化にあたらなければならなかった。アメリカ軍政のもとで編成された警備隊が政府樹立とともに国軍に改編されたが、およそ十万の兵力は貧弱で、十分に訓練されたとはいえなかった。このように兵力の質・数・装備の格段の差にもかかわらず、北朝鮮が戦争挑発の責任は韓国側にあると宣伝していたことには、かなり無理がある。

アメリカが韓国側についたのは半島の共産主義化を防ぐためであり、戦局が韓国にきわめて不利だったからである。韓国側についた国は世界十六カ国もあり、朝鮮半島の軍事的安定と民主化を目的としたからこそ、参加諸国の同意が得られたというものである。そこには中国と全面戦争をかまえようとする姿勢や態度は見受けられない。

「侵略者」とは先に侵攻を仕掛けた側をいうのであって、侵攻された側が応戦することについて侵略というのは本末転倒である。ソ連にお膳立てされて成立した北朝鮮すなわち共産主義陣営から半島を守るために、国際社会が動いたというべきではないか。戦争勃発後に採択された一連の国連決議が示しているように、国連は国連軍の進撃によって解放された北朝鮮地域を、統一政府樹立の総選挙が行われるまでの間、国連軍司令官の統治下に置くことを主張した。韓国政府の統治の下で単一政府の樹立を主張した李承晩の要請は聞き入れられなかった。また、中国への侵攻を辞さない態度を示していたマッカーサー司令官は、トルーマン大統領によって一九五一年四月十一日に結局司令官を解任された。以上のことから、アメリカが初めから朝鮮侵略を企図して参戦したとは言い難く、中国が主張するようなアメリカによる侵略戦争だとは、とても言えない。

たしかにアメリカが朝鮮半島で影響力を持つことは、中国にとっての脅威になったであろう。しかし、大国ソ連との対立関係のなかで、中国は朝鮮戦争に引き込まれていったとする見方もある。さらに中国は国連軍の参戦を予期していなかったともいわれている。いずれにしても、ソ連は米欧側との勢力争いとは別に共産圏の中での単独覇権をねらい、中国はみずからの影響下における朝鮮半島での社会主義革命の実現をねらい、朝鮮戦争を活用しようとしたのではないか。その思惑は違っていたようだが、ソ連と中国がともに朝鮮半島の共産化を目指していたことに変わりはない。

しかし、何といっても中国と北朝鮮の関係については、容易に切り離すことのできない深い同盟関係（血誼関係）にあると見るべきである。朝鮮戦争に際して中国が掲げた「抗米援朝」というスローガンのもと、中国国内では「われらの鮮やかな五星紅旗の上には、朝鮮革命志士の鮮血も染まっている」という言葉が流行するほどであった。このように、朝鮮戦争を遠隔的に操って利益を得たソ連とは違って、膨大な犠牲を払って朝鮮戦争に参加した中国と北朝鮮の関係は、さらに深まったことは想像に難くない。

戦前・戦中に中国、ソ連に逃れ、抗日運動を続けた人たちは民族統一を目的とした抗日運動家であっただろうが、おのずと国際共産主義運動に取り込まれてしまった。すなわち、民族解放運動が平和闘争から武力闘争へ転換されたといえよう。中国共産党は、民族主義運動を革命と結びつけることに成功した。これは北朝鮮がまさしく辿ってきた道であり、共産主義運動に取り込まれた人たちは、ソ連や中国に潜伏して抗日運動やゲリラ活動を行った。

こうした中、韓国は共産主義に与しないで極度の民族主義を唱えて成立した国家なのである。この出発点を押さえておかなければならない。ただし、北朝鮮とソ連との関係ほど、韓国とアメリカの関係は密接ではなかったといえる。アメリカ側が李承晩政権下の韓国とは強固な信頼関係を築けずにいて、韓国防衛への関心をもっていなかったからである。北朝鮮と韓国それぞれを軍事的に支える大国との紐帯の強弱を見落としてはならない。しかし、北朝鮮を支えているのはいまではソ連に代わって中国なのである。朝鮮戦争を通して、また中ソ対立のなかで、北朝鮮は中国との関係を深めていった。

民族主義と共産主義革命運動は結び付けられやすいが、この過ちをいま韓国は繰り返そうとしている。

歴史を通して様々な外敵からの攻勢にさらされてきた朝鮮民族が、民族意識を強く持ち続けることもまた、当然の成り行きであり、人間の内なる叫びともいい得るであろう。それを「ナショナリズム」と呼ぶこともできるかもしれない。しかし、このナショナリズムを養う方法が問題なのであって、まさに中国と北朝鮮は、自分達を虐げてきたとする日本への「抗日運動」で深く結ばれ、その目的を果たしてきたといえよう。ここにソ連と朝鮮半島との結びつきとは違った深さがあるのではなかろうか。また中国は、朝鮮戦争での「抗米援朝」を激しく唱えることによって、新中国成立直後の国内の民心をまとめることに成功したのであり、朝鮮に対して抱く感情的な要素も働いているともいえよう。ここにも中国と北朝鮮との繋がりが見えてくるのである。そしてその繋がりがいままさに韓国にも及ぼうとしている。だとすれば、あれほどの犠牲を払った朝鮮戦争のコストは、どのように清算されるのだろうか。

韓国でさえも、政治家は自党に有利になるよう民意を操作すべく幾度となく「反日」感情に訴えるような行動をとってきた。例えば首相の靖国参拝問題である。

小泉首相の靖国神社参拝問題は中国にとっては重要視されるほどのものではなかったのに、過去の参拝取り止めが中国を増長させ、この問題を外交カードに引き出すきっかけを与えてしまった。それに乗じて韓国の政治家までが靖国参拝問題を取り上げ、日本を牽制することによって保身を試みているのである。皮肉なことは、日本国内の政治家が、中国や韓国を訪問した際に自らの党利党略のためにこうした種をまいてくることである。自己あるいは所属する党の国内における人気や地位と、外国勢力からあらぬ圧力がかかることによって政治・経済面の国益を損なうこと、この両者の比較ができない人たちは、政治家としての基本的な資格に欠けているといえまいか。

朝鮮戦争中に南下してきた北朝鮮政府が韓国で行った「解放政策」は、各地の民衆を組織化して戦争に動員するためのものであった。解放とは名ばかりで人民裁判を行ったりして、民心を得ることができず、結果として血の粛清や掠奪が相次いだため、韓国民衆には共産主義に対する恐怖心がその後も深く刻まれた。

韓国は、北の共産主義陣営に加わることを拒否し、自由・民主的な国家をつくろうとしたのではなかったか。いま盧武鉉政権が北に接近していることは、国内の民族的シンパシーを煽って「民族統一」という看板を掲げ、共産主義と手を結ぼうとする危険をはらむことを意味している。かつて北朝鮮系の民族学校に在籍した経験をもつ私であるだけに、このことに韓国国民は早く気づくべきであると思う。民族主義が国粋主義あるいは共産主義のどちらかに吸収されていくのは、歴史がすでに証明していることでもある。

いま金正日の対南政策は、祖国統一が朝鮮民族の悲願であるという民族のプライドを上手く利用した懐柔策であり、共産主義国家の常套手段である。しかし、その実態は権力闘争に明け暮れ、「人民民主主義」とは程遠い独裁国家体制なのである。初期の北朝鮮はソ連の「衛星国家」であり、いまの北朝鮮は中国の「いいなり国家」「ものまね国家」である。であるから、いつも指導者の理念は存在しない。だから、日本の拉致を単に「認めた」だけなのであって、国家の指導者として振舞うべき事の重大さに気づいていないといえる。中国ほどのしたたかさを兼ね備えておらず、ものまねをしたに過ぎないのだから、一貫した外交手腕も発揮できず、とんでもないほど幼稚な言動で国際社会に恥をさらし続けているのである。

共産主義国家のように情報統制、歴史改竄のなかで養われる愛国心と、思想・良心の自由、言論の自由が保障されているなかで養われる愛国心とは、根本から性格を異にするのではないだろうか。北は前者に取り込まれ、南は自由主義陣営のなかで自国に対する強固な愛国心をもっているかにみえる。しかし、両者は「民族統一」の御旗の下で統合するかのようで、仮に盧政権と金正日政権が手を組むようになれば、それは韓国が中国共産主義の下で身動きが出来ない状況に自らを追い詰めることになりかねない。民族主義は自由と民主主義の土壌においてはじめて健全に開花するのであって、階級闘争をメインとする共産主義の土壌では名ばかりのスローガンで終わることは、毛沢東の文化大革命による「失われた十年」で明らかであろう。

日本をはじめとする国際社会は、韓国が民主的な国家の道から踏み外さぬよう努めなければならないし、韓国国民も自国の政治家を正しくチェックする目を持つよう努めなければならない。


〈読書案内〉

朝鮮戦争開戦前後の中国と朝鮮戦争との関連については、平松茂雄著**『中国と朝鮮戦争』**（勁草書房、一九八八）が新しいデータを提供している。アメリカの対中国姿勢を分析し、朝鮮戦争の真実を早くから描いた神谷不二著**『朝鮮戦争――米中対決の原形』**（中公新書、一九六六）はロングセラーであり、信夫清三郎著**『朝鮮戦争の勃発』**（福村出版、一九六九）は南北武力統一のための内戦としての朝鮮戦争を資料的にも鋭く捉えている。中嶋嶺雄著**『中国――歴史・社会・国際関係』**（中公新書、一九八二）は、北朝鮮との密接な関係が生まれる中国側の背景をリアルに分析している。

中国に「チベットは中国領、虐殺非難は内政干渉だ」と言われたら

酒井《さかい》 信彦《のぶひこ》
（東京大学史料編纂所教授）

一九四三年生まれ。東京大学大学院人文科学研究科修士課程修了。同大学史料編纂所で『大日本史料』の編纂に従事。朝廷の年中行事を研究する。主な論文に「和歌御会始の成立」（『日本歴史』五八五号）。

私が知る限りにおいて、中華人民共和国（以下原則として、「中共」と略す）政府が発表した、チベット問題に関する最も詳しい弁明資料として、国務院新聞弁公室による「チベットの主権帰属と人権状況」（一九九二年九月、北京週報三八号）がある。この中に、シナ人によるチベットにおける侵略問題・虐殺問題について、次のような記載がある。

1、侵略問題（二ページ）

「十三世紀中葉、チベットは正式に中国の元朝の版図に組み込まれた。それ以後、中国ではいくつもの王朝が興亡をくりかえし、何度も中央政権が交替したにもかかわらず、チベットはつ

ねに中央政権の管轄下にあった」

2、虐殺問題（二八ページ）

「チベットの人口問題をめぐって、ダライ集団は大量のデマをまきちらした。最も耳をそばだてさせるデマの一つは、チベットの平和解放後百二十万人が殺されたというものである」

まず侵略問題であるが、この歴史解釈は、我々の一般的な歴史常識からは大きくかけ離れている。元朝以後ということは、王朝で言うと元・明・清、それに中華民国の各時代が含まれている。このうち元と清の両大帝国の中に、チベットが含まれていたことは、一般に認められるにしても、その中間の明の時代は、チベットは完全に独立していた。これは日本の高校の世界史教科書にも載っているし、簡単な歴史地図の類（例えば、吉川弘文館『世界史年表・地図』地図の部の三四ページ）を見ればすぐに分かる、単純明快な歴史的事実である。更に確実な証拠を挙げれば、平凡社の『世界歴史事典』の「明代」の項目にある地図（一八巻一八一ページ）は、明の領域がチベット（チベット自治区だけでなく、後述する「全チベット」の領域）を全く含まず、いわゆる「シナ本部十八省」のみであることを示している。しかもこの地図は、明時代に作られた地理書『大明一統志』に基づくものであり、当時のシナ人自身がチベットを領有していないことを明瞭に証言しているのである。

元・清両帝国の時代は、その支配は極めて緩やかなものであり、しかも両帝国の皇帝はチベット仏教の信者であったから、チベットを優遇した。元時代のチベット僧パスパは、皇帝の師であり、チベット文字に基づいてモンゴル帝国の文字・パスパ文字を創作した。なお朝鮮の文字ハングルは、パスパ文字の影響で十六世紀に作られたものである。清時代のチベットは、モンゴル・東トルキスタンと共に、「藩部」として直轄地である省とは全く別に統治され、その主体性は尊重された。だからこそ清時代にも、ダライ・ラマ政権が存続したのである。そして清時代の末期には実質的に独立していた。二十世紀の初頭、日本人僧侶・河口慧海が、鎖国をしていたチベットに潜入したことは有名だが、鎖国とはチベット政権が国境を管理していた訳であり、これこそ独立国であった明白な証拠ではないか。

次いで、一九一一年の辛亥革命によって、清帝国が倒れ中華民国が成立して、チベットは完全に独立し、独自の貨幣や切手まで発行していた（ダライ・ラマ日本代表部事務所『チベット通信』二〇〇五年秋号・冬号）。ただし孫文の中華民国政権は、革命が成就した途端に「五族共和」を唱えてチベットの独立を認めず、東部チベットに侵略軍を送ったが、チベットを征服することは出来なかった（タイクマン著『東チベット紀行』白水社）。しかし第二次大戦後、強力な武力を持った共産主義政権が出現し、南（内）モンゴル・東トルキスタン・チベットを侵略併合して、清帝国を再建したのである。チベットは、多くのアジア・アフリカ諸国が次々と独立を遂げていった民族独立の時代に、歴史の流れに全く逆行して独立を喪失したのである。

民族自決・民族独立の原則は、第一次大戦後のヴェルサイユ講和会議で採用されて、東ヨーロッパに、北からフィンランド、エストニア・ラトビア・リトアニアのバルト三国、ポーランド、チェコスロバキア、ハンガリー、ユーゴスラビアの合計八つの独立国が、一挙に誕生した。これらはオーストリア帝国・ドイツ帝国・ロシア帝国の解体から生れたものである。またそれ以前十九世紀には、バルカン半島ではオスマントルコ帝国からギリシャやブルガリア、ルーマニアなどの独立国が出現していた。すなわち帝国の解体による民族独立こそ、歴史の進歩であり歴史の必然なのである。第二次大戦後は、イギリス・フランスなどの植民地支配帝国も解体した。ただし第二次大戦後も二つの帝国が存続した。少ししか解体しなかったロシア帝国を継承したソ連と、清帝国を再建した中華人民共和国である。

そもそもシナ人は清帝国の支配民族ではなく、侵略された側である。そのシナ人が清帝国の全領域を自分のものだと言うのは、ギリシャ人やエジプト人がオスマントルコ帝国の全領域の領有を主張し、チェコ人やハンガリー人がオーストリア帝国領土の領有を主張するのと同様な、無茶苦茶な屁理屈に過ぎない。

次に、中共政府が全くのデマだと決めつける、百二十万人の犠牲について考えよう。この数字は、インドのチベット亡命政府が公表したものであるが、死因別に分類してみると、約三分の一が中共軍との戦闘による死者、三分の一が誤った農業政策によって人為的に引き起こされた飢饉による餓死者、その他の三分の一が監獄や強制収容所での死者、刑死者、拷問による死者である（チベット亡命政府情報・国際関係省『チベット入門』一〇二ページ）。なおこの数字は、時間的には一九四九年から一九七九年の間、空間的には、日本で「チベット自治区」といわれている「西蔵自治区」（百二十万㎢）のみならず、青海省の全域、四川省の西半、雲南省・甘粛省の一部も含めた全チベット（二百二十万㎢）のものである。馬寅主編・君島久子監訳『概説　中国の少数民族』（三省堂）巻末のカラーの地図「中華人民共和国民族分布略図」には、かなり正確に全チベットの領域が黄緑色によって表示されている。すなわち、全チベットの人口六百万人のうち、実に五分の一がシナ人による支配の犠牲になったのであり、これは日本の場合、悲惨を極めた沖縄戦の被害率に相当する。私が亡命政府の責任者から直接聞いたところでは、チベット難民からの聞き取りなどに基づいて、長時間をかけて集計したものだという。少なくとも、中共政府が日中戦争の被害だと称して、どんどん膨張させている被害者数・被害額のような、真にデタラメな数字でないことは確かである。

シナ人のチベット侵略は、人間を大量に殺したが文化も大量に破壊した。チベット文化の代表である仏教寺院の破壊は、シナ本土と同じように文化大革命の時期に行われたと思われているが、実はそうではない。かつて比較的情報統制が緩んだ時期に、中共政府自身が真実を告白したことがあった。それによると「西蔵自治区」のみの数字であるが、一九五九年当時存在していた寺院の八〇％が文革以前に破壊されており、僧尼の九〇％がいなくなっていたというのである（『北京週報』一九八七年十月二七日号。詳しくは、酒井信彦「また『中国』で歪められた『朝日』のチベット報道」、『諸君！』一九九〇年一月号）。つまり文化大革命とは、すでにチベットで散々やっていた文化破壊行為を、シナ本土で再現したものなのである。

中共政府はチベット侵略を既成事実化するために、チベットへのシナ人の大量移民を行ってきた。そのために現在、チベットにおける民族別の人口構成は、大きく変化していると考えられる。ところがつい最近、朝日新聞に連載された「岐路に立つチベット」では、「チベット自治区の人口は85年末で200万人だったが、04年末に274万人になった。95%以上をチベット族が占める」と言っている（第四回、二〇〇五年十月十八日）。この自治区のチベット人95%という数字は、ずっと昔から中共政府が称している「公式」数字であり、誰も信用する人はいないだろう。

チベットにおいては、独立運動は徹底的に弾圧され、ほんの少しでも意思表示すれば、たちまち捕まって残酷な拷問が待っている。そのために命を落とした歳若い女性の僧侶が何人もいる。一九一九年の朝鮮の三一独立運動で死亡した少女柳寛順《ユガンスン》は、日本の歴史教科書にも載っている超有名人だが、チベットではそんな人間が現実に何人もいることは殆ど知られていない。独立要求デモに参加したために、拷問を受けた被害者が、近年来日して証言を行ったことがあるが、朝日・岩波という人権に敏感なはずのマスメディアは、女性に対する言語に絶する性的拷問の悲惨な真実を意図的に隠蔽した報道を行った（酒井信彦「チベット女性を見殺しにする『女性国際戦犯法廷』の非情」、『正論』二〇〇一年六月号）。

近代チベットの歴史は、バルト三国の歴史に良く似ている。チベットは辛亥革命で完全に独立したが、中共政権によって再侵略された。バルト三国は、第一次世界大戦によってロシア帝国から独立したが、第二次大戦中、スターリンによって再侵略されソ連に併合された。しかしバルト三国は十数年前、ソ連の解体によって他の構成共和国と共に、独立を回復した。中華人民共和国という悪の帝国、生き延びている最大の民族の牢獄は、解体され民主化されなければならない。それこそが現在の世界が抱えている、絶対に解決しなければならない最も重要な課題である。

〈読書案内〉

チベット問題の中心人物であるダライ・ラマ法王が、自己の体験を語ったものに、**『チベットわが祖国』**（中公文庫）がある。この原著は一九六二年だが、同法王の自伝にはそれ以後のことも含んだ**『ダライ・ラマ自伝』**（文藝春秋）もある。チベット亡命政府が、チベット問題について基礎的な事項を総合的に解説したのが、チベット亡命政府情報・国際関係省著**『チベット入門』**（鳥影社）である。人権問題については、英国議会人権擁護グループ報告**『チベット白書』**（日中出版）が、簡にして要を得ており、その訳者チベット問題を考える会による解説は、日本にとってのチベット問題の意味に言及している。チベット問題に関する詳細なドキュメントとしては、ジョン・F・アドベン著**『雪の国からの亡命——チベットとダライ・ラマ　半世紀の証言』**（地湧社）がある。シナ人による侵略支配によって、チベット人がいかに残酷・悲惨な運命に見舞

われたか、アデ・タポンツァン著『チベット女戦士　アデ』（総合法令）には、
その実態が淡々と語られている。

中国に「尖閣、そして沖縄までは中国の領土」と言われたら

山本《やまもと》 皓一《こういち》
（フォトジャーナリスト）

一九四三年生まれ。日本大学芸術学部写真学科卒業後渡米。出版社の雑誌写真記者を経てフリー。海外ルポや湾岸戦争など国際事件をカバーし、作品を国内外の紙誌で発表。近年は「日本の国境」取材に取り組む。

手元にある私のパスポートの三ページ目には「渡航先」としてこう印刷されている。[This Passport is valid for all countries and areas.]（このパスポートはすべての国と地域に対して有効である）。これは日本政府・外務大臣によって保証された文言である。

ちなみに過去のパスポート、例えば一九七一年発行分には「北朝鮮、中国本土、北ベトナム、そして東ドイツを除くすべての国」と明記されている。北朝鮮以外の国名が消えたのは一九八一年からだ。そして九一年には、最後に残った北朝鮮の国名も墨で真っ黒に塗り潰された。もはや日本人が行くことのできない国は世界のどこにもなくなったのである。

だが、れっきとした日本の領土でありながら、〝世界で最も日本人が訪れることが難しい地域〟がある。択捉島をはじめとする北方領土、竹島、そして尖閣諸島など、日本の国境地帯に位置する島々である。これらの〝日本の領土〟には隣国との領有問題が存在するとして、日本政府が情報公開と渡航を極度に制限しているからである。

北方領土と竹島はすでに他国によって実効支配され、これらの国々は声高に〝自国領土〟とのプロパガンダを流し続けている。

それに対して、日本政府の声はあまりにも弱々しい。この半世紀の間、日本政府は敗戦によって逆転した周辺国との力関係に萎縮し続け、常に彼らの顔色を窺う〝弱腰外交〟に終始してきた。その結果が問題をさらに複雑にしてきた。二〇〇四年三月、尖閣諸島の魚釣島に不法上陸した中国人を送検せず、強制退去処分でウヤムヤに終わらせてしまった対応などはその最たる例であろう。また、日本の国境に関する情報公開を日本国民に対して制限してきたことも事実であり、国民が国境に対する意識を持ちえないシステムが出来上がってしまった。

その巨大な「ツケ」が、領土問題、ひいては中国・韓国の反日旋風をのさばらす今日の事態を招いたのではなかろうか。

この二十余年、私は「日本の国境」に関心を持ち、北方領土、南鳥島、沖ノ鳥島、そして竹島、尖閣諸島に足を運び、この眼で確かめながら取材・撮影を続けてきた。

だが、取材は難航を極めた。とくに魚釣島は、現在も登記簿上は個人が所有する島であるのだが、日本政府が一年間に二千二百五十六万円を所有者に払って借り上げ、その管理を海上保安庁に任せるというやり方で巧妙に一般人を排除してきたため、上陸は非常に難しいのである。

そんな状況の中、二〇〇三年八月、三度目のチャレンジで私は魚釣島に上陸を果たした。石ころだらけの岩礁の土地を踏みしめた瞬間、「やっと来た！」との思いを噛みしめたものだった。

魚釣島は濃い緑に覆われた、じつに美しい南の島であった。戦前、島には鰹節工場があり、最盛期には九十九戸、二百四十八人もの日本人が生活を営んでいた。島内を歩いてみると、至る所で当時の生活の痕跡がみられた。海岸には岩礁を穿った小さな船着場があり、石柱を凹型に削って敷設した水道の跡もある。住居跡には礎石が野草に半ば埋もれたまま点在している。崖の窪みには水子地蔵まである。砂にまみれた茶碗の欠片もあちこちで見られた。

魚釣島に日本人が住み着くようになった経緯はこうだ。一八八四年、冒険心に富んだ福岡出身の商人・古賀辰四郎は、人跡未踏の尖閣諸島に探検隊を送り込んで調査を行った。「魚釣島」と称されるとおり、周辺海域の魚影は濃く、とくに鰹の大きな群れが島の近場を回遊し、人間に警戒心を持たないアホウドリは簡単に獲れた。これは将来有望だと判断し、古賀は魚釣島に移住開拓を図るのである。

古賀が開拓に着手するまで、尖閣諸島に関してはどの国も詳しいことを知らなかった。

ただ、古賀らが移住する十三年前の一八七一年に「牡丹社事件」が起こっている。この事件は、宮古島の貢納船（納税品を運ぶ船）が暴風雨で遭難して台湾南部に漂着したのだが、「牡丹社」という原住民の村落に助けを請うたところ、救助されるどころか逆に乗組員六十六人のうち五十四人が惨殺されてしまった事件である。

日本政府は中国（清）に対して謝罪と賠償を求めたが、中国政府は「台湾は化外の民」であり「教化の及ばぬ地」であるからと拒否した。当時の中国政府は、台湾でさえ「（中国の）支配が及ばぬ地」と宣言していたのである。ちなみにこの事件は一八七四年に日本帝国初の海外出兵「征台の役」に発展する。

古賀辰四郎にとって尖閣諸島は「絶海の無人島」であり、百年以上も後になって日中（台）間の領有問題になるなどとは夢にも思わなかったであろう。

魚釣島で古賀の事業は成功した。豊富な鰹などの海産物は缶詰や干物に加工され、また無尽蔵とも思えるアホウドリなど海鳥の羽毛採取は莫大な収益をあげた。当時、義和団事件（一九〇〇年）や日清・日露戦争が勃発したが、寒冷地が戦場となったため、帝国陸軍にとって寒中行動の克服は焦眉の急であった。古賀が生産した缶詰や羽毛は軍隊食や防寒衣類の必需品となり、巨額の特需が発生した。いわば「国策事業」として、古賀の会社も発展を遂げたのである。

尖閣諸島開拓の父ともいえる古賀辰四郎は、シベリア出兵が開始された一九一八年に六十二歳の生涯を終えた。以後、太平洋戦争で沖縄近海の制海権が奪われ、油や食料の輸送が困難となって島を引き払う終戦の直前頃まで、嫡男の古賀善次が事業を引き継いだのである。

父の後を襲って善次が「島主」になった翌年の一九一九年（大正八年）、この島でひとつの事件が起こった。

中国・福建省から船出した中国の漁船・金合丸が暴風雨に遭遇し、魚釣島に漂着座礁したのである。この船には福州（今の福建省）の船主兼船長・郭合順以下三十一名が乗り組んでいたが、尖閣周辺の波浪は嵐の余韻で渦を巻き、激しい潮流に翻弄され、座礁したまま身動きがとれなくなって、魚釣島の島民に助けを求めた。

善次の陣頭指揮のもと、金合丸の乗組員全員は無事救出された。手厚い保護を受けた遭難漁民たちは、やがて石垣島に送られ、半月余の後に台湾経由で故郷の福建省に無事帰還することができたのである。

その後、魚釣島における善意の海難救出に尽力した古賀善次ら島民七名に対し、中国（中華民国）在長崎領事の馮冕より感謝状が届いた。その感謝状には、海難発生場所として「日本帝国沖縄縣八重山郡尖閣列島」と記されているのだ。

感謝状の原文は中国語だが大意は以下の通りである。

「感謝状

中華民国八年冬、福建省恵安県の漁民である郭合順ら三十一人が嵐（原文では風）に遭って遭難し、漂流して、**日本帝国沖縄縣八重山郡尖閣列島内の和洋島（魚釣島の別名）**に漂着。日本帝国八重山郡石垣村雇用（後に助役）・玉代勢孫伴《たまよせそんばん》君は親切に救護し、故国に生還させてくれたこと、まことに義を見てためらわないものであり、深く感服し、ここにこの書状の贈呈をもって感謝の気持ちを表すこととする。
中華民国駐長崎領事馮冕　印
中華民国九年五月二十日　公印」
＊ゴシックおよび（　）内は筆者

これを一読すれば、中国政府が尖閣諸島を「日本の領土」だと認めていることは明らかである。

感謝状は表記の玉代勢氏のほか、石垣村長（当時）の豊川善佐氏、古賀善次氏、そして通訳を務めた松葉ロブナストさんら計七人に贈られた。ここに取り上げたのは、私蔵されていた感謝状を玉代勢氏の遺族が一九九六年一月に石垣市に寄贈したもので、現存するのはこれ一枚だけである（これまで感謝状は四人に贈られたと言われていたが、後述する公電記録から七人と判明した）。

じつはこの感謝状は、一部の研究者たちの間では「知る人ぞ知る」存在であった。だが、感謝状が贈られてきた背景が明確でなかったため、長らく埋もれたままであった。

私が思いがけずこの感謝状の背景を知り得る重要な公電記録を手にすることが出来たのは、二〇〇五年七月のことである。同年五月、鉄鋼材を満載したパナマ船籍の貨物船「ティア・クリソーラ号」が魚釣島南西端の浅瀬に座礁する事故が起こった。偶然にも福州漁船・金合丸とほぼ同じ座礁位置であった。結局、約四十日後に台湾から派遣された運搬船に鉄鋼材を積み替え身軽になったテ号は無事離礁できたのであるが、海上保安庁の巡視船も含めて日台パ三ヶ国の船が座礁海域に集結する異常事態になった。

ともあれ私はこの取材を終え、石垣市役所を訪れた。既知の大浜長照市長に挨拶し、市役所の資料室を閲覧させてもらうことにした。すると棚の奥から、ほこりを被った三十九枚におよぶ「大正九年一月　遭難支那人救助○○○ノ件（福州人）」（○部は読解不可能、以下同）と毛筆でしたためられた外務省用箋ひと綴りが見つかったのだ。市役所の文書課長も「二十数年も市役所に勤務しているが、この一件綴りを見るのは初めて」と驚いていた。

私はパラパラとページをめくってみた。全て手書き、それもほとんどが毛筆で、金合丸の遭難者の調書を始め、救出から保護・本国送還に至るまでの数ヶ月間にわたって、内務省、外務省、沖縄県知事、中国駐長崎総領事、在中国日本公使などの間で頻繁にやり取りされた公電の記録であった。

公電記録を読み進むうち、救難費用の支払いを巡って苦悩する関係者たちの有様など遭難漁民一件の詳細だけでなく、当時の排日運動やシベリア出兵など時代の証言としての情報が浮き彫りにされてきた。

「風雨ノ為破砕セラレ舩具舩躰共全部流失シタリト云フ」と遭難の様子を伝える公電は、以下次のように伝えている。

大正九年二月十七日付、沖縄縣知事川越壮介（発）
外務省通商局長　田中都吉殿（宛）
「一同（漂流漁民）ハ既ニ糧食盡キ飢餓ニ迫リ居リタルモ幸ニ同島ニハ古賀善次ナルモノノ漁業事務所アリテ漁夫其ノ他三十余名ノ居留民アリシカハ其ノ貯ヘアル食料ヲ分與セラレ救護ヲ受ケ續テ天候不良ナル為メ其儘事務所ノ救助ヲ受ケ滞在シ本月十日ニ至リ天候漸ク回復セシヲ以テ古賀ノ所有漁船ニ依リ遭難者全員ヲ石垣村役場ヘ輸送シ来タリ爾来同村ニ於イテ旅舎ニ収容保護中ナリ」

公電は漂流民の本国送還にもふれている。

「在長崎支那國領事ト交渉ノ結果、一月二十一日同所（石垣）發大阪商船八重山丸ニテ台湾基隆迄送還シ同二十五日基隆發廈門行同天草丸ニテ福州ニ送還致候」

だがこの時点から新たな問題が生じることになった。石垣村が立て替え払いをした救護当初からの送還その他の費用、六百二十七円六十七銭をめぐって、日中両国政府の間で事態は紛糾する。この時代、日清・日露戦争以降膨大な戦費に喘いだ日本は財政難の極みであったし、第一次世界大戦の終結（一九一八年十一月）によって中国・山東省におけるドイツの権益が日本に委譲されたことによる排日運動の風潮が盛り上がっていた。

石垣村長・豊川善佐は外務省宛に「漂着支那人救護費用請求書」を提出している。諸費計算書の総額は《六百弐拾七圓六拾七銭也》。公電にはその内訳も詳細に記載されている。

・旅館宿泊料二日分　六二円（一人一日当たり一円）
・食料二八食分　一三〇円二〇銭（大正八年一月十二日朝～二十一日朝まで。一人一食につき一五銭）
・借家料　二九円
・八重山――基隆間三等汽船賃および通行税　一三九円五六銭
・尖閣諸島における十一日間分の食費　一三六円四〇銭（一人一日四〇銭）
・魚釣島から石垣島への護送費　一二四円（一人四円）（以下略）

大正九年当時の六百余円は、現在の貨幣価値に換算すると約三百万円程度に相当する。貧困に喘ぐ石垣村にとって、この支出は相当大きな負担であった。外務省通商局長の田中都吉は、救護費用の支払いを中国政府と交渉するよう在支那日本特命全権公使・小幡酉吉に訓電した。

この公電を受けて、小幡公使は激烈とも言える意見具申を外務大臣の子爵・内田康哉に送りつけたのである。小幡公使の「公第一七六号」は、大正九年六月十日に発信された。

「本月二日附通一送第六四号貴信ヲ以テ支那政府ニ對シ救護費用計六百弐拾七圓六拾七銭ノ償還申入方申越ノ次第有之候處純理上ニ於ケル該救護費用償還方請求ノ當否ハ暫ク別問題トシ元来本件漂流者救護ノ如キハ人道上正ニ将又國際交通上世界各國間殊ニ日支間一葦水ヲ隔ツル間柄ニ於テハ往往相互ニ発生スヘキ事柄●●●●シタル費用……」。

小幡は「こうした漂着事件の類は人道上の見地から判断をすべきであり、特に隣接する中国とは〝困ったときはお互い様〟と考えるべき」と意見を述べた上で以下のように綴った。

《費用ノ償還ヲ冷然本使ヨリ支那中央政府ニ申入ルルカ如キハ甚タ面白カラス折角ノ救護ノ本旨ヲ少ナカラス没却スルモノ……日本ノ勘定高キヲ嘲ラストモ限ラス寧ロ進ンテ之等救護費ハ一文タリトモ要求セサルコトヲ世間ニ周知セシメ幾分ナリトモ日本人ヲ徳トスル風ヲ誘致スルコト肝要ナリ》すなわち小幡は「費用を中国政府に請求すれば中国人は日本の計算高さを嘲笑う。それよりも、日本人の徳を見せるほうが得策だ」と主張したのだ。

結論として、小幡公使は本省からの訓電を「本使ヨリ中央政府ニ申入ルルコトハ之ヲ避ケルヘシ」と一蹴している。小幡公使の凜とした気概が今に伝わってくる文面である。

結局、三十九通の公電が乱れ飛んだ魚釣島の座礁事件は発生から約四百日後、救助費用を在長崎中国領事館が全額支払うことで決着した。

それから約五十年後の一九七一年、中国・台湾側は突如として尖閣諸島の領有問題を日本側に突きつけてきた。国連の協力による日台韓合同海底資源調査の結果、石油資源の埋蔵が判明したからだ。その間、日本政府が手を拱いているうちに中国側は海底資源の開発に乗り出し、日本側はそれを見て慌てて「共同開発」を持ちかけた。つくづく「及び腰」との感を禁じえない。「是は是、非は非」との気概を見せた小幡公使を見習いたいものである。

今回発見された一連の公電記録は多くのことを物語ってくれるが、少なくとも一九一九年時点、中国政府は尖閣諸島を「沖縄県八重山郡尖閣諸島」つまり日本領土だと認識していたことは間違いない。領有問題など、一片ほども存在していなかったのである。

〈読書案内〉

『八重山写真帖』（石垣市発行）、与那国町史別巻①記録写真集**『与那国　沈黙の怒濤　どぅなんの一〇〇年』**（与那国町史編纂委員会事務局編）、**季刊「沖縄」63号**（南方同胞援護会）、渡辺尚武**『網走五郎伝』**（河出書房新社）。

中国に「台湾は中国の一部だ」と言われたら

澁《しぶ》谷《や》 司《つかさ》
（拓殖大学海外事情研究所教授）

一九五三年生まれ。東京外国語大学大学院地域研究研究科修了。主な論文に「台湾次期総統選のゆくえ」（『海外事情』二〇〇〇年二月号）、「二〇〇四年台湾総統選挙の予測」（同、二〇〇三年三月号）。

しばしば中国共産党は「台湾は『古来より』中国の一部」と主張する。同党の主張を検証してみたい。

まず、台湾は本当に「古来より」中国の一部だっただろうか。中国で由緒正しき正史である『明史』（巻三二三、列伝二一一、外国四）を紐解くと、台湾本島の鶏籠（東番）は「外国」という箇所に記されている。台湾が「外国」の範疇に属する以上、台湾は「古来より」中国の一部と見なすわけにはいかない（ただし、澎湖島は中国に属していたと見られる）。

ましてや、清朝時代、清王朝が台湾で実効支配していたのは、主に西部だけであり、中央山脈や東部は依然として「化外の地」(清朝の統治が及ばない地域)であった。台湾の一部だけを実効支配したからと言って、「台湾は『古来より』中国の一部」とする中国の主張には疑問が残る。例えば、一八七一年(明治四年)、宮古島の貢納船の乗組員六十九名が台湾南部に漂着(三名は溺死)し、台湾原住民のパイワン族に五十四名が馘首されるという「牡丹社事件」が起こった。辛くも難を逃れた十二名は福州経由で那覇へ戻る。明治政府は清国に抗議したが、清国は台湾原住民の地は同国の管轄外として、責任を回避しようとした。これが三年後(一八七四年)、明治政府が行う「台湾出兵」の原因となっている。

次に、「台湾は中国の一部」という中国共産党の主張は根拠が薄い。

第一に、中国(中華人民共和国)は現実に一度も台湾(中華民国)を実効支配したことがない。普通、ある国家が一度も実効支配したことのない地域に対し、その主権を主張することはできない。中国は台湾を半世紀以上にわたり一日たりとも実効支配したことがないのに、台湾の主権保持を主張するのは無理がある。

言うまでもなく、中国から完全に「独立」している台湾は中国とはまったく異なる社会システムが作動している。例えば、台湾は、台湾独自の法体系、社会組織、貨幣(新台湾ドル)、軍隊を持つ。また、台湾は自国内で独自に税を徴収している。台湾は中国政府に税金を納めることもない。

外国人が台湾に長期旅行・滞在するためにビザを取得する際、中国政府発行のビザを取得するのではなく、あくまでも台湾政府発行のものを取得しなければ台湾に入境できない。これは取りも直さず、台湾と中国では別の政府が存在し、別の国家として機能している証である。

さらに、台湾は現在二十五カ国（主に中米・カリブ地域、アフリカ、大洋州等の小国）と外交関係を持つ。そもそも台湾が国家でなければ、外交関係を持ち得ない。もし「台湾は中国の一部」という中国の主張に従えば、台湾と外交関係のある二十五カ国は「台湾省」と国交を樹立していることになる。はたして、それらの国々は「台湾省」と外交を結んでいるのだろうか。否、中華民国という国家と外交関係を有しているのである。

第二に、中国は一九四三年十二月一日に発表された「カイロ宣言」を台湾領有の根拠としている。この宣言の中には「（前略）満洲、台湾及澎湖島ノ如キ日本国ガ清国人ヨリ盗取シタル一切ノ地域ヲ中華民国ニ返還スルコトニ在リ」とある。一般に、「カイロ宣言」は同年十一月二十七日に米・英・中三カ国首脳（ルーズベルト米大統領、チャーチル英首相、蔣介石中華民国総統）が署名したと思われている。しかし、最近、同宣言には署名入りの正文が存在しないことが明らかになってきた。「カイロ宣言」は署名なしのプレス・コミュニケしか存在しないのである。当然、署名のない国際条約およびそれに準ずるものは有効ではない。つまり、「カイロ宣言」は無効と言える。

日清戦争の結果、一八九五年、清朝は領有していた台湾（澎湖島を含む）を日本に割譲した。ただその後、日本は第二次世界大戦に敗れ、一九四五年八月、「ポツダム宣言」を受諾した。ただし、「カイロ宣言」が存在しない以上、日本に同宣言の誠実な履行を迫った「ポツダム宣言」第八項（「カイロ」宣言ノ条項ハ履行セラルベク）を日本は実行することはできない。つまり、日本は澎湖島を含む台湾を中華民国に返還できないことになる。

一方、第二次大戦後、「サンフランシスコ平和条約」（一九五一年九月署名、一九五二年四月発効）で日本は澎湖島を含む台湾を放棄したが、台湾の帰属先は明記されなかった。したがって、台湾の国際法的地位は現在もなお未定である。

もし中国が「カイロ宣言」を台湾領有の国際法上の根拠とするならば、その正文を探し出し、それを世界に開示すべきであろう。

第三に、かつて台湾が清朝の領土だったからと言って、それが中華民国の継承者たる中華人民共和国の領土に属するというのは、やや粗雑な論理である。

一八九五年、清国は「下関条約」によって台湾を日本に割譲した。国際法的には、いったん台湾が日本に正式に割譲された以上、元の領有国である清国、その継承者である中華民国、またその継承者である中華人民共和国に領有権はない。ただ、戦後、現実に中華民国政府が台湾を領有した。だが、それが即、中華民国の継承者とされる中華人民共和国の台湾領有回復につながるわけではない。

一九四九年十月、清国の継承者である中華民国は、中華民国（台湾）と中華人民共和国（大陸）に分裂した。そして、現在もなお、中華民国は厳然と存在し、台湾の主権を維持している。

国際法上、依然、中華民国が完全消滅していないので、中華人民共和国は中華民国からの「不完全承継」にあたる。つまり、中華人民共和国は未だ中華民国が消滅していない以上、旧国家すべての主権を行使できるわけではない。したがって、中華人民共和国が主張する台湾の領有権は認められない。

第四に、中国国民党と中国共産党による「一つの中国」（中国大陸プラス台湾）の原則は、両党によるフィクションに過ぎない。そもそも「一つの中国」は虚構の産物であり、その実態は「二つの中国」ないしは「一つの中国、一つの台湾」であった。この虚構の「一つの中国」の原則をもって、中国が台湾領有の根拠にするのはおかしい。

「国共内戦」の結果、かつての中華民国が中華人民共和国と中華民国に二分され、別の政治実体がお互い異なる地域を実効支配してきたのである。実は、七〇年代初頭に至るまで、台湾の中華民国政府が大陸部を含む全中国の代表という「大虚構」を吹聴していた。その後現在に至るまで、今度はあたかも中華人民共和国政府が大陸部のみならず台湾をも代表するかのような「小虚構」を吹聴している。そして世界各国もかかる両岸政府の非論理的スローガンを長期にわたり支持してきた。

おそらく「一つの中国」幻想ができ上がったのは、以下の理由によるかもしれない。終戦後まもなく、ＧＨＱ（連合国軍最高司令官総司令部）のダグラス・マッカーサーの「一般命令第一号」によって、大陸に駐屯していた中国国民党軍がＧＨＱに代わって、当時日本の一部であった台湾を軍事占領した。厳密には、この時期（一九四五年十月から一九四九年九月まで）、中国国民党の下に中台が統一されたわけではない。あくまでもＧＨＱの委託による国民党の単なる台湾軍事占領である。したがって、この時期に中台が統一された（「一つの中国」が完成された）と見るのは多少無理がある。

第五に、中国共産党は、世界中の国々が「台湾は中国の一部だと認めている」と主張する。しかし、これは事実とは異なる。各国が中国との外交関係を結ぶ際に「台湾が中国の一部だと承認する」国は必ずしも多くはない。

例えば、アメリカの場合、一九七二年二月の「上海コミュニケ」で「米国は、台湾海峡の両側のすべての中国人が、中国はただ一つであり、台湾は中国の一部分であると主張していることを認識している」に過ぎない。別に、米国は中国側が主張するように「台湾が中国の一部だと承認している」わけではない。

他方、日本の場合、同年九月の「日中共同声明」で、米国より一歩踏み込んで「中華人民共和国政府は、台湾が中華人民共和国の領土の不可分の一部であることを重ねて表明する。日本国政府は、この中華人民共和国政府の立場を十分理解し、尊重し、ポツダム宣言第八項に基づく立場を堅持する」と述べただけである。つまり、日本は、中華人民共和国政府の立場を十分理解し、尊重しているに過ぎない。決して日本が「台湾は中国の一部だと認めている」わけではないのである。

ちなみに、李登輝時代（一九八八〜二〇〇〇年）に入ってから、台湾はかつての「漢賊並び立たず」（外交的に「中国を代表する正統な国家」を自負する中華民国は、中国共産党の支配下にある中華人民共和国と並存できない）の考え方を捨て、中国と国交を持つ国とでも外交関係を樹立しようとした（いわゆる「二重承認」）。だが、台湾が中国と国交のある国と外交関係を樹立すれば、中国側が一方的にその国と即刻断交する。逆に、中国が台湾と国交を持つ国と外交関係を築いた際には、中国はその国に対し台湾との断交を促す。したがって、世界では中国と台湾、同時に国交を樹立している国はない。

結局、以上の各論拠から、中国共産党の「台湾は中国の一部」とする主張には無理があると思われる。

〈読書案内〉

まず、中国と台湾の関係を国際法的に理解するためには、彭明敏・黄昭堂著**『台湾の法的地位』**（東京大学出版会）を読む必要がある。この本では、緻密な論理が展開されている。次に、台湾の詳しい歴史を知りたければ、史明著**『台湾人四百年史』**（音羽書房）、〔A〕王育徳著**『台湾』**（弘文堂）あるいは〔B〕王育徳・宗像隆幸著**『新しい台湾』**（弘文堂）（〔B〕の中に〔A〕が収められている）がよいだろう。また、喜安幸夫著**『台湾の歴史』**（原書房）も力作である。日本時代を中心に描かれた黄文雄著**『台湾は日本人がつくった』**（徳間書店）は、タイトルが多少大仰だが、内容はしっかりしていて好著である。

中国に「歴史認識を改めないと、日本企業を排斥するぞ」と言われたら

泉《いずみ》　幸《ゆき》男《お》
（総合商社営業マン）

一九五九年生まれ。東京大学法学部、教養学部卒業。一九八七〜八九年、中国・北京駐在。中国向けプラント輸出に長年携わる。著書に『中国人に会う前に読もう』。ブログ「商社マンに技あり！」http://plaza.rakuten.co.jp/yizumi/

平成元年の天安門事件の頃、わたしは北京に駐在していた。緊急帰国を経て数週間後に北京に戻るとき、「現地社員はみんな、口を貝のように閉ざした別人になってるんだろうねぇ」と同僚と嘆き合ったものだ。だが、いざ北京に戻ってみると、みな旧態依然であっけらかんとしており、こちらも拍子抜けした。

平生の中国人は、えてして皆が「のほほんとした唯我独尊」状態で、不思議なほど他人に無関心だ。互いにびんびん気を遣いあっている日本人とは大きく違う。それゆえ不便なことも多いのだが、なぜか無重力状態に解き放たれたような解放感がある。

教科書問題や尖閣諸島問題などで新聞の紙面が騒がしいときなど、出張で中国に行くときは身構えたものだけれど、着いてみると、またいつものように「無重力空間に放り込まれる」感覚が楽しめた。

無頓着と無関心の群衆がつくる無重力空間。

そんな「中国空間」に入り込むと、自分が人間から「生き物」、いや、ただの「モノ」になってしまったような気がしてくる。こころという面倒な部分が捨象されて、肉体＋衣服として生きてゆく感じ。当然ながら不愉快なことも多いのに、やがて心の骨は溶けてゆき、クラゲ状態になるのであります。

みんなクラゲ状態でぷかぷか浮いてるのだから、クラゲの海で突然に「歴史認識を改めなければ日本企業を排斥するぞ」なんてことを言う人がいたとしても、たぶん同席の中国人は「やれやれ、またかいな……」という顔をしながら、ただぷかぷか浮いているはず。

まあ、わたしなら中国語で一言、「是嗎《シーマ》」と答えて、同席の中国人といっしょにぷかぷか浮いてますね。日本語で言うなら、「あ、そう」。

迎合も反駁もいらない。だって中国が日本企業を排斥するなんて、無理だから。

平成十七年夏の中国の大学卒業者の数は三百三十万人。ところが、十月に入ってもなお百万人が就職できずにいた。中国社会では、「大卒」というだけでエリートのはずだったのに。土建バブルなお冷めやらぬ時期に、何でまたこの就職氷河期か？　その理由は、大学入学募集枠が平成十一年から連続して前年比六十万人増のペースで増えたことにある。大学卒業者の急増に、大卒者向けの雇用創出が追いつかなかったのである。

香港が中国へ返還された平成九年。この年の中国国内の大学卒業者数は、百万人だった。それがその八年後には三倍以上に増えて、三百三十万人になった。ちなみに日本の平成十七年春の大卒者数は、およそ五十五万人である。その六倍にあたる三百三十万人に、大卒者にふさわしい働き口を与えるのは至難の業のはずだが、なぜ大学募集枠の椀飯《おうばん》振舞を始めたか？

事情通によると、なんと高校卒業者の失業対策のためだというのだ。……てことは、大卒者の失業対策のためには、大学院の定員を増やせばいいじゃないか！

ご明察。平成十六年あたりから大学院の定員も増加傾向にある。数年後には、修士号や博士号をもった失業者が確実に大量発生する。この事情を知らない者は、「中国は大量の博士号取得者を養成している。すごい！」ともてはやす。

中国の主力産業は、人海戦術の流れをくむ労働集約型だ。疲弊する農村からの出稼ぎ労働者を受け入れる場としての「組立工場」と「ビル建設現場」が、中国のＧＤＰの牽引力である。しかし、これらの労働集約型産業は、大卒者にふさわしい雇用の場ではない。

平成十七年に就職できた大卒者は二百三十万人なのに、大学新入生は四百七十万人だ。これが四年後には大卒者として吐き出される。空恐ろしい。曲がりなりにも、大学さえ出れば社会のエリートになれたはずの中国で、夢破れた大卒者たちが百万人単位で都市空間にうごめくのだ。しかも毎年、百万人単位で累積してゆく。

農民は家畜のようにこき使われようと、都市民には安寧が約束されてきたはずの中国で、失うものをもたぬ知的な若者の群れが、都会の地下で熱いマグマと化したら何が起きるか。失業大卒者のネットワークが、法輪功のような華僑組織と結びつき、これに土建バブル崩壊後の新たな失業者が加わるとき、中国共産党政権にとって危機的なパワーとなるに違いない。

大卒者に職を与えることができなかったら、中国共産党政権は危機に瀕する。つまり、大卒者にまことに適当な働き場所を提供してくれる日本企業を、中国共産党はぜったいに排斥できない。「儒家は食わねど歴史問答」などと、韓国人の真似などしている余裕は、大陸中国に存在しない。

わが勤務先の総合商社は、そんな中国の八つの都市に事務所を置いている。昭和六年、満洲事変のころには、事務所は九ヶ所だった。これが昭和十二年の日華事変のときには十五ヶ所に増え、昭和十四年には二十四ヶ所、昭和十六年には四十ヶ所、昭和二十年八月には五十六ヶ所になっていた（いずれも中華民国と満洲帝国内の事務所総数）。昭和二十年八月の終戦時、満洲帝国には百八十三名、中華民国には七百七名の邦人社員が勤務していた。今だったら、経費倒れで大赤字のはずだが、当時はどうだったのだろう。社史にはそこまで書いていない。

日本史教科書の典型的な書かれぶりは、時期によってばらつきがある。明治・大正は、政治史・戦争史・経済史・文化史などが比較的まんべんなくバランスよく書かれているものだ。ところが昭和に入ると、がぜん風景が一変し、戦争史が洪水のように全てを覆いつくす。政治史も、戦争史を補足説明するための具材扱い。経済史、文化史はどこかへ消えてしまう。だから、南京事件の昭和十二年が、川端康成の『雪国』の刊行年でもあった、というようなことは、世のなかに流布する日本史からはなかなか浮かんでこない。時代のパノラマを見せることこそ、歴史の役目のはずなのに。

日本勢と英米露勢力が中華民国で争った戦争は、昭和十二年七月から八年あまりにわたって続くのだけれど、個々の都市単位で見れば、攻防戦は短期である。攻防戦らしい攻防戦なくして日本軍が入城してしまった都市も多い。だからこそ緒戦は「破竹の勢い」だった。町々に住んでいた「民衆」の史観からすれば、数日間のいくさのあと、三千日の長い長い占領統治の時代が続いたのだ。日本勢による中華民国占領統治は、マッカーサーの日本占領統治よりも長かった。

米国との戦争は、それなりのバランスをもって記述される。いくさがあり、そしてそのあとの長い占領統治があった。マッカーサーによる占領統治は、その明暗両面のバランスをとりつつ詳しく記述されるのが普通だ。

ところが、中華民国における日本勢による「占領統治」は、日本史にページを与えられることがほとんどない。世間の日本史を読むと、盧溝橋事件から終戦まで日本人は中国大陸でひたすら銃を乱射していたかのようだ。もちろん、そんなバカなことはない。中華民国全土に商社一社で七百名以上の邦人社員を置いていたとは、今から考えればたいへんな驚きだ。今でいう「非戦闘地域」がひろがっていたからこそ、多数の企業人が活躍できたのだ。

世の中の日本史によれば、日本軍が占領していたのは「点と線」だけで、ひたすら泥沼の戦闘が続いたということになっているが、「点と線の統治」はむしろ今の中国共産党のほうだろう。中国の国家安全部が公式に認めた中国民衆の反政府抗議行動は、参加者百名以上のものだけでも、平成十七年の一年間で八万七千件なりという。平成十六年には七万四千件、平成十五年には五万八千件だった。公式発表でこれだから、実際はもっと多いのだろうと、誰もが思っている。こういう状態こそ「点と線の統治」というのではないか。

日本が中華民国を占領統治していたころ、その非戦闘地域で中国民衆はどのように生活していたのだろう。どういった行政機構のもとで、いかなる法律に基づいて、どんな商取引を営んでいたのだろう。

もしそのころに年間八万七千件もの反日抗議行動が起きていたなら、わが日本史の教科書は嬉々として特筆しているはずだが。

さて、昭和二十年八月。

当時、わが勤務先の社員は満洲帝国に百八十三名、中華民国に七百七名が駐在していた。終戦とともに取引活動は停止。中国国民党軍ないし中国共産党軍による接収がはじまる。公私にわたる財産没収である。社員とその家族は、集団生活をしながら内地への引揚げを待った。帰国の際は、身の回りのもの以外の持ち物は許されなかった。

終戦時、日本国外（ここでは台湾、朝鮮も「国外」に含める）にいた日本人は、民間人、軍人あわせて約六百六十万人にのぼる。営々と投資を重ねてつくった工場群、船舶や兵器、そして思い出のつまった全財産を、六百六十万人がそれぞれの地の現地の人々にまるごと捧げたのだった。

これこそが、涙と汗に彩られた最大の戦後賠償なのだが、引揚者によるみごとな償いについて語った教科書をついぞ見たことがないのは、何としたことか。

わが勤務先の場合、満洲帝国、中華民国を合わせて八百九十名の邦人社員とその家族が、どれほどの財貨を大陸に残していったか。住宅や個人財産分だけでも、社員ひとりあたり今日の貨幣価値にして数百万円の資産を置いていったであろう。さらに、投資先の現地工場設備一式をはじめとする会社資産は、莫大な金額だったはずだ。

それらは今日の貨幣価値にして、いかほどのものだったろう。思い切り少なく見積って社員ひとりあたり千万円としても、八百九十名あわせて八十九億円。つまるところ、この八十九億円は、わが勤務先の会社が中国に対して立派におこなった賠償である。そんな日本企業が何十社とあったのだ。

なお、「社員ひとり千万円」というのは、邦人が会社員生活を海外で営むために必要な個人資産＋企業資産＋生活インフラを一人あたりに置きなおすと最低でもどれくらい必要だろうか、と考えた数字。実際のところ、企業投資分も含めて算出すれば、「商社マンひとり千万円」では到底収まらないはずだ。

六百六十万人の在外日本人が、いかほどの財貨を現地に残したか。これも思い切り少なく見積ってひとりあたり三百万円(現在の貨幣価値換算)としても、十九兆八千億円相当ということになる。残した富のうち最大のものは、満洲帝国奉天市、すなわちいまの中国瀋陽《しんよう》市の重工業インフラだった。共産党統治下もなお瀋陽が工業都市として栄えたのは、この置土産のゆえである。ちなみに、かの朝鮮専制主義党営共和国の経済レベルは、昭和三十年代までは韓国より高かった。今日では想像もつかない話だが、これも日本が置いていった工業インフラのおかげだった。日本の置土産の老朽化とともに、北朝鮮経済は失速した。平壌のいう「過去の清算」とは、とうぜん日本の置土産への恩返しのことであろう。

歴史の与える教訓は決して他人事ではない。

仮に中国共産党軍が意を決して台湾を攻めれば、日本はその時点で「敵国」となるから、こんにち日本企業が中国に建設している大工場の数々は残らず接収されてしまうだろう。無論、円借款も全額踏み倒しだ。これは空想ではなく、わたしは現実的リスクだと思っている。それに思い至らず家電品やコンピューターの大工場を中国につくる日本企業の経営者には、もうすこし歴史に学んでくれと言いたい。

わが勤務先の社史によれば、ハルビン支店長が引揚げ寸前に戦犯として逮捕され、八年にわたり抑留されたのち帰国したという。戦犯になったということは、いちおう「裁判」らしきものが行われたはずだ。おそらくはハルビン支店にかつて勤務していた現地社員も、自らの生存のために、かつての上司へ口汚いののしりを浴びせたことだろう。日本企業に勤めていた現地社員は、その後の時代の嵐のなかで「漢奸」（売国奴）と呼ばれて落命したものも多かったのではないだろうか。現地社員の解雇後について、社史は一切語らないが。

そのような状況の中、ハルビン支店の邦人社員一名が自由意志で残留したという。「後日行方不明となった。おそらく処刑されたものと考えられる」と社史は記す。

分厚い社史のなかで、ヒラ社員一名の行動と命運について記した唯一の箇所である。

〈**読書案内**〉

中国に媚びない **The Wall Street Journal** 紙には毎日のように中国関連の論説・評論が掲載される。日頃からこれを読んでおけば、日本の新聞・雑誌に散見する中国追従記事への抵抗力が養われる。中国語雑誌としては、香港の**『亜洲週刊』**を薦めたい。大陸中国・台湾のみならず、ひろく華僑世界にも目配りしている。中国共産党への批判精神も、少なくとも朝日新聞よりは、ましである。

中国に「日本は対中賠償をしていない」と言われたら

青木《あおき》　直人《なおと》
（ジャーナリスト）

一九五三年生まれ。オンライン・ニューズレター「チャイナ・インデプス」編集長。中国を中心とした東アジア情勢の取材・分析がライフワーク。主著に『中国ODA6兆円の闇』『「拉致」処分』など。

九〇年代に入り、中国の露骨な反日外交が本格化するにつれて中国国内からも「日本は中国に戦争賠償金を支払っていない」との声が一層大きくなってきた。その結果、日本でもこうした中国サイドの主張に同意する人々が少なからず現れており、今では日本の外務省のODA（政府開発援助）ホームページにすら「日本は中国に戦争賠償金を支払っていないのだから、それに代わるものとしてODAを継続する必要がある」といった主張が堂堂と掲載される始末である。

こうした事態を見るかぎり、中国発の対日情報戦はみごとに成功をおさめているようだ。だが結論から言えば、日本が中国に賠償金を支払っていないのは、一〇〇パーセント日本側の責任ではない。放棄は中国が自らの意志で主体的に決断したものだった。つまり、向こうが要らないといったものを、支払っていないではないかと日本は一方的に非難されているのである。日本人の歴史に対する無知がこの種の妄言を氾濫させている。

まず「中国に対する戦争賠償金について」基本的な事実を確認しておきたい。

そもそも米国など連合国は一九五一年九月のサンフランシスコ平和条約第十四条（b）で対日賠償請求権を放棄している。放棄しなかったフィリピンやベトナム、当事国でなかったビルマ（ミャンマー）や批准しなかったインドネシアについては個別に日本から賠償金が支払われた。

では中国の場合はどうか。こちらは五二年に戦争の当事国だった中華民国（台湾・蔣介石政権）と日本政府との間で「日華平和条約」が締結され、条約議定書に「中華民国は、日本国民に対する寛厚と善意の表徴として、サンフランシスコ条約第十四条（a）1に基づき日本国が提供すべき役務の利益を自発的に放棄する」として、賠償放棄が明記されている。

だが七一年国連で中華民国に代わって、中華人民共和国が中国代表権を得ると、翌年二月には長く対決してきた米国のニクソン大統領が中国を訪問。日本でも日中国交正常化の動きが始まった。時の田中角栄首相の中国訪問で賠償問題が再び交渉テーマに浮上したが、最終的には中華人民共和国政府がこれを放棄したという経過がある。

放棄が中国の自主的な決断であったことは「日中共同声明」の第五項にこう明記されていることからわかる。

「中華人民共和国政府は、中日両国国民の友好のために、日本国に対する戦争賠償の請求を放棄することを宣言する」。「共同声明」には周恩来総理が中国政府を代表して署名している。

この「共同声明」のどこをどう読めば、日本は賠償金を払っていないではないかという非難がでてくるのだろうか。中国政府にはぜひ正しい歴史認識をもっていただきたいものである。

ではなぜ中国政府は賠償金を放棄したのか。理由はいくつかある。まず先にも紹介したように日中戦争当時の交戦主体はあくまで中華民国であり、すでに触れたようにその指導者だった蔣介石総統が日華平和条約で賠償放棄を宣言していたことが挙げられる。正常化交渉の際も、日本の外務省サイドもこの事実を強く主張している。だがそれ以上に七二年当時中国政府が直面していた周辺の国際環境である。これは後に詳述する。日本人は賠償金問題を含む中国との正常化を単純に日本と中国の二カ国間関係の文脈でしか理解していない。それは当時も今も変わらない。その結果、中国への過剰な贖罪意識から、「日中友好のため」に賠償金を受け取らないと啖呵をきった周恩来首相に対して一方的に感謝感激してしまうのである。国民も政治家もそうだった。事情は今も変わらない。

だが冷静に考えればあのリアリストの固まりのような周恩来がなんの政治的思惑もなく、賠償を放棄するはずがない。ただでさえ、国内には日本から賠償金を取るべきだと主張する声が圧倒的だった。それを押さえこんでも手に入れたかったものはなにか。彼は正常化直前、内部会議で「対日賠償を放棄して日本人を感激させるのだ」と強調している。目的は日本と台湾の関係を断ち切るためだった。そうした中国の狙いは共同声明第二条「日本国政府は、中華人民共和国政府が中国の唯一の合法政府であることを承認する」、そして第三条の「中華人民共和国政府は、台湾が中華人民共和国の領土の不可分の一部であることを重ねて表明する。日本国政府はこの中華人民共和国政府の立場を十分理解し、尊重し、ポツダム宣言第八項に基づく立場を堅持する」との条文に正確に反映された。

このように日本人は今も日中国交正常化が中国にとって国際戦略の大転換のひとつであった事実にあまりにも鈍感である。

田中訪中団と中国側との交渉が、「謝罪問題」でデッドロックになったままの協議三日目の夜、「赤い皇帝」毛沢東が田中首相・大平外相らと会見した。会談は今でも「和やかな世間話だった」としか伝えられていないが、事実はそうではなかった。毛沢東は会談の中で、東条英機やヒットラーの名前をあげ、戦前日本が欧米・ソ連、そして中国など世界から孤立し、自滅していったと指摘したうえで、日本には現在四つの敵があるとして、右手の指を順番に折りながら、ソ連、米国、欧州、そして最後に中国の名前を挙げた。そして最後に毛は「田中先生、組むのなら徹底的に組みましょう」と提案したのである。

当時、中国の最大の安全保障上の脅威だったソ連。そのソ連に対する国際統一戦線こそ毛沢東の田中招請の第一の狙いだった。この「毛主席の戦略的英断」（人民日報社説）と国際戦略の転換こそが賠償放棄の最大の理由なのである。台湾問題はそうした文脈のなかにあった。毛沢東は過去の対日戦争をめぐるわだかまりよりも、ソ連との新たな戦争に備えようとしていた。

中国外交部のシンクタンク・国際問題研究所の機関誌「国際問題」（〇五年第六期）もそうした視点を隠さない。

「当時中米両国はいずれも世界の多極化の趨勢を理解していた。中国はこうした世界の流れが歴史的に見ても国益にプラスだと判断していたし、米国も同様に多極化の流れのなかでも自国の力を継続させ、独大（独占的大国）の主導的地位を保持しようとしていた」（同誌より）

「早くも前世紀六〇年代末に、ベトナム戦争とドル危機の猛烈な衝撃のなか、ニクソン大統領は世界に出現した五大センターについて発言を行なっている」（同前）

ここでいう「五大センター」こそ毛沢東が挙げた米国、ソ連、欧州、日本、そして中国のことなのである。日中国交正常化は米中和解なしには実現しなかった。北京を訪問したニクソン米大統領と毛沢東は日本抜きで世界の五大強国間の新たな組み合わせについて語り合った。毛沢東の言葉を借りれば米中会談のテーマは徹頭徹尾、国際社会において「誰が我々の敵か、誰が我々の友なのか」（「中国社会における各階級の分析」）というパワーゲームそのものだったのである。

会見は、ベトナムの泥沼からの「名誉ある撤退」を準備していた米国にとっても、ソ連「社会帝国主義」からの軍事攻撃を警戒していた中国にとっても、必要不可欠なものだった。ソ連に対抗した米中連合は、やがてソ連を崩壊に導き、いまも台湾の独立を封じ込め、北朝鮮の核を共同管理しようとしている。

その後、毛沢東が死に、中ソは和解、そしてソ連は崩壊した。その一方、中国では九〇年代に入り、求心力を失ったマルクス主義、毛沢東思想に替わって、江沢民国家主席のもと反日外交と反日教育が本格化する。そして一旦は「永遠の友好」のために放棄したはずの対日賠償も、九二年三月には民間損害賠償として一千八百億ドルを要求する法案が全人代に提出され「放棄したのは国家間賠償だけで、民間の賠償は放棄していない」と江主席も来日中に言い始めた。

七九年、日本は本格的な対中援助を始めた。いわゆるODAである。だが、周恩来の後継者鄧小平は「我々は賠償を放棄した。日本は世界一中国に借りの多い国だ」とODAイコール賠償金との認識を最高指導者として初めて公然化させた。現代化のための資金の手当てが目的だった。

だがもう一度確認しておけば、賠償金は蔣介石も毛沢東、周恩来も「いらない」と言い切った対外公約であり国際公約なのである。当然日本に支払いの義務はない。この事実はすでに紹介したように「日華平和条約」にも「日中共同声明」にも明記されている。

鄧は日本を恫喝しつつ、ODAの倍増を目論み、ODAはこの後、増大の一途をたどる。日本人の過剰な贖罪意識がそれに拍車をかけた。日本の援助なしに中国の近代化は離陸も成功もしなかった。すでに日本の対中援助額は二十六年間でODAが総額三兆三千億円（これは中国が各国から得ている公的援助のうち、六〇％をこえる数字である）。さらに国際協力銀行のアンタイドローン（資源ローン）など二兆数千億円と世界銀行やアジア開発銀行からの迂回融資分を入れれば、総額は七兆円を突破している。日本は世界で最も中国を支援した国なのだ。この数字をみても事実上の賠償金（それは本来支払い義務のないものだ）は払い終えている。日本は賠償金を支払っていないと今も中国は言う。だがODAの中国側窓口にはちゃっかりと鄧小平の子どもたちが座っている。

〈読書案内〉

中華民国、中華人民共和国政府による対日賠償請求放棄については**外務省ホームページ**を参考に。七二年の米中会談については、ニクソン大統領の中国訪問を前に行なわれたキッシンジャー大統領補佐官と周恩来総理の事前交渉と話し合いをまとめた**『周恩来キッシンジャー機密会談録』**（毛里和子・増田弘監訳、岩波書店）、さらにニクソンと毛沢東主席らとの会談内容を紹介した**『ニクソン訪中機密会談録』**（毛里和子・毛里興三郎訳、名古屋大学出版会）が詳しい。これを読めば、両国最高首脳の間でソ連、台湾問題だけでなく、日本や朝鮮半島情勢も話し合いのテーマにされていたことがわかる。三十数年前に、当時の米中首脳が共有した国際情勢認識、なかでもアジアで両国が再びベトナム戦争のような衝突を避けるための枠組みを、仮に「七二年体制」と呼ぶならば、いまもこの構図は揺らいでない。米中は直接対決につながりかねない朝鮮半島有事も台湾独立も許さないだろう。また田中角栄首相の中国訪問の目的が、単なる国交正常化だけにとどまらず、資源外交の一環としての中国資源、なかでも海底石油の確保にあった事実は拙著『田中角栄と毛沢東』（講談社）で詳細に触れた。賠償問題をめぐる具体的なやりとりや田中・毛沢東会談の内幕についても同書を参考にしていただきたい。

中国に「毒ガス、遺留兵器による被害は日本の責任だ」と言われたら

中西《なかにし》 昭彦《あきひこ》
（ジャーナリスト）

一九五一年生まれ。雑誌編集者を経て、フリージャーナリストに。週刊誌や月刊誌などで取材・執筆活動を続けている。

旧日本軍がおもに中国東北地方（旧満州）各地に遺棄したとされる毒ガス弾など（遺棄化学兵器）の処理について、日中政府間で協議が始まった一九九二年から十三年を経て、ようやく吉林省ハルバ嶺《れい》に処理施設の建設が始まろうとしている。戦後六十年が経ってもなお遺棄化学兵器が放置され、中国人住民の生命や日々の生活を脅かす事故が散発的に起きた事実を重く見れば、発掘・回収、処理が遅々として進まないのは憂慮すべき事態であり、一刻も早く適切な処理が行われるべきである。

だが、遺棄化学兵器をめぐる歴史的経緯を無視してすべての責任を日本政府に求めるのはフ

ェアではない。また、遺棄弾の数量などについては日中間で大幅な見解の相違もあり、本件が外交上の駆け引きの材料になっていることが最大の不幸ではないかとさえ思われる。以下、問題の経緯を見て行く。

八七年、中国政府はジュネーブ軍縮会議の席上、遺棄化学兵器にかかわる遺棄国の責任について初めて言及した。この時は日本を名指しすることはなかったが、遺棄兵器の廃棄条項を化学兵器禁止条約に盛り込むことを提案。一方、日本政府は中国側に二国間問題として処理することを提案して中国側に資料提出を求めたが、中国側は拒否した。九〇年、中国政府は日本政府に対して非公式の処理・解決要請を行っていたのに、九二年には「処理責任は日本にある」と公式に表明し、「廃棄条項がなければ条約を批准しない」とまで言い切った。これに対して日本政府は「廃棄の一義的責任は領域国にある」との考えを示したが、結局、中国政府のしたたかな外交術により遺棄条項も盛り込まれた。なお、九九年に日中両国政府が遺棄化学兵器処理に関するスキームをまとめて「覚書」を交わしたが、中国側の担当者は王毅外交部部長助理(現駐日大使)であった。これによって日本は中国に対し、「遺棄化学兵器の廃棄のため、すべての必要な資金、技術、専門家、施設その他の資源を提供」する義務を負うことになったのである。日本の外交的敗北を象徴する出来事であった。

だが、遺棄化学兵器に関しては幾つかの疑問がつきまとう。

第一に、問題の遺棄化学兵器は本当に旧日本軍が「遺棄」したものなのか。敗戦後、旧日本軍は旧満州、万里の長城以北の部隊はソ連軍に、その他の部隊は中国国民党軍に降伏し、武装解除を強制された。武器弾薬その他一切がソ連軍、中国軍に接収され、ポツダム宣言にも「完全な武装解除」と記されている。イラクにおける米軍の活動を見るまでもなく、戦勝国軍は降伏した部隊について徹底的に武装解除を行うものである。兵器を隠匿していないかを細部にわたって調査し、目録も作成される。常識的には旧日本軍の化学兵器類の大部分はソ連、中国両軍に接収されたと考えられ、事実、それを裏づける「引渡目録」も日本国内で発見されている（「諸君！」二〇〇四年四月号「『毒ガス兵器』を遺棄したのは日本軍に非ず」参照）。

もっとも中国側が主張するように、敗戦後、旧日本軍が化学兵器の所持を隠すために穴を掘って埋めた例もあったかもしれない。だが、旧日本軍から接収した圧倒的多数の化学兵器をソ連軍が中国軍に引き渡し、中国軍が人里離れた山奥（吉林省ハルバ嶺）に埋設して「処理」したつもりになっていた、というのが真相ではないか。もちろん、日本も「製造者」としての責任は免れない。だが、接収・遺棄後の全責任は、ソ連と中国に発生すると考えるのが妥当である。

日本において化学兵器禁止条約は九五年、時同じくして発生したオウム真理教事件の騒動に背中を押されるような格好で、国会での議論が尽くされないまま批准された。今となっては詮無いことであるが、九〇年代前半に日本政府がもう少し毅然とした対応でジュネーブ会議に臨んでいれば、ここまで日本側が譲歩させられることはなかっただろう。

第二の疑問として、中国側が条約事務局に提出した「遺棄弾は二百万発」という数字の根拠となった「歴史的資料」問題がある。この数字がどうやって算定されたものなのか、根拠がまったく不明なのだ。その後、日本政府は政府間協議を開く過程で現地調査を行い、九六年には「およそ七十万発」と推計した。最近ではもっと減って、中国側もようやく「最多四十万発」という数字で合意をした模様だ。

翻って、中国が主張し続けた「二百万発」という数字がいかに空疎なものだったか。現地調査に時間をかけたことで、作業の期間は五年間の延長となったばかりか、日中共同作業グループが、中国側の提供した「資料」に基づいて遺棄弾の埋設地を視察した際、化学兵器が発見されないケースも多々あったという。また、ハルバ嶺の遺棄弾の中には、明らかに化学兵器でないもの（焼夷弾など）やソ連軍・中国製の兵器も混じっていたという。この事実こそが、ソ連軍、中国軍に遺棄の責任が生じることの証左にもなる。

日本側が建設する処理施設の規模やそれに伴う予算の計上にも支障をきたすであろう。内閣府遺棄化学兵器処理担当室（以下「内閣府担当室」）によると、吉林省ハルバ嶺に建設される処理施設では、最大で一千人の作業要員が処理にあたることになっている。中国側で作業にあたるのは主として人民解放軍の兵士である。日本側は、処理プラントのみならず全てのインフラ（発電所、道路、作業員の宿舎や食堂、水道、通信設備など）を負担しなければならない。もちろん、作業要員の日当も負担する。二〇〇五年七月には、国会で山谷えり子議員が「日本側が中国側の作業員に支払う数十ドルの日当のうち、本人に渡るのは百三十円しかない」と、大部分が中国政府にピンハネされているとの指摘もした。

処理プラントが完成すると、常時一千人からの人間が作業に従事して一日あたり数百発の兵器を処理することになるという。単純に計算しても、埋設されている化学兵器を完全に処理するまでには三年以上かかり、施設の建設そして運営に要する経費は二千億円以上と見積もられている。中国側の主張を鵜のみにしていたら日本政府が負担するコストは一兆円は超えるとの報道すらある。本当に日本政府だけが一方的に負担しなければいけないのか、もう一度協議を重ねる必要があるのではないか。

中国政府から「歴史的資料」の中身について、これまで一度も情報が開示されたことはない。あくまで中国側の「資料」ゆえ、日本政府による検証は圧倒的に制約を受ける状況にある。つまり中国から「こうなっています」と言われれば、日本はそれを前提に協議せざるを得ない。この点について内閣府担当室関係者は、「『客観的な資料』が見つかれば中国政府と協議を重ねる、という前提は崩していません。しかし、それがない限りは批准した『条約』や『覚書』の条項を遵守するのが当然の義務と考えます」と、論議すべき機会にはいつでもできる体制にある点を強調する。日本政府は実処理と併行して、中国側に資料の公開を粘り強く求め、遺棄国としての責任を問う努力をすべきではないか。

なお、遺棄化学兵器処理事業に関しては、中国政府との交渉は外務省中国課が担当し、実務面は内閣府担当室が窓口になっている。果たして、取り組む姿勢の一致、情報の共有などが両者にあるのかどうか。

二〇〇五年十一月十八日付で、内閣府担当室は「最近の一部の新聞報道について」と題した異例のコメントをホームページに掲載した。その内容は、中国ではハルバ嶺以外の地域に処理施設を建設する予定も中国側からの要請もない、総事業費は不確定要素が多いので確たることは言えないが一兆円規模との試算をした事実はない、との二点に集約される。

なぜこのような情報が流れ、担当室が異例の否定をしなければならなかったのか？　ある政府関係者が興味深い証言をする。

「外務省のある幹部が、『中国側の希望として、ハルバ嶺だけでなく中国各地に処理施設を建設して欲しいとの要請がある』と、予算が付くかどうかの打診をしてきたのです。つまり、遠隔地に保管してある化学兵器を、その現地ごとにプラントを建設して処理してほしいという要請です。一方、日本側の方針は、車両に積んだ移動式処理装置で暫定処理した上でハルバ嶺の処理プラントに運んで最終処理する、というものです。中国側としては、日本側に処理プラントを数多く建設させればそれだけ潤うという図式があるのでしょう。『(中国に）気に入られなければ、重要な交渉は何も決まらない』という認識を持った者が少なからずいるようだが、それで巨額の血税が注ぎ込まれては堪りません」

さらに、日本政府側の体制にもわかりにくい点がいくつかある。

「株式会社遺棄化学兵器処理機構」という法人がある。設立されたのは二〇〇四年三月で、資本金は三億円。同社はハルバ嶺の施設建設計画を実行に移すためのコンサルティングを主目的として設立された。内閣府担当室が直接指揮を執り、指導する関係にあるという。

だが、日中間で処理事業が本格化した九八年前後からの経緯を見ると、この法人の存在や位置づけが極めて曖昧な点に気づく。

もともと内閣官房にあった遺棄化学兵器処理対策室は、外務省の外郭団体である財団法人「日本国際問題研究所」に委託して、九八年頃から遺棄化学兵器の調査をしていた（対策室はその後、総理府から内閣府へ引き継がれた）。ある政府関係者が言う。

「化学兵器処理のノウハウはどこにもなかったから、窓口を決める際にはどの省庁も及び腰で、たらいまわしが続いた。結局、総理府に落ち着いたが、ノウハウがないから、すべての作業が手探りに近いものだった」

日本国際問題研究所の役割が終了したのは二〇〇一年。この年の二月から三月にかけて、内閣府は「プロジェクトマネジメントコンサルタント」（PMC）と称する新たな委託先を立ち上げ、入札を行った。複数の応札があった中で、実績とノウハウに優位性が認められるという理由から、株式会社パシフィックコンサルタンツインターナショナル（PCI）と日揮が選ばれた。PCIは政府ODA関連の業務を得意とし、国際協力銀行、国際協力機構、JETROなどと結びつきが深い。日揮はプラント建設で有名である。そして二〇〇四年、またも内閣府の主導で前記の「株式会社遺棄化学兵器処理機構」という法人が設立されたのだが、何とこれもPCIグループが一〇〇％出資する形でスタートした。

奇妙なことは、この法人が設立されて以降、内閣府→遺棄化学兵器処理機構→PMC→各業者、という図式で業務が行われていることだ。内閣府から遺棄化学兵器処理機構への発注は随意契約。しかも遺棄化学兵器処理機構とPMCの両方にPCIグループが関与している。内閣府担当室は「政府では調達とコンサルの両方を一緒にやる余力はないため、遺棄化学兵器処理機構とPMCにそれぞれ業務を分けている」と説明する。しかし、まるで内閣府担当室との間に無理やり一枚嚙ませた格好で、「屋上屋を架した」た印象を受けるのは筆者だけだろうか。

冒頭で述べたとおり、中国住民の安全と健康のために遺棄化学兵器の処理は急がなければならない。だが、どこまで日本側が負担をしなければならないのか、また実際に政府が何をしているのか、国民にはほとんど知らされていない。そのためには、化学兵器が遺棄された歴史的背景をはっきりさせることがまず必要であろう。

ハルバ嶺の大規模処理施設が着工しようという今、その機会を逃せば、日本は必ず禍根を残すことになる。同地に埋設された遺棄化学兵器は「最多四十万発」といいながらも実際には発掘・回収の作業でどのような不測の事態が起きるか分からないし、また中国国内の各地で埋設された遺棄化学兵器が発見されれば、そのたびに中国側の駆け引きが旺盛に繰り返される可能性は高い。

〈読書案内〉

かつて「化学兵器」は「細菌兵器」と総称されることもあったが、戦後史を探るうえで重要なテーマであるという位置づけは今も変わらない。戦争という極限と人間の極限、そしてそこに身を置いた〝痛哭〟を伝える書籍が数多くある。知識、情報を得る意味で吉見義明・松野誠也編・解説**『十五年戦争極秘資料集補巻2――毒ガス戦関係資料Ⅱ』**（不二出版）、ドキュメントを実感する意味で森村誠一著**『悪魔の飽食』**（光文社カッパ・ノベルス）がある。このテーマを決して政争の具としないためには歴史的事実とされる事象の検証が必要だが、小原博人・新井利男・山辺悠喜子・岡田久雄共著**『日本軍の毒ガス戦』**（日中出版）、吉見義明著**『毒ガス戦と日本軍』**（岩波書店）をお勧めしたい。そこから中国という国の本質が垣間見えるかもしれない。

中国に「日本は軍国主義化、右傾化している」と言われたら

潮《うしお》　匡人《まさと》
（評論家・帝京大学短期大学助教授）

一九六〇年生まれ。早稲田大学法学部卒業。同大学院法学研究科博士前期課程修了。防衛庁・航空自衛隊勤務、聖学院大学専任講師等を経て現職。主著に『北朝鮮の脅威を見ない人たち』など。

なんでも日本は最近「軍国主義化、右傾化している」そうだ。小泉純一郎首相が靖國神社を参拝した翌日、ある海外紙が「東京での無意味な挑発」と題した社説を掲げ、「小泉首相は日本の軍国主義の最悪の伝統をあえて公式に擁護してみせた」「参拝は自民党の右翼ナショナリストの礼賛を得たが、首相はこの勢力を抑えつける必要がある」と非難した。

先の「小泉劇場」では、保守派の多くが自民党から離反した。「自民党の右翼ナショナリスト」とは誰のことなのか。いったい、どこの新聞が「軍国主義」だの「右翼」だのと書いたのか。実は、中国紙ではない。米「NYタイムズ」紙である（二〇〇五年十月十八日付）。

この社説を含め、最近のNYタイムズの報道について、古森義久記者は「中国の主張をそのまま繰り返すに等しい」と伝えている（十一月二十八日付産経）。事実、中国からは折に触れ『日本の軍国主義復活』とか『日本の軍事大国化』という批判が浴びせられる」（古森義久『日中再考』扶桑社）。この種の批判は、NYタイムズの社説に見られるように、世界の論調を歪める恐れが少なくない。果たして、中国の「軍国主義」批判は正鵠を得ているだろうか。NYタイムズが「危険な軍国主義志向」と批判した憲法改正から見てみよう。

憲法「改正」自体は、何ら非難されるべきことではない。憲法を「正しく改める」のは国会及び国民にとって当然の責務である。問題は改正案の中身、具体的には九条の扱いであろう。すでに自民党は「自衛軍を保持する」と明記した「新憲法草案」を発表した。

この動きを「軍国主義志向」と呼べるだろうか。仮に将来、自衛隊が名実ともに軍隊になろうと、それは「普通の国」への脱皮に過ぎない。それどころか、自民草案は、国民の認知を得た自衛隊を「自衛軍」と呼びかえるだけの現状追認に過ぎない。自民草案を読んでも、「軍」とは名ばかりで、法的実態は改憲後も自衛隊ないし警察予備隊と大差ない（「正論」二〇〇五年十二月号拙稿「こんな憲法改正でいいのか」）。

それが証拠に、自民草案は現行憲法第九条第一項を手付かずのまま存置させた。題して「平和主義」。原典にはない「平和主義」との見出しを、あえて付けた「新憲法草案」である。以上のどこが「軍国主義」なのか。文字通りの「平和主義」ではないか。はっきり言えば反戦平和主義、英訳すればパシフィズムである。それを、どう翻訳すれば「軍国主義」となるのか。意図的な世論操作でないなら、救い難い語学力である。

最近の中国が警戒する日本の防衛力整備にミサイル防衛がある。わが国が整備を進めている弾道ミサイル防衛は、海上自衛隊のイージス艦と航空自衛隊のペトリオット誘導弾の能力を向上させ、両者を統合的に運用する多層防衛を基本とする。日本に飛来する弾道ミサイルを二段階で迎撃するシステムであり、何ら攻撃的性格を持たない純然たる防衛網である。良くも悪くも「専守防衛」を貫く日本が採り得る唯一の防衛システムであり、「軍国主義」云々の批判は一切当たらない。

もし中国が本気で警戒しているのなら、その真意は、日本や台湾に向けて弾道ミサイルを着弾させる攻撃計画の邪魔になるからであろう。それ以外、何一つ考えられない。

その他日本の国連安保理常任理事国入り問題など、以上を含めた最近の動きを「軍国主義化、右傾化」と批判するのは完全な的外れである。仮に「軍国主義化、右傾化」と批判するなら、その矛先は当の中国自身であろう。

例えば先般、制定された中国の「反国家分裂法」がその証左である。同法第八条は、「台湾独立・分裂勢力が、台湾を中国から切り離すという事実を作り出すか、それを招く重大な事変を引き起こすか、または平和統一の可能性が完全に失われた場合、中国は非平和的方式及びその他の必要な措置を採り、国家の主権と領土保全を守らなければならない」と明記した。「非平和的方式」に軍事力の行使が含まれることは疑うまでもない。

ちなみに中国の『国防白書』（最新二〇〇四年版）は「台湾当局が大胆にも重大な台湾独立事件を起こそうとするなら、中国国民と軍は一切の代価を惜しまず、そのたくらみを粉砕する」と謳っている。こうした政治姿勢が「右傾化」でないなら、社会主義国家に相応しく「左傾化」と評する他ない。

中国自身の「軍国主義化、右傾化」は国防費の伸びにも表れている。中国の二〇〇五年度の国防費（二四四七億元）は前年度比一二％超の伸びであり、十七年連続で一〇％以上の伸びを達成したことになる。これがいかに異常な伸び率か、経済人なら釈迦に説法であろう。二〇〇五年度の国防費は二〇〇〇年度の約二倍、一九九七年度の約三倍である。「防衛費も聖域ではない」（小泉首相）と予算を大幅削減し、戦車や火砲を半減させ、担当主計官を経産政務官に抜擢したアジアの平和ボケした島国とは比較にもならない。

しかも中国は、国防費の内訳の詳細を公表していない。『国防白書』で人員生活費、活動維持費、装備費に三分類し、それぞれの総額を公表しているに過ぎない。さらに「中国が国防費として公表している額は、中国が実際に軍事目的に支出している額の一部にすぎないとみられていることにも留意する必要がある」（防衛庁『防衛白書』二〇〇五年版）。中国の白書には、軍の主要装備の調達計画や現在の装備の保有数についての記述もない。部隊レベルの編成も、軍の主要な運用や訓練実績も公開していない。「中国の安全保障の全容は秘密のベールに覆われている」（米国防総省）。透明度の高低を日本と比較するなら、月とスッポンの譬えが相応しい。

周知の通り、中国は「少量の核兵器を保有するのはまったく自衛のためである」と称して、中央軍事委員会が直接指揮する報復的な核反撃能力を大量保有している（もちろん日本は核兵器を保有していない）。

中国の軍事力は、人民解放軍、人民武装警察部隊と民兵から構成されており、その戦力規模は世界最大である。しかも近年、核・ミサイル戦力や海空軍力を中心とした軍事力の近代化に邁進している。中でも憂慮すべきは、中国の海洋における活動の活発化だ。軍事専門家は中国海軍が「外洋海軍」（ブルー・ウォーター・ネイビー）を目指していると指摘する。黄海、東シナ海、南シナ海を含めた中国の沿岸から一五〇〇カイリ以上の遠方海域を統制可能な中国「外洋海軍」が将来、実現する可能性は低くない。

中国の周辺には、「（中国に）脅威となる国がないのに、なぜこれほど軍備増強をする必要があるのか」（ラムズフェルド米国防長官）。米国防長官の疑問は、国際社会の疑問でもある。日本を含めた周辺諸国が中国の軍事的脅威を警戒するのは至極当然であろう。

高まる国際社会の警戒感に配慮したのか、中国の王毅大使は〇五年秋、防衛大学校での講演で以下のとおり釈明した。

「一部の人は中国の実際の軍事費は現在発表額の二倍ないし三倍だとしていますが、もしそうだとすれば、中国の財政支出に占める軍事費の割合は二二％に達することになります。これは中国の経済と財政からみれば、考えられない、耐えられないものであり、米国さえ信じていません」

少なくとも、最後の部分は事実に反する。米国防総省は議会への年次報告書「中華人民共和国の軍事力　二〇〇五年」で、こう断定した。

「公式予算には、外国からの武器購入や人民武装警察部隊への支出、核兵器の備蓄や第二砲兵隊の維持費、軍需産業への補助金、さらに国防関連の研究開発、地域、州、地方からの軍隊への寄付金が含まれていない。こうした追加資金を合わせれば、実際の国防支出は公表額の二、三倍に膨れあがる。つまり、二〇〇五年の国防費として九〇〇億ドルが費やされる可能性がある。その場合、中国の国防支出は米国、ロシアに次ぐ世界第三位、アジアでは最大となる」

さらに報告書はこうも明記した。

「中国の軍事増強のペースと範囲は、既に地域の軍事バランスを危うくしている」「中国政府は、台湾を威圧ないし獲得するために軍事力を行使するに当たり、米国を、さらに最近では日本を、主な障害と見ている」

なぜ中国が、日本に「軍国主義化、右傾化」との非難を繰り返すのか、その理由が透けて見える。

実は先日、岡崎研究所と中国北京の社会科学院（国務院）、上海国際問題研究所（上海市）が共催した「日中安保対話」に参加し、「中国こそ軍国主義化しているのでは」との率直な疑問を北京と上海で投げかけた。すると先方からは口々に「日本の反応は過敏だ」との反発が返ってきた。

もし、日本や米国の疑問が「過敏」なら、中国による「軍国主義化、右傾化」との日本非難こそ敏感に過ぎよう。

対話の席上、社会科学院の高官から「マスコミやネットはともかく、中国の政治指導者がそうした非難を公式にしたことはない」とも反論されたが、二〇〇〇年八月十五日の閣僚による靖國参拝を、新華社通信は「軍国主義の復活に等しい」と報じた。周知の通り、同社は中国の国営である。最近も、先の小泉参拝で中国外交部はこう声明した。

「日本軍国主義は近代史において中国人民を最も深く重く傷つけた」「日本の右翼過激勢力は、時代の潮流に逆行し、侵略の歴史を公然とわい曲、否定している。日本政府の指導者として、小泉首相は第二次世界大戦のA級戦犯を合祀する靖国神社を参拝し、『歴史を反省する』との約束に背き、右翼過激勢力が侵略の歴史をわい曲、否定するのを助長している」

平和を希求する「時代の潮流に逆行し」、事実関係すら「公然とわい曲、否定」しているのは、果たして、どこの国なのだろうか。

〈読書案内〉

本文中で紹介した米国防総省年次報告書二〇〇五年版の邦訳が『別冊正論』創

刊号に全文掲載されている。この見方を建前論とすれば、米陸軍大学戦略研究所が編纂した『中国が戦争を始める』（恒文社21）および、リチャード・バーンスタインとロス・H・マンローの共著『やがて中国との闘いがはじまる』（草思社）は本音に踏み込んだ分析だ。歴史的文献としては、ジョン・ヴァン・アントワープ・マクマリー著『平和はいかに失われたか』（原書房）を推す。併せて、ポール・クローデル著『孤独な帝国　日本の一九二〇年代』（草思社）と、ウィリアム・バー編『キッシンジャー［最高機密］会話録』（毎日新聞社）の関連部分も一読に値する。新刊では、ジョン・J・タシクJr.編著『本当に「中国は一つ」なのか』（草思社）の資料価値が高い。ゴードン・チャン著『やがて中国の崩壊がはじまる』（草思社）の指摘も輝きを失っていない。軍事全般については拙著『常識としての軍事学』（中公新書ラクレ）を参照されたい。

中国に「北朝鮮ばかりか韓国もいまや中国の味方だ」と言われたら

古田《ふるた》　博司《ひろし》
（筑波大学教授）

一九五三年横浜市生まれ。慶應義塾大学大学院東洋史専攻修士課程修了。延世大学、漢陽大学で日本語教師として滞韓六年。主著に『東アジアの思想風景』『東アジア「反日」トライアングル』などがある。

この問題に答えるには、北朝鮮が中国の味方だという誤解から解かなければならないだろう。味方どころか子分だと思っている人もけっこういるようである。金日成のもともとの出身が中国共産党の軍隊の一司令官だったので、中朝の関係を「唇歯の間柄」といったり、朝鮮戦争をともに戦った「鮮血で固められた戦闘的友誼」だと互いに誉めたたえたりすることは、両国間でも確かにある。しかしそれは彼らなりの美辞麗句であり、現実にはそんなこともない。

周知のように、戦後の北朝鮮という国は、ソ連の傀儡《かいらい》国家から始まった。この傀儡国家から、中ソ論争で中国を振り子のように使い、一九五〇年代に自主的独立を果たすのである。その時の思想を主体《チユチエ》思想という。

ところが一九六〇年代にはいると中国の大躍進政策の失敗で、大量の難民が北朝鮮に流入し、中朝間で国境問題が生じ、続いて中国の文化大革命により政治的影響が国境を越えて朝鮮国内に及んできた。すると北朝鮮はたちまち態度を硬化させ、「唯一思想体系」という金日成独裁体制を築いてこれを防ぐのである。通説のように本当に仲がよかったならば、北朝鮮は中国にたちまち呑み込まれていたことであろう。

その「唯一思想体系」というのは、「金日成のように考え、金日成のように行動せよ」というだけの命令なのだが、その核に朝鮮人が主人公だという主体思想がある。つまり、恐るべき自己中心主義なのであり、日本人はこれを甘く考えすぎというか、微苦笑で舐めてしまうところがあるが、要注意である。

たとえば北朝鮮で有名なマス・ゲームは、日本植民地時代の朝鮮神宮競技大会での集団体操の伝統を受け継ぎ、そこにソ連のマス・ゲームでの見聞を得て完成されたものと思われるが、主体思想的にはそんなことはいってはいけないことになっている。あれは北朝鮮が独自に編み出したものなのである。したがって、「マス・ゲーム」などと外来語で称することは慎まねばならない。初期には北朝鮮でも暢気にそういっていた頃があったが、後に主体思想の発展と共に「背景台」と言い換えるようになった。

さらにその主体思想の核として、実は朝鮮民族の独自な「小中華思想」が埋め込まれている。

小中華思想とは何か？　中華思想の小さいやつではない。時は十六世紀後半、明末の頃から朝鮮人は中国人を密かに馬鹿にし始めていた。儒教（朱子派儒教）からいえば、中国は朝鮮の先輩のはずなのだが、受け入れた側の朝鮮ではそれを一層純化させた。例えば、儒教では葬式で酒を飲み、肉を食らってはならない。朝鮮ではこれを実践し、飲酒肉食したものを逮捕した。その結果、自分たちのほうがよほど中国より立派な儒教国になったというわけである。そして、今度は中国人を侮蔑し始める。この傾向は、明が滅び、「野蛮人」の女真族によって中国が占領され、清朝が開かれたときに決定的になった。朝鮮では、「中華文明を野蛮人が担うことはできない、自分たちこそが中華文明の後継者である」と勝手に自任したのである。これを小中華思想という。かくして、中国人は中華思想で朝鮮人を軽蔑し、朝鮮人は小中華思想で中国人を侮蔑するという、今日まで続く中朝間の精神的葛藤の構造が生まれた。

でもこれは昔のことであって現代はどうなのかといえば、やはり中朝間は全然仲良くない。北朝鮮経済の破綻は、一九八〇年代後半の世界中の社会主義経済国家の崩壊と軌を一にするものだが、一九九〇年にソ連とのバーター取引が、国際市場価格のハードカレンシー決済に変わったことにより、ソ連からの貿易が激減したことに端を発している。そして九〇年代初頭の不作、それに続く九〇年代半ばからの自然災害が追い討ちをかけた。この時期、実は中国は石油の供給量を大幅に減らし北朝鮮経済に決定的なダメージを与えているのである。また同じ九〇年代半ば以降、中国は穀物が取れすぎて一部劣化を招いたほどで、百万トン単位の援助もできるはずだったのだが、しなかった。つまり生かさず殺さずの作戦をとっているものと思われるのである。ようするに仲など決して良くないわけだ。親分子分の関係というよりは、生意気ではねっかえりで見栄坊な隣組の小さな親分を叩いたり、てなずけたりしているが、しかし深くは関わりたくないし、言うことをきかないことも本心ではよくわかっている。そんな関係といえるであろうか。核関連でも、中国に北朝鮮を抑圧したり牽制したりする「本気」が元々ないことは、北朝鮮が核保有宣言をしてしまった今日ではすでに明白であろう。

さて、中国と韓国の関係について語る前に現在の北朝鮮と韓国の関係について若干述べておきたい。韓国の盧武鉉大統領の周辺は、俗に「タリバン」（韓国語でタルリバンという）と呼ばれる学生運動出身の過激派がとりまいている。まず、大統領秘書室の市民社会行政秘書室行政官は、北朝鮮関連の徐敬元議員事件の逮捕者である。国政弘報秘書官は救国学生連盟（主体思想派）関連の逮捕者である。政務首席は民青学連事件（政府転覆・労農政権樹立策動事件）の死刑判決を受けた人であり、保険福祉部長官も民青学連事件逮捕者である。このほか与党ウリ党の議員の中には、北朝鮮関連の公安事件逮捕者や、主体思想派の全国大学生代表者協議会の幹部だったものが一割も存在している。つまり、盧武鉉政権は北朝鮮シンパの元学生運動家がかなりの力をもっており、政権の周辺にも「開かれた空間三〇」という学生運動出身者の親睦団体等がうごめいている。

このような政権であるため、北朝鮮に対しては「平和繁栄政策」を掲げており、北朝鮮の変化については常に楽観的な見解を表明しつづけ、北朝鮮への経済援助額は増加の一途をたどっている。北朝鮮の人権問題に関してもこれを無視し、国連人権委員会および国連総会等での北朝鮮人権決議においても、韓国は棄権票を投じており、また二〇〇五年十二月にソウルで開催された「北朝鮮人権国際大会」には米国や日本が人権大使を参加させたのに対し、韓国は実務レベルをオブザーバーとして参加させたのみであった。というわけで、現在の韓国が北朝鮮の味方であるとだけははっきり言えるのだが、中国の味方であるかどうかは疑問である。

ところで韓国は、一九八七年にいわゆる「民主化」宣言を行うが、それによって勝ち取られたものといえば普通選挙の実施程度なのであり、結果的には政権の弱体化を招き、以後金融政策においても自主管理能力をほとんど失ってしまった。そこに襲いかかったのが、一九九七年の金融危機であり、二〇〇〇年のITバブルの崩壊により、韓国経済はその成長を終えた。「民主化」の産物はもう一つあり、学生運動や労働運動への当局の監視が希薄化してしまったことが挙げられる。そのために、八〇年代後半から韓国の大学街には北朝鮮の対南工作がほぼ自在に浸透してしまい、主体思想派の学生たちが反米親北をスローガンに掲げて、様々な運動体が自由に活動し、次々と公安関連の事件をおこしていったのである。この時の活動家たちが現在四十代となり、現政権を支えている。以上を回顧するとき、韓国の「民主化」とは一体何だったのだろうかと、暗澹たる気持ちにとらわれるのは、あながち筆者ばかりとは言えないであろう。そして結局、民主化も経済発展も中途半端で挫折してしまったため、人々は最後の希望である「統一」をいわば理想化し、絶対善として倫理化していったと見ることができる。

さて、そこで話を冒頭の論題にもどせば、中国・韓国・北朝鮮が互いに味方として連帯できるきずながただ一つだけある。それが「反日」である。現在、靖国神社参拝問題や歴史教科書問題でこの三者は「反日」的に味方であるとはいえるだろう。しかし今時、北朝鮮が背後にあって見えてこないのは、南北でも歴史観が合わないためそれが前面に出て顕在化すれば韓国の統一願望に水を差しかねないし、主体思想的には北朝鮮が絶対主人公でなければならないので、中国中心の損な舞台には出控えているとも思われる。そこで戦略的には、我が国の方から南北で歴史観や宗教観を一致させてから提示してほしいと韓国に持ちかけ、中国と韓国の「反日」連帯をまず切り崩すという方法が考えられる。

最後に『「北朝鮮ばかりか韓国もいまや中国の味方だ」と言われたら』というのが、筆者に振られた日本人にありがちな問いであったが、中国はこんなことは決して言わないだろうし、北朝鮮や韓国もまず言わないということは分かって頂けただろうか。彼らは各々が中華思想をもっているため、自分が主人公でなければ絶対気が済まないのであり、韓国だけが今そのボルテージが若干落ちているに過ぎない。東アジアの安全保障問題は、米国・日本・中国が主要な因子であることは過去も現在も変わらず、朝鮮半島はつねに従属変数である。しかしだからといって、現実に韓国や北朝鮮がどこかに政治的に従属しているということにはならないのである。我々の深読みは慎まねばなるまい。

〈読書案内〉

政治・行政、経済、歴史、社会、思想・宗教、文化、北朝鮮関連、日韓関係などの各分野から朝鮮半島を総合的に把握するには、古田博司・小倉紀蔵編著『**韓国学のすべて**』(新書館)が二八八頁ほどの厚さで手頃だろう。これは各分野の若手の気鋭による分担執筆をまとめたものである。中国のみでなく、東アジア諸国おのおのに中華思想が分有された過程については、古田博司『**東アジア・イデオロギーを超えて**』(新書館)に詳しいが、これは論文集なので読みにくい。これを一般読者向けにしたものに、古田博司『**東アジア「反日」トライアングル**』(文春新書)がある。

中国に

「中国は核兵器で日本を五分でやっつけるぞ」と言われたら

平松《ひらまつ》　茂雄《しげお》
（中国軍事研究者）

一九三六年生まれ。慶應義塾大学大学院法学研究科政治学専攻博士課程修了。法学博士。防衛研究所研究室長、杏林大学社会科学部教授を歴任。主著に『中国の国防と現代化』『鄧小平の軍事改革』など。

中国が核弾頭を搭載した弾道ミサイルで東京を攻撃すれば、あるいは攻撃しなくても攻撃すると威嚇すれば、五分とかからないで、日本は手を上げることになろう。昨年十一月初頭米国を訪問した石原慎太郎都知事が、「生命の価値にこだわる米国は戦争で生命に非常に無神経な中国に勝てない」とか、「中国と戦争すれば米国は負ける」といった内容の講演を行ったとわが国の各紙が報道して注目された。

だが同じ講演で、石原都知事がさらに「米中間で紛争が起きた場合には、中国にとって一番目障りな日米安保をたたくために、もし核を落とすなら沖縄に落とすだろう。あるいは東京を狙うだろう」と述べたことについては、どういうわけか、沖縄の『琉球新報』を除いて、日本の各紙で報じられなかった。このニュースをある週刊誌がとりあげ、私もそれにコメントした。「もし台湾有事となれば、米軍が駐留する日本は中国にとって敵国です。いわば日本は米国の不沈空母の役割を果たすわけだから、中国の標的となるのは当然。その場合、米国は本当に中国に核報復攻撃してくれるでしょうか。日本に対して、中国の核の照準は常に合わされています。中国はボタンを押すだけで、日本に核を落とせるのです」と。このコメントに対して、「本当ですか」という問い合わせがきた。

それより以前の昨年七月に、中国軍の最高教育機関である国防大学の高級幹部である朱成虎少将は、香港駐在の外国人記者訪問団との会見の席で、「米国がミサイルや誘導兵器で中国の領土を攻撃するならば、中国は核兵器で反撃せざるをえない」と答えた。将軍は「中国の領土には、中国軍の艦艇や戦闘機も含まれる」と説明し、さらに「中国は西安以東のすべての都市が破壊されることを覚悟しており」、「米国も当然西海岸の一〇〇以上、もしくは二〇〇以上、さらにはもっと多くの都市が中国によって破壊されることを覚悟しなければならない」と述べた。この発言について、わが国には、一部の軍人の跳ね上がった発言との見方があった。だがそれはとんでもない見当違いの見方である。

朱少将の発言は、中国軍には台湾軍事統一に際して、米国が軍事介入する場合、通常戦争では米国に勝つ能力はないこと、米国との戦争で中国は核兵器を使用することを明確にしたといえる。中国軍はこの二十年来通常戦力の近代化を進め、特に台湾海峡を渡海・上陸するための軍事力の構築に全力を投入している。だが米軍が介入するならば勝ち目はないから、中国は米国が軍事介入する場合には、米国本土の主要都市を核攻撃すると威嚇して軍事介入を断念させるほかない。米国住民を「人質」にする戦略である。

こうした質問や問いかけをした人たちは、わが国では右寄りというか保守的なマスコミあるいは評論活動を行っている方々である。どういう理由からか分からないが、日本人は中国が核兵器を保有していることを知らないのか、知っていても触れたくないのか、それは広島・長崎に対する配慮なのか、中国を気にしているのか、いずれにしても、驚くべき能天気ぶりである。

中国が核兵器とそれを運搬する弾道ミサイルの保有を決断した時期は非常に早く、一九五〇年代の中葉である。当時日本は朝鮮戦争特需で立ち直ったばかりの時期である。五四年に防衛庁が設置され、朝鮮戦争で誕生した警察予備隊が保安隊、そして自衛隊と改称されて軍隊らしき存在に変わった。翌年に「五五年体制」といわれることになる自民党と社会党の二大政党の時代が始まった。日本は日米安保と自衛隊による安全保障体制の下で、軍事には金をかけずに、ひたすら経済成長を遂げていくことになるが、その時期に中国は核兵器開発を決断し、核大国に向かって着実に進むことになった。

中国が核兵器開発を決断した理由は何か。それは建国以来の数年間に、米国の核兵器によって何回も威嚇され、核攻撃の危機にさらされた経験からである。朝鮮戦争の期間を通じて、中国は常に旧満州の東北地区を核攻撃するとの米国の核威嚇にさらされた。停戦後はインドシナ半島でホーチミンの革命戦争が進展するなかで、米国は後方支援していた中国を核攻撃すると威嚇して、インドシナ戦争から手をひかせようとした。さらに中国は、蔣介石政権が将来「大陸反攻」を遂行するために軍隊を駐屯させていた中国大陸沿海の小さな島を一つ一つ攻撃して中国の領土としていった。その過程で台湾海峡を挟んで緊張が高まった。特に五四年末から五五年一月にかけての大陳島作戦では、米国は空母六隻を含む一〇〇隻近い艦隊を展開して中国に圧力をかけ、核攻撃すると威嚇した。

このように中国は建国以来米国に核兵器で攻撃すると威嚇された経験から、毛沢東は「目には目を、歯には歯を」の喩えに倣って、「核には核」で対抗するほかないと核兵器開発を決断した。毛沢東と聞くと、多くの読者は大躍進・人民公社あるいは文化大革命を頭に浮かべ、時代錯誤の指導者と考えるであろうが、それはとんでもない間違った認識である。毛沢東は核兵器の原理や製法を知っていたのではないが、核兵器は単なる戦争の手段ではなく、米国と対等に渡り合える政治兵器であることをはっきり理解していた。

中国は、当初から米国を対象とし、米国を威嚇し、したがって米国に届く水爆弾頭と大陸間弾道ミサイルの組み合わせによる対米最小限核抑止力を保有する戦略目標を持って、核兵器の開発を進めてきたことを示している。

一般に核兵器の精度と破壊力に優れた側（米国とソ連）が、第一撃により相手（中国）の報復力を先制攻撃する（対兵力戦略）。これに対して劣勢側（中国）は相手の第一撃から生き残り、心理的効果を狙って相手国の住民を目標とする対都市攻撃戦略（第二撃）をとることにより、相手の先制攻撃を思いとどまらせる能力を持つ必要がある。これにより核戦力で有効な抑止力を確保できる。これが最小限核抑止力である。

中国の核兵器開発は六四年十月に最初の核爆発実験を行った後の数年間に着実に進行し、七〇年四月には人工衛星を打ち上げて、中距離弾道ミサイルが完成していることを世界に示した。これにより中国は米国を直接核攻撃することはできないが、中国の周辺にある米国の同盟国とそこにある米軍基地を攻撃することができるようになった。いわば中国はそれらを「人質」にとることによって、米国の対中国核攻撃を断念させる「第二撃能力」を保有した。中国周辺の同盟国とは、日本、韓国、台湾、フィリピン、タイなどを指すから、この時点で、日本は中国の核攻撃、核威嚇の対象となっていたのだ。問題はその場合、それらの同盟国の一つ、日本を米国が「核の傘」で守ってくれるかにかかっている。

次いで八〇年五月に中国は米国に届く大陸間弾道ミサイルの発射実験に成功して、最小限核抑止力をひとまず完成した。ひとまずと書いたのは、中国がようやく最小限核抑止力を保有した時、米国とソ連の核兵器は核弾頭の小型・軽量化、複数弾頭化、弾道ミサイルの移動式化、命中精度の向上、ピンポイント攻撃、残存性の高い原子力潜水艦の開発、衛星による偵察能力の発展などにより、初期の核兵器とは比較にならない高い水準に達していたからだ。

中国も八〇年代以降、米ソの核兵器の水準に追いつくために懸命になっている。その結果、数は少なく、米国の核兵器と比べると水準は低いものの、初期の核兵器よりも水準の高い新しい核兵器と弾道ミサイルの開発が進んでいる。最初に出来上がった核兵器は、日本など周辺の米国の同盟国とそこにある米軍基地を攻撃目標とした中距離弾道ミサイルと、それに搭載する小型・軽量化された弾頭である。これにより中国は日本を新型核兵器で核攻撃することができる。このミサイルは移動式で、十〜十五分程度で準備を完了してミサイルを発射し、終わったら攻撃を避けるために移動する。こうした新型ミサイルが数十発日本に向けられている。またこの数年来の中国の有人宇宙船の打ち上げは、中国が米国に届く大陸間弾道ミサイルを完成させたことを示す重要な出来事である。さらに新しい原子力潜水艦とそれに搭載する新型の弾道ミサイルも開発され、まもなく完成するとみられている。

このように中国は日本を攻撃し、あるいは威嚇できる核兵器を、はやくも七〇年に保有しており、最近ではそれよりもはるかに水準の高い核兵器を保有している。では日本が中国からそれらの核兵器で攻撃されるとか、威嚇されるとすれば、それはどのような時か。それは、それほど遠くない将来における中国の台湾軍事統一に際してである。

台湾は日本の隣国であるばかりか、日本のシーレーンの重要な場所に位置している。それは南シナ海を通って中東にいたるシーレーンばかりでなく、もし台湾が中国に統一されると、中国は太平洋に面した国となる。中国の潜水艦はわが国の南西諸島海域を通過したり、台湾とフィリピンの間のバシー海峡を通ることなく、台湾から直接太平洋に出ることができるようになる。それは太平洋ルートのシーレーンにも影響しないわけには行かない。そればかりか、日本列島、南西諸島から台湾、フィリピン、カリマンタン島へと繋がる第一列島線に対する中国の影響力は増大し、朝鮮半島は中国の影響下に入ってしまうであろう。それは米国の東アジア戦略と正面から衝突することになる。

中国による台湾の軍事統一は日本にとって他人事ではない。中国は台湾の軍事統一を断行する時には、「台湾問題は中国の内政問題だ」と、日本の政府、世論に働きかけてくるであろう。横須賀から台湾を支援するために空母が出動したり、沖縄の米軍基地から攻撃機が出撃する時には、東京を核攻撃すると威嚇することは間違いない。その威嚇に屈したら、日米同盟は破綻し、日本は中国の影響下に入る。

その威嚇に耐えるには、磐石な日米軍事同盟が大前提である。

日本の安全保障を維持してきた重要な要素の一つは間違いなく米国の「核の傘」である。米国の「核の傘」が今後も有効であるためには、磐石な日米同盟関係が必要不可欠であり、それには日本は相応の努力を示す必要がある。米国の「核の傘」に依存しながら、米国の核を日本に持ち込むことに反対し、あるいは原子力空母や原子力潜水艦の日本配備に反対する立場は改める必要がある。日本自身の核武装の是非を含めて、核兵器に関する真剣な論議を積極的に展開する時期に来ている。

〈読書案内〉

中国の核戦力全般を俯瞰した研究書として、拙著『**中国の核戦力**』（勁草書房）がある。拙著『**中国　核大国への道**』（勁草書房）は建国以来の中国の核開発の過程を綿密に論述した研究書。中国の核開発は台湾問題および米中関係と不可分である。拙著『**台湾問題――中国と米国の軍事的確執**』（勁草書房）は参考になるであろう。次の新著『**中国は日本を併合する**』（講談社インターナショナル）と同『**中国、核ミサイルの標的**』（角川ワンテーマ21）は、上述した著者の研究を一般向けに書いたもので、前者は建国以来の中国の国家戦略を核開発、ついで海洋と宇宙へと発展した過程を概観しており、後者はその各論として核開発を中心に宇宙開発をも含めてまとめている。

中国に「A級戦犯を祀る靖国に首相・閣僚が参拝するのはケシカラン」と言われたら

新田《にった》 均《ひとし》
（皇學館大学教授）

一九五八年生まれ。早稲田大学大学院政治学研究科博士課程修了。博士（神道学）。近代日本の政教関係を中心に、学際的な立場から実証研究を行っている。主著に『「現人神」「国家神道」という幻想』など。

平成十七年十月十七日、小泉首相は就任以来五度目の靖国神社参拝を行いました。「共同通信」（電子版、十月十七日）によれば、中国外務省はこれについて次のような主旨の非難声明を発しました。

一、小泉首相はA級戦犯が祀られた靖国神社を再び参拝、戦争被害国民の感情と尊厳を傷つけ、中日関係に損害を与えた。一、日本の軍国主義は近代史上、中国人民を最も深刻に傷つけた。日本側が被害者の感情を尊重するのは中日関係の政治的基礎。日本の指導者は歴史問題でたびたび事を起こし、中日関係の正常な発展を阻害している。一、参拝は小泉首相のいう「歴史の反省」の目的を達成できないばかりか、右翼勢力による侵略の歴史の歪曲と否定の動きをあおっている。一、小泉首相は自分の誤った行為が引き起こす深刻な政治的な結果に全責任を負うべきだ。

同じく「共同通信」(電子版、九月三日)によれば、胡錦濤主席は九月三日の「抗日戦争勝利六十周年」の記念式典における演説で「極東軍事裁判の評価を変更することは認めないとした上で、日本の一部勢力が『軍国主義を美化しA級戦犯の亡霊を呼び戻そうとしている』と批判」したといいます。

このような中共政府の物言いに、日本人はどのように答えるべきなのでしょうか。まず問題にすべきは「中共政府にそもそもA級戦犯を云々する資格があるのか」ということでしょう。A級戦犯とは連合国が日本の指導者を裁いた東京裁判において「平和に対する罪」を犯したとして有罪を宣告された人々ですが、中共政府はそもそも連合国の一員ではありませんでした。そして、連合国と日本との間で締結された「サンフランシスコ平和条約」の締約国でもありません。この条約の第十一条には「戦犯」の「赦免・減刑・仮出獄」についての規定があり、日本政府は、この規定にしたがって、「A級戦犯」十二名を含む全ての「戦犯」の全面赦免を関係各国に勧告し、その同意を得て、「A級戦犯」は昭和三十一年三月末に、「BC級戦犯」は三十三年五月三十日までに全員が釈放されています。これによって、「戦犯」を認定した連合国との問題処理は最終的に決着を見ているわけです。

というのも、昭和五十三年十月の靖国神社への「A級戦犯」の合祀、その後の首相の靖国神社参拝について、「サンフランシスコ平和条約」に調印した四十六ヵ国の政府から抗議を受けたという事実はないからです。

　九月三日の演説で胡錦濤主席は、抗日戦争では「国民党の軍隊が主役となった」（『産経新聞』九月十九日）と認めたそうですが、その中華民国政府が日本を非難するのならまだ話は分かりますが、日本と中華民国政府との戦いで「漁夫の利」を得た中共政府が文句を言うのは理解に苦しみます。

「日本の軍国主義は近代史上、中国人民を最も深刻に傷つけた」というのは本当でしょうか。中国側は戦後長く日中戦争による中国側死傷者を二〇六八万人としていました。これがどれほど根拠のある数字かがそもそも怪しいのですが、江沢民の時代になるとさらに一千万人以上上乗せして三五〇〇万人と言い始めました。ところが、この数字でさえ、毛沢東が指導した大躍進や文化大革命などでの犠牲者数として推定されている六五〇〇万人にははるかに及ばないのです。中国人民を最も深刻に傷つけたのは日本軍国主義ではなくて、実は中国共産党なのではありませんか、と問いかけてみる必要があるでしょう。

「日本側が被害者の感情を尊重するのは中日関係の政治的基礎」という主張は、昭和四十七年の「日中共同声明」に「日本側は、過去において日本側が戦争を通じて中国国民に重大な損害を与えたことについての責任を痛感し、深く反省する」とあるのを根拠にしているのでしょうが、そこには「日本側は被害者の感情を尊重する」などという文言はありません。むしろ、同声明には、両国間の「これまでの不正常な状態は、この共同声明が発出される日に終了する」とあり、「内政に対する相互不干渉」が謳われていることを忘れてもらっては困ります。日本は「日中共同声明」や「日中平和友好条約」に反して、両国間の紛争を「武力又は武力による威嚇」で解決しようとしているわけでも、アジアにおいて「覇権を確立」しようとしているわけでもありません。ただ、平和を願って首相が靖国神社に参拝しているだけです。それにもかかわらず、「国民の感情」などというものを持ち出して、すでに日本側の「反省」の表明によって「終了」した問題を蒸し返すことこそ、「社会制度の相違」を前提とした日中友好の基礎を踏みにじる行為ではないでしょうか。

胡錦濤主席は「極東軍事裁判の評価を変更することは認めない」と述べたそうですが、それなら、彼が第一に非難すべき相手は、極東国際軍事裁判を主催した張本人のマッカーサー元帥でしょう。何しろマッカーサーは、一九五一年五月三日の米上院軍事・外交合同委員会聴聞会において「彼ら［日本人］が戦争に駆り立てられた動機は、大部分が安全保障の必要に迫られてのことだった」と証言しているからです。

「A級戦犯」を認定した裁判の主催者が、日本人の動機の「大部分が安全保障の必要」だったと言っているのですから、東京裁判の評価を変更しようとする動きが日本で起っても不思議ではありません。そもそも、胡主席が考えているような東京裁判の正当性に対する妄信の方が、

『世界がさばく東京裁判』(明成社)に集められた証言などをみれば、一面的との誹りを免れないでしょう。

胡主席は「日本の一部勢力が『軍国主義を美化しA級戦犯の亡霊を呼び戻そうとしている』」とも言ったそうですが、一体、何を指してそんなことが言えるのでしょうか。東条英機を理想の指導者と考え、それに憧れる人々がぞくぞくと現れてきたとでもいうのでしょうか。再びアメリカや中国と戦争しようという叫びが盛んに起きているとでもいうのでしょうか。かつての戦争の意義を説明することと、これからの戦争の必要を説くこととは全く違います。世界にもはや植民地はほとんど存在しません。貿易統制をよしとする思想が世界を風靡しているわけでもありません。日本が人口増加に悩んでいるわけでもありません。かつて日本を戦いへと駆り立てた原因はすでに消滅しているのです。

中国民主活動家の相林氏によれば「胡錦濤や江沢民も訪米したら花輪を持ってアーリントンに行く」(「諸君!」平成十七年七月号)といいます。これが本当だとすれば、この行為は中国人民の感情を傷つけなかったのでしょうか。なぜなら、アーリントンの無名戦士の墓には朝鮮戦争の戦没者も眠っているからです。朝鮮戦争は、中国側の解釈では、アメリカの侵略に対する反撃だったはずです。その侵略の手先が眠る墓に何故中国の指導者は詣でることができたのでしょうか。何故、問題にならなかったのでしょうか。寡聞にして私は、アメリカが朝鮮戦争を自国の侵略と認めて謝罪したという話を知りません。

こうなると、所詮、中共政府のいう「国民の感情」などというものは、中共政府の政治的都合によって創作され、操作されるものに過ぎないと言わざるをえません。

そんな創作された「感情」よりも、日本がもっと大切にすべき「感情」があります。それは、中共政府の圧力を恐れて、表だって言明されることは少ないながら、確実に存在しているその他のアジア諸国の靖国神社に寄せる好意的な感情です。それは、A級戦犯合祀以後の参拝名簿を見れば分かります。参拝を強制されている訳でもないのに、インド、チベット、インドネシア、パラオ、パキスタン、スリランカ、タイ、ミャンマー、トルコ、マレーシア、台湾、大韓民国といった国々の人々が参拝しています（大原康男編著『「靖国神社への呪縛」を解く』小学館文庫）。何も大東亜戦争の戦場になったのは中国大陸ばかりではありません。他の戦場になった国々の「感情」も私たちは知っておくべきでしょう。

いろいろと反論を書いてきましたが、突き詰めたところ、首相の靖国神社参拝は、日本が中共政府の言い分を聞いて解決しなければならないような「問題」ではありません。首相はただ毅然として参拝を続ければいい。ただそれだけです。続けても何も起きない。つまり、日本が戦争などしかけないという状態が続けば、彼らの言い分に根拠の無いことが世界の人々の目にはっきりと見えるようになるでしょう。

そして、いくら非難しても日本の首相の行動を変えられないとなれば、中共政府の指導者は、やがて中国人民から無能・無力とみなされて、靖国問題にふれること自体が自らの地位を危うくすることになりかねないという状況になります。いや、すでにもうそうなりかけていて、中共政府の指導者は、そろりそろりとこの問題から遠ざかっていこうとしているようにも見えます。

繰り返しますが、靖国問題はこちらが何か解決策を見つけなければならないような問題ではない。中共政府の言うことなどどこ吹く風でいればいい。いずれ相手の方が根負けして言わなくなる。そういう性質のものなのです。

〈読書案内〉

首相の靖国神社参拝問題をめぐる主要論点を網羅したものとしては拙著**『首相が靖国参拝してどこが悪い!!』**（ＰＨＰ研究所）を参照。中曾根康弘首相の公式参拝をめぐって昭和六十年当時に提出され、今日でも基礎的な知識として押さえておかなければならない知識を集めたものとしては、江藤淳・小堀桂一郎編**『新版靖國論集——日本の鎮魂の傳統のために』**（近代出版社）。それ以降の諸氏による靖国論を収めたものとしては、小堀桂一郎・渡部昇一編**『決定版全論点　新世紀の靖國神社』**（近代出版社）。独自の資料を駆使して、近年における論点について語ったものとしては、大原康男編著**『「靖国神社への呪縛」を解く』**（小学館文庫）。以上の諸著における論点を踏まえて、独自の観点から分かりやすく描いたものとして、小林よしのり**『靖國論』**（幻冬舎）がある。

中国に「無宗教の国立戦没者追悼施設を造れば日中関係は改善できる」と言われたら

石《せき》　平《へい》
（中国問題評論家）

一九六二年、中国四川省生まれ。北京大学哲学部卒業。八八年に来日。神戸大学大学院文化学研究科博士課程修了。主著に『なぜ中国人は日本人を憎むのか』『「日中友好」は日本を滅ぼす！』などがある。

本来なら日本の国内問題であるはずの「靖国参拝問題」は、わが中国政府に政治カードとして利用されることによって、現在では日中間における最大の懸案事項となっている観がある。中国指導部は、小泉首相の靖国参拝を理由に日本政府との政治レベルの外交交渉を頑に拒否する一方、「靖国参拝問題さえ解決できれば日中関係は改善できる」とも吹聴し続けている。

そして日本国内においては、中国側のこの言葉を鵜呑みにしているかのように、一部の政治家が中心になって、いわば問題の「打開策」として、「無宗教の国立戦没者追悼施設」を新たに造る構想が模索されているようである。

しかし、「靖国参拝問題」が何らかの形で解決されれば、日中関係は果たして、それで改善できるのだろうか。

実は、この問題への恰好な答えとなった、一つの実例がある。

二〇〇五年十二月に、民主党の前原誠司代表は北京を訪問した。その滞在中、前原代表は「靖国参拝問題」では中国政府の主張に完全に同調する態度を示し、「A級戦犯が合祀されている靖国へは日本の首相・外相・官房長官が参拝すべきではない」、「A級戦犯が合祀されている限り、自分も参拝しに行かない」と明言している。

にもかかわらず、その北京訪問において、前原代表は中国政府から驚くべき冷遇を受けた。要望していた胡錦濤主席との会談は実現できず、中国の前外相との会談が訪問中の最高レベルの会談となった。そのわずか一週間前、日本のミニ野党である社民党の福島瑞穂党首が北京を訪問した際、中国の国家副主席で党内地位ナンバー5の曾慶紅氏という大物が彼女との会談に応じたのに、最大野党党首の前原代表との締めくくりの会談に出てきたのは、何と中国外務省の一外務次官にすぎなかった。あまりにも露骨な「お客イジメ」である。

その原因は言うまでもなく、前原代表がその訪問中に、中国の軍事力の増強について「率直に脅威を感じている」と発言したことにある。つまり、「中国は脅威だ」という中国にとって耳の痛い言葉を発して中国指導部の「逆鱗」に触れたとたん、前原代表はもはや「まともな」相手として取り扱われなくなったのである。

このことは、「靖国問題」が決して日中間最大の「争点」でもなければ、日中関係を「阻害」する唯一の原因ではないことを、何よりも証明している。「靖国参拝問題さえ解決すれば日中関係が改善できる」とは、まったくのウソだと分かった。中国にたいして一つでも異議を呈しただけで直ちに相手にされなくなるのであれば、関係の改善云々とは最初から不可能である。

つまり、例えば日本側は中国政府の意向に「配慮」して「無宗教の国立戦没者追悼施設」を造ったとしても、日中関係の改善はけっして順調に進まないことは、もはや明々白々なのである。

それはさておき、そもそも、日本という国において「無宗教の追悼施設」を造ろうとするような話は、まったくのナンセンスではなかろうかと思う。

というのも、かつての共産主義国家であった中国に生まれ育った私自身の感覚からすれば、「無宗教」というのは、ほかならぬ共産主義的思想だからである。

マルクスの唯物主義哲学や共産主義の世界観においては、神様の存在も人間の死後の霊魂も完全に否定されているから、宗教の成り立つ余地はない。それどころか、「宗教は人民にとっての精神的阿片である」という有名なマルクステーゼからも分かるように、共産主義者からみれば、宗教はそもそも一種の社会的「悪」なのである。

このような世界観と宗教観が背後にあるから、旧ソ連や現在の中国のような社会主義国では、戦没者を追悼するための施設は、当然一切の宗教的色彩のない、それこそ「無宗教」の施設なのである。

たとえば、今でも北京の天安門広場の真ん中にそびえ立つ中国の「人民英雄記念碑」がその一つである。この記念碑は、一九四九年に毛沢東たちが北京において共産党政権を樹立して早々に立てたもので、その名称の通り、過去百数十年来の「中国の民族解放と革命のために命を捧げた人民の英雄たち」を記念するために造られたという。

今でも、外国の元首たちが中国を訪問する時に外交儀礼の一つとしてしばしばこの記念碑に献花したり、「国慶節」（建国記念日）などの記念日には、政府は民衆や学生たちを動員してここで盛大な追悼式典を開催したりもする。「人民英雄記念碑」は、まさに国家的追悼施設としての役割を果たしているのである。

しかし、こうした政府主催の国家的追悼行事や外交儀式以外に、一般の中国国民が自分たちの生活において、この「人民英雄記念碑」と一体どのような関わりを持っているのかとなれば、話は全く違ってくるのである。

たとえば、北京市民の場合である。筆者自身、大学時代には北京に四年間住んでおり、それ以後もしばしば北京には短期滞在しているので、友人たちも多くいる。私の知っている限りでは、北京市民の中で、一年に一度でも自発的に「人民英雄記念碑」へ行って、「人民英雄」に追悼の念を捧げたりする人がどれほどいるのかと言えば、おそらく皆無であろう。かりに、ある北京人を捕まえて、「貴方は自主的に人民英雄記念碑へ行って追悼を行ったことがあるか」

との質問でもすると、おそらく相手は一瞬頭が空白となって、「どうしてそんな変なことを聞くのか」と、狐にでもつつまれたような顔を向けてくるはずである。

天安門広場の人民英雄記念碑周辺に集まってくるのは、むしろ全国各地からの旅行者や観光客である。特に祭日・休日などになると、天安門広場はまさに人の山と化している。そこで、誰かが一日、人民英雄記念碑の下に立って人々の行動パターンを観察していても、おそらくこの記念碑に向かって手を合わせたり頭を下げたりして追悼の意を捧げるというわが中国人民の姿を、誰一人として見ることは出来ないであろう。この観察者が目撃できたのは、せいぜい人民英雄記念碑の周りをぶらぶらしながらそれを悠然と眺める観光客の姿と、満悦の微笑みを浮かべながらこの記念碑をバックに上京の記念写真をとる「田舎者たち」の群れである。

「人民英雄」の記念碑が人民たちにそのような扱い方をされているのは何とも寂しい話であるが、その理由の一つは、やはり、追悼施設が最初から「無宗教」のものだからである。

「無宗教」の施設である以上、この記念碑には当然、神様が宿っているわけでもなければ、仏様が降臨しているわけでもない。おまけに、唯物主義の中国では死後の魂が認められていないから、「人民英雄」たちの霊魂がこの記念碑に眠っているという観念もない。つまりそれはただ、政府の造った一つの「唯物」的石製記念物にすぎないのである。

だとすれば、民衆の一人一人が、自発的にここに来て誰かを追悼し誰かに敬意を捧げたいという気持ちをけっして起こさないのはむしろ当然のことであろう。いわば「無宗教の追悼施設」とは、結局そういうものになるのである。

考えてみれば、文化的存在としての人間の社会において、死者に感謝や哀悼の意を捧げたいという気持ちは、最初から一種の「宗教的心情」であるはずである。手を合わせて頭を下げる向こうに、誰かの霊がこちらに向かって微笑んでいる、というイメージが湧いてくるからこそ、追悼の念はより真摯で切なるものとなるのだが、こうしたイメージの根底にあるのは、霊魂の不滅に関する一種の宗教的信念にほかならない。

さらに言えば、世界中のどこの民族も自民族の宗教を持っているから、死者にたいする追悼の形はそれぞれの民族の伝統宗教と切っても切れない関係にある。民族という共同体にとって、その民族のために命を捧げた人々を追悼するための空間は、この民族共同体の大多数が受け継いでいる伝統宗教によって意味付けられている「聖地」でなければならない。少なくとも、民族共同体の大多数が身につけている宗教的感覚や習慣に沿う形でこの民族の集団的慰霊や追悼を行わなければ、こうした慰霊や追悼には何の意味もない。

つまり、「無宗教の追悼施設」とはそもそも一つの自己矛盾にすぎない、といえよう。「無宗教の追悼」は、けっして真の「追悼」にならないからである。そして、民族共同体の宗教的伝統や文化的習慣から断絶した形でこの民族の戦没者たちを「追悼」するというのは、戦没者たちの魂にたいする一種の冒瀆だけでなく、この民族の共同体精神にたいする一種の破壊行為ともなるのである。死者の霊魂を慰めるどころか、生きた人間の魂も失ってしまうのである。

前述した、北京の「人民英雄記念碑」周辺で見られるような寂しい風景は、無神論の唯物主義に毒されたことによって生じてきた、中国という国の伝統が断絶したことをまさに象徴するものであるが、それは日本にとっても、大きな教訓となるべきところである。

したがって、もし中国から「無宗教の国立追悼施設を造れば日中関係は改善できる」と言われたら、日本人には次のような答えを勧めたいものである。

「このような施設を造れば日中関係が改善できるとはまったくのウソだと思うが、たとえばそれが本当だったとしても、日本はけっしてそのことのために、貴方たちの国のような、薄っぺらな無宗教国家にはなりたくはない」と。

〈読書案内〉

靖国神社の歴史的背景について知るのに必読の一冊として小堀桂一郎『**靖国神社と日本人**』（PHP研究所、一九九八年）がある。日本人としては戦没者への追悼はどうして靖国神社でなければならないのか、本書を読めばその理由が分かってくるだろう。「無宗教の国立追悼施設」を専門的に取り扱う書籍は皆無であろうが、かつての「追悼・平和祈念のための記念碑等施設の在り方を考える懇談会」に籍をおいた上坂冬子氏が、『**日本はそんなに悪い国なのか――A級戦犯・靖国問題・平和祈念碑設立をめぐって**』（PHP文庫、二〇〇五年）においてこの問題について多くのことを論述しており、参考になる一冊である。

唯物論の矛盾点を鋭く突きながら、「良い宗教」のあり方を説いていく谷沢永一・渡部昇一『「宗教とオカルト」の時代を生きる智恵』（ＰＨＰ研究所、二〇〇三年）は、宗教に興味のない現代の若者たちにお勧めの入門書である。本論との関連性についていえば、「慰霊」という行為の宗教的意味を理解するのに役に立つと思う。

中国に「朝日は中国の主張を認める良識ある新聞だ」と言われたら

稲垣《いながき》 武《たけし》（ジャーナリスト）

一九三四年生まれ。京都大学西洋史学科卒業。朝日新聞社入社。週刊朝日副編集長を経て八九年退社。『「悪魔祓い」の戦後史』で山本七平賞受賞。主著に『朝日新聞血風録』『沖縄　悲遇の作戦』など。

仮に、中国が「日本の良識を代表する新聞である朝日は、中国の靖国参拝反対等の主張を認めてくれている。だから小泉首相の反中行為を世論は支持していない」と言ってきたらどうするか。では、朝日が中国の主張をバックアップしているかどうか検証してみよう。

昭和六十年八月、当時の中曾根首相が靖国神社公式参拝に踏み切り、朝日が大々的に反対のキャンペーンを展開、それに教唆された中国外務省スポークスマンが、八月十四日、「東条英機ら戦犯が合祀されている靖国神社に参拝することは中日両国民を含むアジア各国人民の感情を傷つける」と靖国問題に関して初めてコメントして以来、朝日の媚中路線の根幹は靖国問題となった。

朝日は自分が火をつけた靖国問題にその後も執着し、小泉政権が誕生した平成十三年四月二十六日夜の、新閣僚の記者会見では、全閣僚に真先に「靖国に公式参拝するか」と質問し、他のメディアの顰蹙を買った。APECが閉幕した翌日の平成十七年十一月二十日付の朝日社説「取り繕えぬ靖国の影」も、「締めくくりの記者会見で、首相は『一つの問題があるから（といって）、全体の関係を損なうようなことにはしない』と述べた。ならば、と中韓両国は言い返したいのではないか。首相も靖国参拝という一つのことに固執せず、全体を見たらいかがかと。それを一方的に突き放して、果たして外交は成り立つのか疑問である。ましてこの『一つの問題』は、首相自らが作り出したものだ。自分が決断すれば取り除ける問題である」と説いた。

朝日はあたかも首相が靖国参拝さえ止めれば、中国との緊張関係が解消するかのように主張している。しかし靖国参拝を止めれば、中国は嵩にかかって教科書、尖閣諸島、東シナ海石油開発問題と、次々に日本に大幅な譲歩を要求してくるのは疑いない。それは中国の大国意識から来る尊大さもあるが、根本的にはアメリカと覇権を争おうという中国の世界戦略に依拠しているからだ。その第一歩として、東アジアにおける覇権を確立するために、日本を標的にし日米を分断しようとしているわけで、日本の安保理常任理事国入りを、何が何でも阻止しようとするのも、世界戦略の一環だ。

朝日が完全に中国の世界戦略のお先棒を担いでいることは、前掲の社説と同じ日付の一面に

『小泉流外交』続く試練／中国となお深い溝」と題した解説を掲載していることからも明らかだ。日米関係をさらに緊密化することで中国に対抗し、そのなかで日中の緊張緩和の糸口を引き出そうとするのが小泉首相の戦略だが、日米間に楔を打ち込み、日米安保を廃棄させるか、少なくとも形骸化させるのが東アジアで覇権を握る第一歩と考えている中国にとって小泉戦略は最大の障害となる。

もし日本国民が中国の脅迫に屈し、朝日の口車に乗って日米安保の廃棄・形骸化に進めば、中国は安心して台湾を武力による威嚇と内部分裂工作で手に入れ、次は沖縄を勢力圏に組み入れて、台湾・沖縄を結ぶ線の外側に、外洋海軍化した艦隊を配備するだろう。そうなればアメリカ海空軍もうかつに手は出せず、シーレーンの安全確保が危うくなった貿易立国の日本は、熟柿が落ちるように、中国の支配する華夷秩序のなかで生きるしかなくなる。それこそ朝日の思うツボだろう。

しかし、中国・韓国との関係が悪化すれば、朝日は社説などで常に主張しているように、なぜ日本は「孤立」すると考えるのか。日本は西洋と東洋をつなぐかけ橋として存在意義があり、全世界を相手とする外交こそ日本の目指すべき外交ではないか。それをことさらにアジア、アジアと言い立てる。そこにはかつての「大アジア主義」につながる朝日のアジア偏重がある。

十七年元旦の社説「アジアに夢を追い求め」は、「1世紀前、明治の思想家・岡倉天心が『西欧の光栄はアジアの屈辱』『アジアは一つ』と唱えたように、過去にはアジア主義の流れがあった」として、孫文の「大アジア主義」と題した神戸市での演説を引用、「道徳を重んじる『王道』の東洋文化が『覇道』の西洋文化より勝るとして、アジアの独立と復興を訴えたのだ。日本が『覇道の番犬』となる恐れにクギを刺しつつ、東アジアの連携を求めたのである」と述べた。そして「戦後60年にしてアジア諸国で語られる新たな共同体は、真の『共栄』を求めるものとして正面から受け止める必要がある」と説く。

しかし今の中国の内外政策は覇道そのものではないか。その中国が主役となる東アジア共同体など、新しい華夷秩序になるのは目に見えている。それにキリスト教という共通の文化基盤を持つ欧州とは違い、アジアは宗教も多様、歴史もさまざまだから「共同体」など実現できるわけがない。ところが朝日はこの「東アジア共同体構想」にえらくご執心で、ことあるごとにその実現を求めている。どうやら華夷秩序に入りたいのが本音らしい。

十八年元旦の社説「武士道をどう生かす」でも、「日中も日韓も首脳間の信頼がこれほど壊れてしまうとは……」と嘆き、「大きな火種は小泉首相の靖国神社への参拝だ。悪いのはそっちだ、いや、そっちの方がおかしい。子供のようなけんかは歴史の歯車を逆転させ、せっかく緒についた『東アジア共同体』の機運にも水を差してしまった」と残念がる。朝日にとって日本が華夷秩序に組み込まれ、中国の忠臣になるのが「歴史の歯車」の正しい回転なのだろう。

外交の最優先目的は国益の擁護と増進であり、友好そのものが自己目的ではないはずだ。ところが朝日は友好を第一義にしており、それは社説や報道、解説のいたるところで目につく。

たとえば日米の安全保障担当閣僚が9・11後の世界の変化を踏まえた「共通戦略目標」に合意し発表した翌々日の十七年二月二十一日付の社説「さあ、中国とどうする」でも、「中国の軍備増強に神経をとがらすことでは日米は同じだが、中国は隣国だ。米中が緊張すれば、政治的、経済的にきわめて大きな悪影響を受ける」と不安を煽り、「むしろ、日本が米国の同盟国としてすべきなのは、中国の軍拡や軍事行動に自制や透明性を求め、緊張をいたずらに高めないように働きかけることだろう」と主張する。

しかし、「軍拡や軍事行動に自制や透明性を求める」のは、何も日本独自でやることではない。むしろ日米が歩調を合わせて中国に要求してこそ、効果が期待できよう。それが同盟というものだ。逆に日本だけでそういった行動を取ると、米国に無用の疑心暗鬼を生じさせる危険があり、同盟に亀裂を呼びかねない。朝日は日米関係より日中関係に重きを置いているのだろう。

この社説もそうだが、朝日の論評の手口は、最初にアリバイ証明として、誰でも認めざるを得ないことに触れ、続いて「しかし」とやおら本音を吐露する。訪日した中国の呉儀副首相が小泉総理との会談をドタキャンして帰国した際、朝日社説（十七年五月二十五日付）「ああ、なんと不毛な」は「マナーに欠ける」とはするものの、「ただ、最近の経過を振り返れば、中国ばかりを責めることはとてもできない」と、たちまち中国弁護の媚中路線に立ち戻り、四月下旬、小泉首相が胡錦濤主席とジャカルタで会談した際、胡主席は反日デモで、小泉首相は靖国参拝など歴史問題でそれぞれ適切な対応と努力を確認し、中国側が反日デモを抑えこみ、日本の公館に対する投石などについても、謝罪はしていないが原状回復を約束したのに、小泉首相は「戦死者追悼の仕方について他国が干渉すべきではない」と述べ、「これまで以上に強い口調で年内の靖国参拝に意欲を示した」と非難した。

そして、「この問題を『内政干渉』と切り捨ててしまうのには無理がある。侵略戦争の加害者である日本が戦死者をどう追悼するか。そのやり方をめぐって被害者が感情を傷つけられていると言うなら、そうした思いを解く努力をする道義的な責任は加害者側にある」と説く。しかし文字通り「死屍に鞭打つ」中国とは異なり、死者は生前の罪障を振り落として浄らかな霊となるとするのが日本の神道である。だから被害者に日中の宗教文化の違いを説明するのが筋であって、靖国参拝を止めたり、「A級戦犯」を分祀するのは、日本の文化まで否定する内政干渉に屈することになろう。

「政冷経熱」という言葉が独り歩きし、このまま政治的関係が冷却し続ければ、経済関係まで損なわれるとの懸念が、経済界あたりで広まっている。財界人のなかには関係修復のために首相に靖国参拝中止を要求する者も現れた。朝日も十七年四月七日付社説「中国の反日／ガスが充満している」で、「中国各地で反日デモや日本製品の不買運動が起きている」と前置きして「今回の反日運動には、誤解もあるようだ」とし、アサヒビールをはじめ八社が「新しい歴史教科書をつくる会」を支援しているとの話がインターネットで広がり、はるか以前に退社した

ＯＢが「つくる会」を支持しているだけのアサヒビールなどの日本製品が東北地方のコンビニから撤去された事件をあげている。

しかし続けて「つくる会が主導した歴史、公民教科書が中国で引き起こしている反発の強さも、誤解が改まらない背景にあるのだろう」と強弁しているのは頂けない。

「つくる会」の教科書を公表が禁じられている白表紙本の段階からその内容を中国に〝ご注進〟し、中国の反発を引き出したのは朝日ではないのか。鉄面皮とはこのことだ。経済関係は双方に利益があれば発展するから、政治的関係が険悪になっても、阻害されることはない。いま中国にとって日本との経済関係を「冷却」させると、大きなダメージを受けるから敢えてやらない。日本製品ボイコットが広がらないのはその証拠だ。勘定高い中国人は、みすみす損をするような愚行には手を出さないのだ。

日本にとって大切な経済関係は対中国だけではない。東南アジア、経済成長の目ざましいインドなど南西アジア、豪州などオセアニア、それに最も重要な米国など米州諸国がある。日本は先行き不透明な東アジアには深入りせず、太平洋に面した海洋国家として、環太平洋地域での友好と経済関係の強化に力を入れるべきではないか。朝日がいかに中国を代弁しようとも、その部数は低落している。決して、朝日の社説が世論を代弁しているわけではないのだ。

ところが最近になって、読売が首相の靖国参拝に反対の社説を発表、日本のマスコミは発行部数第一位の読売と第二位の朝日が揃って靖国参拝反対に歩調を揃えることとなり、靖国問題が日中友好を妨げる最大の障害としてきた中国を喜ばせる結果となった。

読売は平成十七年六月四日付社説「国立追悼施設の建立を急げ」で、首相の靖国参詣反対を明確に打ち出した。それまでは社説で「靖国問題で外国からとやかく言われる筋合いはない」といった論調を繰り返しており、参拝支持かと思われていたから、六月四日付社説に「あれっ」と驚いた人も少なくなかったろう。朝日の若宮啓文論説主幹もその一人で、主筆として社論を参拝反対に導いた渡辺恒雄氏が、その後も各方面で参拝反対を説いていると聞き、朝日が発行している総合雑誌『論座』十八年二月号に渡辺氏を引っ張り出して対談した。

結果は、渡辺主筆が参拝反対だけではなく、靖国神社の存在意義そのものを否定する論を展開して若宮主幹を狂喜させた。朝日のハシャギぶりは、『論座』の表紙に「渡辺恒雄氏が朝日と『共闘』宣言」と大きく謳ったほどだった。この対談で読売が朝日と靖国問題で「共闘」を天下に表明したことは、靖国参拝反対にからめてポスト小泉の後継者選びに圧力をかけている中国を大きく利することになったのは疑いない。なにしろ対談のなかで、若宮主幹が「ポスト小泉が心配」と水を向けただけで、打てば響くように渡辺主筆が、中国の内政干渉に厳しい姿勢を取っている安倍晋三官房長官に苦言を呈し、若宮主幹が社内報で「僕が名指しすれば、また朝日は……などと勘繰られるけど、渡辺さんが言ってくれれば収まりがいい」とほくそ笑んだほどだから。

「首相や主要閣僚の靖国参拝さえ止めれば、日中友好は回復する」と言いつづけてきた王毅駐日大使は、マスコミ工作が成功したと欣喜雀躍、その見返りに次は渡辺主筆の胡錦濤主席との「独占会見」をお膳立てしようとしているのかもしれない。中国としては、日本の二大マスメディアの一致した反対で、小泉首相やその後継者が靖国参拝を取り止めれば、中国の内政干渉の完全勝利と受け取り、それに味をしめて、教科書問題や歴史認識などで、もっと露骨な内政干渉を進めてくるだろう。東シナ海のガス田開発も日本の反対を押し切って強引に推進してくるに違いない。相手が一歩譲れば、二歩も三歩も押してくるのが中国人の習性なのだ。

『論座』の対談掲載後も、読売には気になる動きがあった。十八年一月九日に開かれた日中外務省局長級協議で、中国側が「日本の一部のマスコミは、中国のマイナス面ばかり書く。日本政府はもっとマスコミを指導すべきだ」と、日本政府にマスコミ規制を要求したのに対し、朝日は十日付一面トップで報じ、翌十一日の社説でも「日本の一部のメディアに、眉をひそめるような感情的な中国攻撃があるのは事実だ。もっと前向きな報道が増えるよう良好な関係にすべきだというなら大賛成だが、政府がメディアを『指導』することは民主国家では許されない」と一応の中国批判をしている。

ところが読売は社説では全く取り上げず、報道も朝日の社説が出た翌日の十二日付の解説特集「スキャナー」で触れただけ。こんなのはまともに報道したとは言えまい。渡辺主筆が「言論の自由とか言論の独立を脅かすような権力が出てきたら、読売新聞と朝日新聞はもう、死ぬつもりで結束して闘わなきゃいけない。戦時中にそうしていれば、あそこまでひどくならなかったと思うんだよね」と大見得を切ったにもかかわらず、このざまは何としたことか。言論の自由を圧迫するのは、国内の権力だけではなく、外国のそれもあることに気づかないのか。読売が朝日を上回る媚中路線に突っ走ったとき、日本は確実に中国の属国になるだろう。

〈**読書案内**〉

朝日の媚中の歴史については、拙著**『朝日新聞血風録』**（文春文庫）に詳述。平成十五年から二年間の朝日の中国関連報道や社説の検証は、山際澄夫元産経新聞政治部記者の書いた**『朝日新聞が中国を驕らせる』**（日新報道）がよく纏めている。また朝日だけではなく、左翼メディアや進歩的文化人の媚中ぶりはこれも拙著**『「悪魔祓い」の戦後史』**（文春文庫）を参照されたい。また産経新聞中国総局長だった古森義久氏の書いた**『北京報道七〇〇日』**（PHP研究所）は、中国当局の、日本のメディアに対する言論統制の実態を赤裸々に暴露している。中国人の国民性や行動様式を知るためには、儒教研究の権威である加地伸行大阪大学名誉教授と私の対論**『日本と中国　永遠の誤解』**（文春文庫）が好適。

中国に「中国は立派な民主主義国だ」と言われたら

孫《そん》国《こく》鳳《ほう》
（日本近代思想史研究者）

一九五六年生まれ。中国北京師範大学外国語学部日本語学科卒業。東京外国語大学修士（学術）、東京大学博士（学術）。主著に『茅原華山と近代日本——民本主義を中心に』。現在、財団法人大学セミナー・ハウス留学生会館担当。

「中国は民主主義国だ」と言われたら、日本の常識で考えれば、答えは明らかに「ＮＯ」であろう。政治体制上、日本の与野党政治に対して中国は共産党一党独裁であり、イデオロギー上、日本の自由民主主義に対して、中国はマルクス・レーニン主義を依然としてたてまえとする人民民主独裁であるからだ。

民主主義における日本人の常識は、欧米をはじめ世界の常識でもある。現在機能している日本の政党政治は、その体制が戦後米国占領軍によって与えられたものであったが、戦前の大正デモクラシー思想が日本社会の底流にあったからこそ、今日の民主主義日本があるのである。

近代の日本人は欧米諸国で発達したデモクラシーを人類の歴史における確実な進歩としてとらえ、歴史の必然のものと考えた。彼らは明治政府の藩閥政治に反対し、一九一八年には二大政党政治、一九二八年には普通選挙が実現した。

今日、常識とされる民主主義国家は、立法機関は衆議院と参議院の二院制で、両院議員は主権者である国民によって選ばれる。また、民主主義はできるだけ多数の国民が政治に参加することを要求され、よく引用されるリンカーンの言葉のように「人民の、人民による、人民のための政治」でなければならない。

民主主義は、人類の発展にとって普遍的な理想である。民主主義のルールこそ、いずれの国家においても政治運営において遵守せねばならない原則である。実は、中国もその点は否定していない。

そういうと意外と思う日本人がいるだろうが、二〇〇五年十月十九日、中国政府は有史以来、初の政府白書「中国の民主政治建設」を発表した。約四万文字のこの白書の冒頭には、「民主は人類の政治文明の発展の結果であり、世界各国人民の普遍的な要求でもある。各国の民主は内部で生成したものであり、外部に押し付けられたものではない」と述べ、中国独自の民主政治建設の必要を唱えている。

では、中国の〝独自の〟民主政治とは何か。白書では、一八四〇年のアヘン戦争以来、百十年に亘り中国は世界列強に分割され、中国人が悲惨な境地に立たされていたこと、一九一一年の辛亥革命後の西洋の民主主義制度を導入して失敗したこと等を理由に挙げ、中国の民主政治は自国の実情に適せねばならないとしている。

その上で、現行の人民代表大会制度、共産党が指導する多党合作と政治協商制度、民族地区自治制度、都市と農村の基礎組織での自治、人権の尊重と保障、共産党執政の民主、政府の民主、司法の民主、という八つの分野での民主政治のより一層の実行を述べ、中国の民主政治建設のために、四つの中国共産党の指導と執政の必要および遵守すべき五つの原則を強調している。

四つの中国共産党の指導と執政の必要とは、①社会主義現代化建設を促進し中華民族の偉大な復興の必要、②中国の国家統一を維持し社会が調和的に安定するための必要、③政権安定の必要、④億万人民が団結して共同で美しい未来を建設する必要のことである。

遵守すべき五つの原則とは、①中国共産党が指導し、人民が国家の主人公となり、法治国の有機的な統一を堅持すること、②社会主義制度の特徴と優勢を発揮すること、③社会安定、経済発展と人民生活水準の向上に有利なこと、④国家主権の保障、領土保全と尊厳に有利なこと、⑤漸進的で秩序ある発展の客観的ルールに適することである。

同白書はまた、中国の〝民主政治〟の不健全さを次のように指摘している。

「民主制度がまだ不健全で、人民は社会主義市場経済という条件の下、国家の主人公として国家と社会事務を主管し、経済と文化を管理する権利がまだ十分に実現していない。法があっても法に依っていなく法の執行も厳格ではない、違法であっても追及しない現象が依然と存在している。官僚主義、腐敗現象も、ある部門と地方に蔓延している。権力運営に対する制約と検察の体制をもっと完全にしなければならない。全社会において民主観念と法意識を向上しなければならない。秩序よく公民の政治参与を拡大しなければならない」

こうしてみると、中国の民主政治は人民が主人公であることを強調すると同時に、共産党の指導をも強く強調していることがわかる。各分野での民主制度の不健全さを指摘し、改善していく必要があると述べているが、政策決定等の政治運営は、プロセス上の民主的手続きを重要視する日本とはまったく違う。

その一方で、都市と農村の基礎組織ではプロセス上の民主制度が徐々に作られつつあるのも事実だ。中国行政組織の基礎は農村村民委員会、都市居民委員会、企業職工代表大会である。農村村民委員会の長を始めとするメンバーは一九九〇年代以来、村民全員参加の選挙で選ばれている。つまり、選挙によって選ばれた代表が、村の問題を議論し、村を運営していくことで、民意を政治に反映させるようになった。また、政府の執政においても、なるべく民意を反映するようにという配慮が見られる。

そのうえ、共産党幹部の腐敗等は絶対の悪とされ、摘発があれば徹底追及する姿勢もみせている。さらに、共産党員であれば自覚的に「保先」をしなければならない。「保先」とは共産党員の先進性を保つ教育活動である。一九四九年、中華人民共和国を建国した当初には、共産党員は人民の服務員として人民の利益を優先し、険難困苦な仕事を党員自らが担当したことで人民の理解を得ていた。

なぜ二十一世紀にもなって中国で一党独裁は存続できるのか、という問題を考えるとき、中国共産党誕生の歴史背景を無視してはなるまい。百十年の間、自主国家ではなかった中国を統一し、まとまった国を成立させたのが中国共産党だった。欧米および日本とは違う近代の道を辿った中国は、社会主義思想を受け入れるための土壌があった。そのような土壌があったからこそ、共産党は一九四九年に統一国家を成立させたとき、全国人民の圧倒的な支持を得たのであろう。

「只有共産党才能救中国（共産党があったからこそ、中国は救われたのだ）」という言葉は中国でよく知られている。では、現在でも、そのように思っているのかと中国人に聞いたら、やはり、今の中国には共産党が必要だと答える人が多い。なぜなら、共産党と対立する党が出たら中国はまとまらないのではないかといった危惧を捨てきれないからだ。

「一次遭蛇咬、十年怕井縄（蛇に一度でも咬まれたら十年は縄を見ても怖くなる）」という中国の言葉がある。中国人にとっての近代は、蛇に咬まれたと同じようなものだ。中国特有の近代、中国人特有の半植民地にされた近代からの被害者意識が現在の中国を強く支えている。

いずれにせよ、中国での民主主義（欧米のデモクラシーの意味での）の実現においては、主人公である中国の人民がどのように政治運営に関わるかが大きな課題になろう。

時代が変わり、国際環境も変わった。対話を中心に協調を重視する世界を形成しつつ、中国もまた変わっていくだろう。経済改革と共に、政治改革も実行しようとする中国は、どのような民主国家になろうとするのか、さまざまな模索が続いていくだろう。

そのためにも、一九八九年の天安門事件に見られたような民衆への強圧的な対応を是とする姿勢からは一日も早く決別すべきだと私は考えている。それなくして中国が民主主義国家であることを自他ともに認めることは困難であろう。

〈読書案内〉

日本民主主義については、**『大正デモクラシー論——吉野作造の時代とその後』**（三谷太一郎著、中央公論社、一九七四年／新版、東京大学出版会、一九九五年）、**『増補　大正デモクラシー研究——知識人の思想と運動』**（太田雅夫著、新泉社、一九九〇年）の二冊をお薦めする。また、拙著**『茅原華山と近代日本——民本主義を中心に』**（現代企画室、二〇〇四年）をご参照頂きたい。中国人の歴史認識については**『胡錦濤対日戦略の本音——ナショナリズムの苦悩』**（朱建栄著、角川学芸出版、二〇〇五年）、**『中国の衝撃』**（溝口雄三著、東京大学出版会、二〇〇四年）をお薦めする。中国近現代史については**『中国現代史』**（中嶋嶺雄編、有斐閣、一九八一年　新版一九九六年）をご参照のこと。中国白書**「中国の民主政治建設」**（中国国務院報道弁公室、二〇〇五年十月十九日発表）は新華ネットの中国政府白書欄の原文参照。

中国に「日本とはダメだがアメリカとはうまくやっていける」と言われたら

井尻《いじり》 秀憲《ひでのり》
（東京外国語大学教授）

一九五一年生。東京外国語大学中国語学科卒業。カリフォルニア大学バークレー校大学院修了（政治学博士）。主著に『現代アメリカ知識人と中国』『アメリカ人の中国観』など。

たしかに、米中関係は、その文明的出会いという点で、互いに引き合うものがある。悠久の歴史を有する「中国的世界秩序」（Chinese world order）と新大陸アメリカの文明的出会いである。とりわけアメリカ人には、大陸中国へのセンチメンタルな「心情主義」ないしは「情念」に由来するところの「想い入れ」があり、そのことが対中国認識を間違ったものにするという性癖がある。

ジョージ・ケナンは、その著『アメリカ外交50年』のなかで、アメリカ人の心理に占める「中国への想い入れ」を次のように指摘している。「半世紀にわたるアメリカの極東政策を顧みるとき、……極東の諸国民に対するわれわれの関係は、シナ人に対するある種の心情主義によって影響されていた」。

しかしながら、こうしたアメリカ人の中国観は、「愛」と「憎」の二つの顔をもち、それらはアメリカと中国内部の変化に応じてスイングしてきた。二〇〇一年、アメリカにブッシュ・ジュニア政権が誕生したとき、アメリカの世界戦略と東アジア政策は、クリントン前政権と比べて大きく変化した。日本などの同盟国重視、安全保障重視がそれであり、ブッシュ大統領は中国を、「戦略的ライバル」だと言い切った。また、ブッシュ政権がミサイル防衛（ＭＤ）戦略を打ち出したとき、多くの人々はそれを、レーガン政権のソ連にたいする「強いアメリカ」政策に似た、対中封じ込め戦略ではないかと考えた。

もとより、二〇〇一年九月十一日の米同時多発テロが発生して以来、アメリカは反テロ国際闘争のために中国の「協力」を必要とし、米中関係は良好な状態に戻ったかに見えた。そして中国は、このイスラム過激派のテロに対する戦いを新疆ウイグル自治区の独立勢力弾圧のために利用し、米中「協力」関係を喧伝した。

しかしながら私見によれば、反テロ国際闘争での米中協力は「便宜的な結婚」であり、ブッシュ政権は二期目に入って対中姿勢を再び硬化するにいたった。中国の潜水艦がグアム島周辺を一周して同地の海底地形調査を行ったり、軍事費を不透明なままで年々増額し経済的にも台頭する中国を「二十一世紀の潜在的脅威」と見なす発想は、ブッシュ政権の対中認識の基調として存在しているのである。私はこれを、二十一世紀の「米中グローバル衝突」と呼んでいる。米中の重要な争点である台湾問題に眼を転じると、中国との国交樹立を七二年に拙速的に行った日本は、台湾へのコミットメントを実務交流に限定する形でしか処理できなかった。だが、アメリカは対中国交樹立を七九年まで遅らせ、さらにはカーター大統領が起案した「台湾関係法」を議会が大幅に書き直して台湾防衛のための武器の供与を法案化した。これはアメリカの国内法であるが、九六年三月、中国の実戦まがいのミサイル演習（いわゆる台湾海峡危機）のさなかに実施された台湾住民の直接選挙による総統選挙において、アメリカは、空母インディペンデンスと原子力空母ニミッツを台湾近海に派遣した。台湾の民主選挙（この選挙で李登輝が当選）の実現を見守るための防衛的なコミットメントを同法に基づいて行ったのである。

同年、日本とアメリカは中国のそうした軍事的行動にたいし、日米安保共同宣言を発し、翌年には周辺有事の日米新ガイドラインをも作成した。アメリカはさらに、ブッシュ政権が発足して間もない二〇〇一年四月にキッド級駆逐艦、ディーゼル潜水艦などの武器供与を決めている。また、二〇〇五年二月の日米外務・防衛当局2＋2による共通戦略目標は、朝鮮半島と台湾海峡での有事の際に日米が共同歩調をとることを謳ったが、これは近年の台頭する中国への牽制を明確化した点で、画期的なものである。

本稿の設問にある「アメリカとはうまくやっていける」といった問いかけがなされるのは、中国とりわけ江沢民政権が鄧小平の「十六文字方針」に従い、アメリカと対抗するような急速な大国化を拒み、むしろ対米協調一辺倒の政策を行ってきたからであろう。鄧小平の「十六文字方針」とは、「冷静観察、沈着応付、韜光養晦、有所作為」（冷静に観察し、沈着に対処し、能力を隠し時間を稼ぎ、必要な事だけしっかりやる）というもので、「絶不當頭」（決してリーダーシップを取らない）、すなわち大国としての外交リーダーシップを差し控えるということである。中国が自ら大国化を自制し、アメリカと事を構えるのを抑制するのであるから、一見「アメリカとはうまくやっていける」かに見えるのは至極当然である。

この方針は、現在の胡錦濤政権による対米外交でも依然活きている。たしかに、中国の「大国化」認識は増大し、イラク問題ではアメリカの単極主義に対抗しながらも、アメリカへの配慮は忘れない。北朝鮮問題では、アメリカとの協調で「六カ国協議」への仲介を行い、中国は、周辺諸国との関係改善・安定化のために上海協力機構（SCO）、「東アジア共同体」（ASEAN10＋3）の牽引車としてアジアの地域大国としてのリーダーシップをとり始めているが、対米関係では、依然低姿勢の協調重視である。

ちなみに、中国のミサイルはアメリカ本土に届くが、アメリカのミサイル防衛開発で、ロシアよりはるかに戦力の劣る中国の戦略核戦力は無力化される。ただし、だからといって中国は戦略ミサイルの開発のスピード・アップはできず、当面は「我慢の外交、国防政策」を展開せざるを得ない。中国の我慢と慎重さは、江沢民、胡錦濤外交の特徴であり、それが中国の対米政策の現状を反映していると言えよう。

　これに対して、「日本とはダメだが」という問いかけが出るのは、中国が日本を中国にとっての「華夷秩序」（「中国的世界秩序」）の野蛮国だと考え、靖国問題、台湾問題といった従来からの懸案に加えて、日本の国連常任理事国入り、反日デモ、春暁ガス田問題、日中メディアのギャップ、ソ連崩壊後の国際環境の変化——といった新たな課題で対日圧力をかけ続けているのに対し、日本側がそうした中国の理不尽さに愛相を尽かし始めているからであろう。

　近年、議論がかまびすしい中国主導型の「東アジア共同体」は、ASEAN域内の意見を見てみると、「共同体」というより「東アジア分裂体」といった観を受ける。アメリカ排除の「東アジア共同体」は日米安保体制に抵触し、東アジア地域統合をいうなら、豪州、ニュージーランド、インドを加えたほうが有益だとの声もある。

　たしかに中国外交は、対米と対日とで対応が異なっているが、日本は中国の「潜在的脅威」に対してアメリカと共通の認識をもち、日米安保をもっと活用すべきだとの意見も根強い。自由民主と人権はアメリカの建国の理念であるが、それは日本も共有している普遍的価値であって、中国にたいしてもそれを求めていかねばならない。以上のように見てくると、たとえ中国が「日本とはダメだがアメリカとはうまくやっていける」と主張しても、それに対する日本側の反論は、十分可能だと思われる。

〈読書案内〉

米中関係に関する参考文献はさほど多くはないが、「愛・憎」おりなす米中関係の軌跡についてはさしあたり、拙著**『アメリカ人の中国観』**（文春新書）、拙著**『現代アメリカ知識人と中国』**（ミネルヴァ書房）を参照されたい。ジェームズ・マンの**『米中奔流』**（共同通信社）は、同様の視角で、アメリカの対中姿勢が絶えず揺れ動き、中国の魅力に引きつけられたかと思うと今度は嫌悪することの繰り返しだったと指摘している。本文でも記した「台湾関係法」の成立過程については、宇佐美滋**『米中国交樹立交渉の研究』**（国際書院）に詳しく書かれており、九六年の台湾海峡危機については、それを米中台関係の角度から事例研究した拙著**『中台危機の構造』**（勁草書房）を参照されたい。

中国に「日本は安保理常任理事国の資格がない」と言われたら

古森《こもり》　義久《よしひさ》
（産経新聞ワシントン駐在編集特別委員）
一九四一年生まれ。慶應義塾大学経済学部卒。毎日新聞ベトナム特派員、米国カーネギー国際平和財団上級研究員、産経新聞ワシントン支局長、中国総局長などを歴任。主著に『中国「反日」の虚妄』など。

二〇〇五年四月の中国での官製反日暴力デモは、中国の官民が日本の国連安保理常任理事国入りへの動きに激しく反対した結果だった。

中国は日本が安保理常任理事国になることが絶対にいやなのである。日本の首相の靖国神社参拝や、日本側のいわゆる歴史認識に対して、激しい抗議をぶつけてはくるが、そもそも日本を叩く真の動因は「歴史」や「靖国」ではない。中国は日本がアジアでも世界でも「普通の民主主義の大国」として影響力を拡大することにもっとも強く反対するのである。

四月の大規模な反日デモに先立っても、当局の暗黙のサインを受けた形で「民間」の反日組織が「日本の常任理事国入り反対」の大署名キャンペーンをインターネットなどを通じて繰り広げた。中国政府部内からも日本の国連外交への反発が表明された。

中国政府は日本の国連常任理事国入りへの反対について公式には「国連改革に関する文書」でその理由を明らかにした。二〇〇五年六月に公表されたこの文書は日本の名を明記してはいないが、安保理メンバーについて「途上国代表や中小国を優先する」とか「一定地区内での意見の一致に基づく輪番」などという表現で日本阻止を明確にしていた。

だがそれと同時に中国外務省報道官は「侵略の歴史を反省しない国に常任理入りへの資格はない」とか「国際社会で責任ある役割を発揮するならば、歴史問題ではっきりした認識を持たなくてはならない」などという言明を繰り返すようになった。

しかも中国は現実の外交面で日本阻止のための露骨な国際的工作をも展開した。東南アジア各国には「日本の常任理事国入りに反対すべきだ」という明確なメッセージを発信した。アフリカ諸国にも経済援助と引き換えに日本の常任理事国入りを可能にするG4案への反対をアピールした。キルギスなど中央アジア諸国にまで中国は経済援助をエサにして日本の動きへの反対を求めたのだった。

さて中国のそんな日本阻止には理があるのだろうか。

結論を先にいえば、中国には日本の常任理事国入りへの反対の権利はあっても、反対の根拠には自国のギラギラする主観的な国益擁護以上には客観的な正当性や論理はなにもない。

ただし中国の反対とはまったく別に、日本の常任理事国入りには唯一、大きな障害がある。それは日本が現行の憲法で国際的な軍事力の行使や集団的自衛権の行使をみずから禁じている点である。国連の最大の目的は国際の平和と安全の維持であり、最悪の場合、脅威や侵略の鎮圧のために軍事力を集団的に使わねばならないこともある。その軍事力の行使にあたるのが安全保障理事会であり、その主導役が安保理の常任理事国なのだ。

世界の平和と安全の維持にはもちろん非軍事の手段も重要である。だが最悪の場合、国連加盟国が力を合わせて軍事力を平和と安全のためにこそ使う。その先頭に立つ安保理常任理事国にもし日本がなった場合、日本は自国ができないこと、したくないことを他国にさせるという偽善を演じることになるのだ。だからアメリカの議会などからは伝統的に「日本は憲法を改正し、海外での軍事力行使や集団での軍事力行使ができるようになって初めて常任理事国になれる」という見解が表明されてきたのである。

しかし中国の反対はまた別だといえる。中国から日本が常任理事国の資格がないなどと断じられるいわれはまったくないからだ。そもそも中国は日本のような他国に対し国連の核心への参加の権利をあれこれいう資格はない。いま安保理常任理事国であることの資格にさえ重大な疑義があるのである。そのおもな理由をあげよう。

まず第一に第二次大戦の勝者が仕切るいまの国連にあって、中華人民共和国はその勝者の要件にまったく欠けている。安保理の常任理事国のイスはアメリカ、イギリス、ソ連などの戦勝国が独占したわけだが、それらと並んだ中華民国（台湾）は実質上の勝者ではなかった。第二次大戦での連合国側の勝利への中国の貢献はきわめて少なく、逆にアメリカ、イギリスなどの連合国から多大の軍事支援を得て、滅亡をまぬがれた。

しかもいまの中国政府は国連のスタートから二十五年ほども経ってから中華民国を追い出して、常任理事国のイスを引き継いだだけなのである。

第二に中国は国連が安保理を通じてもっとも強く排そうとする軍事力の他国への行使では最悪の記録をつくってきた。国際紛争で一方の主権国家が紛争の相手に対し勝手に軍事力を使わないようにすることが国連の精神でもあるが、中国は建国以来、大きな紛争のたびにその相手国に対し遠慮なく軍事攻撃をかけてきた。

中国が戦争や軍事攻撃を仕掛けた相手はインド、ソ連、南ベトナム、統一ベトナム、台湾、フィリピンなどである。しかも朝鮮戦争では中国は「国連軍」だった米軍や韓国軍に熾烈な戦いを挑んだのだ。建国以来の五十年ほどで、少なくともなんと合計十二回の対外軍事力行使の記録を残しているのである。

第三には中国は国連が主唱する民主主義や人権尊重に関して全世界でも最低に近い統治をしている。共産党による一党独裁の統治の下ではその独裁に挑戦する他の政党の活動は許されない。共産党だけの統治が永遠に続くことが憲法で規定されているのだ。言論の自由、結社の自由、宗教の自由なども、みな抑圧されている。独裁政権を少しでも批判した民主活動家や一般市民が苛酷に弾圧され、懲罰を受けていることは周知の事実である。

中国はさらに国連の人権委員会でも自国だけでなく、他の独裁国家の人権弾圧を非難する動きにはすべて反対票を投じて、人権擁護の側に一貫してストップをかけてきた。日本がかつて国連人権委員会に提案した北朝鮮による日本国民拉致を非難する決議案にも中国は反対したのだ。要するに中国は国連の主眼である民主的価値観の防衛という点ではきわめて貢献が少なく、むしろ逆にその種の価値観を踏みにじる側の擁護にあたってきたのである。

第四には中国は財政面で国連への貢献がきわめて少ない。周知のように国連の通常予算への分担金はアメリカが全体の二二%を払うのに次いで、二位の日本は一九%強を支払っている。二〇〇三年度の数字でみると、国連全体の通常予算が約十三億ドルだったから、日本は二億六千万ドルの分担だった。ところが中国は安保理の常任メンバーであるにもかかわらず、予算全体のわずか一・五%を払っただけにすぎなかった。二〇〇三年度の金額にすると、千九百五十万ドルだった。なんと日本の十四分の一なのである。

国連への各国からの支出にはこの義務経費の通常分担金のほかに、自発的拠出金というのがある。拠出金は国連本体と国連専門機関との経費に当てられる。さらに国連の平和維持活動(PKO)の経費の分担金も年々、増えてきた。これらのいずれも日本はアメリカに次ぐ第二の献金国であり、他方、中国の支出は微細なスケールにすぎない。支出する金額の多寡が国連への貢献の度合いをそのまま示しはしないとはいえ、分担金や拠出金がなければ、国連が機能できないのも事実である。この点でも中国の「資格」は非常に貧弱なのだ。

第五には中国が国連安保理常任理事国の「資格」として、しきりに強調する「歴史認識」は中国こそ欠陥だらけなのである。中国が日本に対して求める「はっきりした歴史認識」とは、自国の過去の言動の歴史を客観的に認識し、積極的に語り、論じ、非を認め、悔いるにやぶさかではない、ということだろう。

だが中国自身の歴史認識をみれば、自国政府がおびただしい数の自国住民を死に追いやった「大躍進」や「文化大革命」の歴史を客観的に認めはせず、逆に隠そうとする。自国の子供たちの教育ではタブーとしたまま、教えようとしない。天安門事件での民主派の虐殺やチベットへの侵攻、ベトナムへの侵攻と敗北など、みな同じである。

中国の子供たちは自国の歴史教育では、つい一九七九年に中国軍の大部隊がベトナムに侵攻し、激戦の末に大きな打撃を受けて、撤退したことをなにも習わないのだから、恐るべきだといえる。そんな国が日本に向かって「きちんとした歴史認識を持て」と命じ、その認識がないから国連安保理の常任メンバーになる資格がないと説教するとは、なにをかいわんや、ということになる。

こうみてくると、中国の日本阻止工作には客観的にみて納得のできる論拠も道理もないことがわかる。あるのはただただ中国一国の身勝手な国家戦略だといえよう。この動機についてアメリカの民主党の歴代政権で東アジア担当の国務次官補や国連大使を歴任したリチャード・ホルブルック氏が二〇〇五年五月、中国での反日デモに関連して、「日本を常任理事国には絶対にさせないという国家意思の表明がこのデモだった」と述べていた。

ホルブルック氏は「最近の中国はアジアでの大国として最大の影響力をふるおうとして、その影響力の拡大のなかで最大のライバルとなりうる日本の外交的動きを抑える決意を固めており、そのための手段が日本の常任理事国入りの絶対阻止なのだ」と分析していた。この絶対阻止には恥も外聞もなく、また理も正当性もないということであろう。

〈読書案内〉

中国の民主主義抑圧、人権弾圧やマスコミの政治管理については何清漣著**『中国の嘘』**（扶桑社）が詳しく、中国共産党政権の道義性の欠如に立体的かつ実証的な光をあてている。中国の軍事力行使の歴史については米陸軍大学戦略研究所編**『中国が戦争を始める』**（恒文社21）が参考になる。国際紛争を解決するのにすぐ軍事力に頼る政権の体質が説得力ある形で明示される。中国の対日戦略に関しては中嶋嶺雄著**『「日中友好」という幻想』**（ＰＨＰ新書）が有益で、中国が日本の国連安保理常任理事国入りに猛烈に反対する理由が自然とわかってくる。国連の実態と中国と国連の歴史などについては古森義久著**『国連幻想』**（産経新聞社）が詳しい。中国の対外戦略全般や東アジア地域での覇権志向に関しては米国防総省と米議会米中安保調査委レポート『中国の奇襲』（恒文社21）が参考になる。

中国に「日本の歴史教科書は間違っている」と言われたら

鳥海《とりうみ》靖《やすし》
（東京大学名誉教授）

一九三四年生まれ。東京大学大学院博士課程中退（国史学）。東京大学教授、中央大学教授を歴任。日本近現代史専攻。国際歴史相互理解の活動に従事。主著に『「明治」をつくった男たち』『日本近代史講義』など。

現在、世界中のいろいろな国や地域で歴史問題が取りあげられ、国際的な歴史の見直しや相互理解の試みが進められている。歴史にはさまざまな見方があり、国・民族、エスニック＝グループ、さらには個人の間でも、歴史理解・評価が異なるのは当然であるが、それだからこそ、その差異をきちんと直視することが必要なのである。

ヨーロッパでは、西欧諸国のみならず東欧諸国・ロシア・トルコなど約五十カ国が加盟する欧州評議会（略称CE、日本はオブザーバー）を中心に、歴史の見直しや相互理解のための活動が展開されている。欧州連合（EU）の拡大など一面ではヨーロッパは統合の方向に進んでいるが、それだけに文化的多元主義・地域主義を取り入れた、国・民族・エスニック＝グループなどの固有な歴史・文化の尊重やその相互理解のための自覚的努力が重要となってきている。東欧や旧ソ連邦内諸地域では、一九九〇年代以降、社会主義体制とソ連の支配から解放されて、近現代史に関する新しい一次史料が次々に発見・公開され、それまで隠蔽されてきたさまざまな歴史事実が明らかになった。それにともなって、第二次世界大戦など近現代史についての歴史理解・評価の見直しが大々的に論議されている。東欧側の視点から見れば、第二次世界大戦を「民主主義勢力」の「ファシズム勢力」に対する戦いと勝利とみなすような通俗的で画一的な歴史理解は全くのフィクションでしかない、というのである。確かに東欧・旧ソ連邦内諸国は、第二次大戦後、半世紀近くも、社会主義体制の圧政下におかれていたのであるから、解放後の新しい国造りを進める中で、近現代史の見直しを強く求めるのも当然であろう。とはいえ、現在のこの地域の不安定な政治や諸国・諸民族間の軋轢を反映して、細部では、歴史理解にさまざまな対立があるようである。

筆者自身、欧州評議会主催の歴史教育会議に何回か出席し報告もしたが、そこで強く印象に残ったことは、特定の歴史観にもとづく「唯一の正しい歴史理解」を相手側に強要することなく、歴史を史実に即してできるだけ多角的に捉え、異なった認識や見方に率直に耳を傾け、互いに影響し合うというその相互作用（Interplay of Views）を重視する会議の姿勢にあった。

ひるがえって東アジアではどうであろうか。そこではいまだ、「自由」「民主主義」「人権」

といった基本的価値観を共有するには至っていない。現在の日中、日韓歴史問題を考えても明らかなように、歴史教育・歴史理解の基本理念・目的やそのあり方、公権力との関係、教科書制度などが国ごとに大きく異なっている。そうした差異をしっかりと認識しないと、必ずしも事実にもとづかない不毛な感情的議論の応酬に終わりかねない。

もし、中国に「日本の教科書は間違っている」と言われたら、日本としてはどう答えるべきか。先ず我々がおさえておくべき点は、中国における歴史についての基本的な考え方、歴史教育の理念とあり方は、日本とは大きく異なるということである。中国においては、自国史の教育を日本に比べてはるかに重視し、その学習量も日本よりずっと多い。歴史教育の目的は、歴史の学習を通じた政治教育であり、思想教育なのである。教科書は、一九九〇年代に国定制から審定制（検定制）となり、日本の場合と同様に複数の教科書が使用されるようになったが、教科書出版のためには、事前に執筆者や全体の内容構成を政府（教育部）に届け出て許可を得なければならないというから（日本ではむろんそうした規制はない）、日本よりはるかに直接的に政権政党（中国共産党）と政府の意思が教科書に反映される。

全国の約六〇%のシェアーを占める北京の人民教育出版社（国家機関）の初級中学（日本の中学校に相当する）用の『中国歴史』では、自国の歴史を学ぶ目的として、「私たちの強い愛国の熱情と民族の誇りを高め……私たちに中国共産党に従って社会主義の輝ける道を歩む信念を確信」させることをあげている。そして、歴史上の人物や事件については、「どのような見方が正しいのか。マルクス主義の観点を用いて、史実を分析し判断することによってのみ、正しい結論を得ることができるのである」と断言している。

このように、共産党の指導による社会主義とマルクス主義による歴史分析の正しさを確信させ、愛国主義の尊さを学ぶことが、中国における歴史教育の目的なのである。一九八〇年代末～九〇年代にかけて旧ソ連や東欧諸国でおこった社会主義体制の崩壊という現代史の現実を事実に即して観察すれば、前述のような資本主義から社会主義へというマルクス主義の「歴史発展の法則」には疑問を生ずるのが当然であろうが、中国の歴史教育では、生徒がそうした疑問をさしはさむことは許されないわけである。

日本では、歴史学・歴史教育の政治権力からの自立が重要視され、公権力が特定の歴史観を強制してはならないとする常識が社会一般に定着している。中学校の「学習指導要領」では、歴史教育の目的の一つとして、「歴史的事象を多面的・多角的に考察し公正に判断する」能力や態度を育成することを重視する。したがって、日本の歴史教科書は、特定の歴史観にもとづく主観的な記述や断定的な歴史解釈・評価、道徳的感情的表現などをできるだけ避け、客観的事実をおおむね坦々といささか平板に記述している。これに対して、中国の歴史教科書は、前述のような歴史教育の基本理念に立って、マルクス主義歴史観にもとづく愛国主義の傾向が顕著であり、善悪二分論による歴史解釈・歴史評価や政治的価値判断、道徳的感情的表現などを随所に用いている。

中国の歴史教科書における対外関係の叙述では、愛国主義とともに「民族融和」の視点が濃厚である。それは、中国が古くから多民族国家であり、中国周辺の異民族は、歴史を通じて常に中国国内の少数民族であったとする見方である。すなわち、チベットも雲南も新疆もすべて歴史的に中国の領域とされ、その領域内の諸民族の融和の状況が詳細に述べられている。これは現在の中国政府の民族問題・領土問題についての政治的主張を歴史的に正当化する記述といえよう。

東アジアにおける近代以前の中国の歴代諸王朝を中心とする宗属関係や華夷秩序についての記述はほとんどなく、また、諸王朝の海外遠征・征服にもほとんど触れていない。前述の『中国歴史』では、十三世紀の元による大領土形成を、民族融和に貢献したとする高い評価のもとに詳述しているが、日本やベトナムに対する侵攻（元寇）については、全く取りあげていない。逆に十四〜十六世紀の中国大陸沿岸を荒した倭寇については、その討伐の物語とともに詳しく記述している。実際には十六世紀のいわゆる後期倭寇の多くが、日本人を装った中国人であることは、近年の倭寇に関する実証的研究により定説となっているのだが、そうしたことにはほとんど触れないのである。

中国歴史の教科書では、近現代史（アヘン戦争以後）の記述量が全体の五〇％近くを占めている。日本の場合、最近、近現代史（ペリー来航以後）の記述が相当に詳しくなっているが、それでもおおむね四〇％程度であるから、その比重は中国の方がかなり大きい。しかも日本の高校教育では、世界史は必修科目であるが、日本史は選択科目である。したがって中国の若者と日本の若者とでは、自国史、とりわけ近現代史の学習量に大きな開きがある点は否定できない。近年、筆者が参加したいくつかの国際歴史教育会議で、日本の高校の歴史教育について話をすると、しばしば「外国史を必修としながら、自国史は必修としないとは、とうてい信じ難い」という反応がかえってくる。国際社会の中の日本という視点を重視するのは結構であるが、反面、自国史を軽視する日本の歴史教育のあり方には、大いに反省の余地がありそうである。

中国の教科書の近代史叙述の基軸は、帝国主義諸国の侵略に対する愛国的な民族闘争と革命運動におかれている。とりわけ、満州事変以降は、日本の侵略と残虐な占領地統治に対する民族的抵抗と勝利の歴史的経過が詳細に述べられている。そこでは、日本に対して妥協的で抗日に消極的な国民党に対比して、終始、全面的積極的に抗日闘争を推進した中国共産党の功績が大々的に強調されている（なお、最新版の教科書では、若干ではあるが国民党の抗日も評価するようになった。恐らく最近の中国政府の台湾懐柔政策の反映であろう）。そこでは、抗日の先頭に立った「民族的英雄」と対照的に、「親日派」「対日和平派」はすべて「売国奴」「漢奸」（裏切り者）として激しい非難の対象とされている。人物の歴史的評価でも完全な善悪二分論なのである。

さて、現代史（中華人民共和国成立以降）になると、日本はほとんど教科書に登場しなくなる。日中国交正常化にも一言触れるだけで、その具体的内容は全く記されていない。むろん、中国側が賠償請求権を放棄した事実も取りあげられていない。そのほか、現代の日中の密接な経済・貿易関係や技術協力、日本による巨額のODA供与などもほとんど出てこない。近年の中国のめざましい経済的発展は、ほとんど独力で自主的に達成されたかのように記述されている。前述のような政治教育としての中国の歴史教育のあり方からすれば、多分、日本からの援助に触れることは、好ましくないのであろう。もっとも、最近、上海で出版された教科書では、戦後の日中経済関係やODAを取りあげたものがあるというから、北京と上海では若干温度差があるようである。

以上のような中国の教科書の叙述のあり方、近代日中関係史をことごとく侵略と抗日という視点から善悪二分論の手法で描き出したり、現代史における日中関係にほとんど触れなかったりすることは、日本側からみればいかにも一面的に過ぎ、偏った愛国主義のあらわれと感ぜざるを得ない。

むろん、今日の日中歴史問題の原点の一つが、何故そうなったかの解釈はいろいろあるであろうが、近代日中関係の一時期、日本軍が中国に侵攻し、その広大な地域を占領したという明白な歴史的事実にあることは言うまでもない。この事実は、今日、日本の学校教育におけるすべての歴史教科書に明記されている。日中戦争下、日本軍が南京占領の際におこした残虐事件についても、現行の高等学校日本史教科書十八種類すべてに記載されているのである。

とはいえ、歴史にはさまざまな見方があり、冒頭で述べたように、歴史事象を善悪二分論ではなく、できるだけ多角的に捉えることが、今日の国際社会における歴史相互理解のためには不可欠である。そうした国際社会の常識からみると、中国の歴史教育の愛国主義・自国中心主義は、明らかに過剰であろう。愛国主義は新しい国造りの際には重要であり、今日の中国の国情から必要とするのではあろうが、それは双刃の剣であって行き過ぎれば排外主義となる。

近代日中関係史についても、侵略と抗日というワン＝パターンだけではなく、時には、国家史や民族史の枠組みを越えた地域史・比較史や生活・文化といった「歴史の人間的側面」における相互交流・接触・変容といった視点をも導入する必要があるのではないか。


今日、政治やイデオロギーの壁を越えた国際的な歴史相互理解や歴史の共同研究の試みを有効に進めるためには、その前提条件として史料・歴史情報の公開と自由な利用、史実検証の体制を作りあげることが、極めて重要である。

日本では現在、主要な公共機関に収蔵されている近代史の史料について公開と自由な利用の原則が確立されている。最近、アジア歴史資料センターの設立により、国立公文書館の政治・行政史料、外務省外交史料館の外交関係史料、防衛庁防衛研究所の軍事関係史料などの第一次史料については、データ＝ベース化が進み、外国からでも、インターネットを使って自由にアクセスし、閲覧はもとより、史料のコピーを取り出すこともできるようになった。また、外務省のホームページを通じて、日本の現行の中学校社会科の歴史的分野の教科書すべてについて（全部で八種類）、近現代史のうち近隣諸国・周辺諸国に関する記述の英・中・ハングル訳を閲覧できる。

中国を含む近隣諸国でも、可能な限りこうした史料や歴史情報の公開と自由な利用の原則が確立されて、相互に公権力や学問外的な権威・圧力から自由な史実の検証と実証的な歴史の共同研究ができるようになることを期待したい。

〈読書案内〉

小島晋治・並木頼寿監訳『**入門中国の歴史――中国中学校歴史教科書**』（明石書店、二〇〇一年）は、一九九〇年代に出版されたもっともシェアの大きい中国の中学校『中国歴史』の教科書の日本語訳である。はなはだ部厚い教科書だが、監訳者の解説とともにじっくり読むと、マルクス主義歴史観を唯一の真理とする中国の愛国主義の歴史教育の実態がよくわかる。ただし、二十一世紀に入って国際化を意識してか、中国の歴史教科書も愛国主義・自国中心主義を若干緩和し、分量もかなり削減したようだ。日中の歴史教科書を比較検討したものに、拙著『**日・中・韓・露　歴史教科書はこんなに違う**』（扶桑社、二〇〇五年）がある。国際社会における歴史相互理解の試みを踏まえて、日中韓三国の歴史教育のあり方や教科書記述の違いを実例を引用して具体的に検討している。同じ歴史事象でも様々な見方があり、視点のおき方次第で大きく違って見えるのである。歴史の多角的理解の必要性を痛感させられる。

〈特別講義〉

中華文明の本能を見誤った「幣原喜重郎」こそA級戦犯

中西《なかにし》　輝政《てるまさ》
（京都大学教授）

一九四七年生まれ。京都大学法学部卒業。ケンブリッジ大学歴史学部大学院修了。主著に『大英帝国衰亡史』『日本の「敵」』『日本の「覚悟」』『帝国としての中国』など。

善意より国際ルールを忘れるな

二〇〇五年という年を境に、日本人の過去百年にわたる日中関係への見方が一大転換を始めつつある。同年四月に中国全土に広がった反日デモと暴動の光景は、戦前の日本が、なぜあのような「愚か」とも思える戦争の泥沼へと足を突っ込んでいったのか、をより深く考える重大な手がかりを我々に与えてくれた。また、近年繰り返される中国軍艦の日本領海への不法侵入や東シナ海の日本の経済水域における天然ガス資源に対する力ずくの侵奪行為、さらには首相の靖国神社参拝への「抗議」と称する国際ルールを無視した一連の内政干渉や対日ボイコット行為を見るにつけ、ようやく戦前の日本人が彼の国との関係において直面した底知れぬ深い苦悩が見えてきた。それゆえ、日本の善意がつねに悲劇に終わらざるを得ない日中関係の宿命的構造に思いを馳せるようになった日本人が近年、激増しつつあるが、そのことは決して故なしとしないのである。

こと国際関係に関する限り、中国という国には「善意」とか「友好」とかいった感傷的・感覚的次元での対応は全く通じない。それゆえ中国との関係を処理する唯一の基準は、いつの時代も普遍的な国際ルール・国際法の厳格な適用であり、さらには欧米を始めとする関係諸国との協調によって対処することしかないのである。

この三つの点を踏みはずせば、対中関係はいつの時代にも日本の命運を狂わせることになる。このことが、いま我々があの戦争の歴史から汲みとるべき最大の教訓なのである。

戦前の日本が日米戦争という悲劇の回路に迷い込んでしまったのは、ヒトラー・ドイツとの三国同盟という一大愚挙に起因する。しかしこの誰が見ても危うい「墓穴」であった三国同盟へと自ら飛び込んでいったのは、盧溝橋事件以後の日中戦争の泥沼から足を抜くためであった。そして「盧溝橋」に始まる日本の蹉跌は、日本を米英と戦わせることによって滅ぼし、国内統一を進めようとする「シナ思考」の二十世紀バージョンに日本が搦め取られたからであった。日本がそのような「ターゲット」にされたのは、結局のところ満洲事変後の国際的孤立という弱味につけ込まれたからである。それ故、ごく端的に言えば、満洲事変がなぜ起ったのか、が深く解明できれば、なぜ日本があの戦争の迷路に陥り、運命を狂わせたのかという問いに対する最も本質的な答えが得られるように思われる。

そして、満洲事変の原因を解明する上で戦後日本人に決定的に欠けていた視点、それが二〇〇五年を通じ我々の眼前にきわめてヴィヴィッドに再現された。それは、あの反日暴動を始めとする一連の日支ないし日中紛争の根因としての、変わらぬ「排日の構図」とその生々しい光景である。

満洲事変に至る十年余の歴史は中国における反日・排日運動が一途《いちず》に高まっていった歴史であった。一九一九年の「五四運動」は、「中国現代史の始まりを画する出来事」と中国共産党の教科書は規定するが、何故そうなのか。それは、「五四運動」が何よりも大衆動員を通じた暴力的手段によって「排日の嵐」を中国全土に盛り上げ、それによって中国の国内統一をめざす運動であったからだ。

では、なぜ排日が起ったのか。辛亥革命後の中国は、「シナ文明史の周期現象」としての軍閥割拠と社会システム全体の広汎な崩壊状態に陥った。これを何とかして再統一しなければ、というのが孫文らの「中国革命」つまり二十世紀的な易姓革命の本質であった。問題は、そのための「犠《いけに》えの羊」をどこに求めるかにあった。

中華再統一のためには、つねに排外運動が必要であり、そのための「夷を以って夷を制す」という中華文明のサバイバル戦略は、孫文・蔣介石・毛沢東そしてその一連の後継者のいずれにおいても、歴史的本能としてつねに依拠されつづけている。一九二三年の孫文・ヨッフェ会談に始まる「ロシア（ソ連）を使って、日英米を排除する」という戦略は、まず一九四五年蔣介石によって日本を、次いで一九四九年毛沢東によって英米の排除に成功し、その後ロシア排除（中ソ対立）も成り、中国の再統一は完成したかに見えた。しかし八〇年代以降、〃資本主義〃の導入によって、国家分裂の危機が再浮上してきた。「五四運動」から丁度、七十年目にして「六四」（天安門事件）が起り、中国は再び国家崩壊のサイクルに入りつつある。そしてまた「排日の季節」を迎えたのである。

つまり、近代中国の「以夷制夷」による再統一戦略においては、つねにその制夷（排除攻撃）のターゲットとなる国の順序が、日本↓米（英）↓ロシアという経路を辿ることになる。現在見られる「中露の連携による日米の排除」も、孫文・ヨッフェ会談と国共合作の季節の再来なのである。この「制夷」による再統一戦略が時代によって様相が異ってくるのは、歴史環境の相違に基づく戦術の相違にすぎないのである。

「排日運動」への新たな認識を

満洲事変とは、端的に言えば、日本がこの中華再統一のための「制夷」のターゲットとされ猛烈な「反日・排日の嵐」に直面して暴発し、中国人にとって予期以上の成果（松岡洋右の国際連盟脱退による日本の決定的孤立化）を収めた出来事であった。その排日運動の戦術的スローガンは、もちろん日本の「国連安保理常任理事国入り反対」や「靖国参拝反対」ではなかった。それはたまたま当時の状況から、「国権回収のための革命外交」と称して日本の満洲における合法的利権を実力をもって――正面からの武力行使では日本の軍事力に敵《かな》わないので、大衆運動による暴動・デモの頻発、日系企業攻撃、日本人への各種テロ、因循姑息な条約違反の経済圧迫行為によって――侵奪する、という今日でいう「低強度戦争」ないし「超限戦」を仕掛ける、というものであった。

言うまでもなく満洲における日本の諸利権は、当時の国際法原則に依拠した正当かつ合法的な権利であり、その地位は中南部における英米その他の立場と全く同様のものであった。これに対し中国側から「革命外交」の名の下に、日本にとって「生命線」とされた、満蒙における日本の正当な権利と投資を強制接収しようと真正面から挑戦してきたのが、満洲事変の真の原因であった。

当時の中華民国政府・外交部長の王正廷は、「革命外交」の内実と具体的な進め方を、①関税自主権の一挙回復②治外法権の一方的撤廃③租界の実力回収④租借地（旅順・大連を含む日本の関東州も勿論その一つ）の廃止⑤鉄道利権（南満洲鉄道いわゆる満鉄もその一つ）の廃棄というように、具体的な戦術を明確に宣言していた。一九三一年四月（満洲事変の五ヶ月前）日本の重光葵代理公使が王正廷を訪ね確認したが、王は旅順・大連そして満鉄は当然中国の権利として回収すると答え、日本の世論を震撼させた（重光『外交回想録』）。

たしかに日本人も同様の不平等条約に悩んだ歴史を持ったが、明治の日本は営々たる近代化の努力と関係諸国との国際ルールに忠実に則った平和的交渉によって、その撤廃を達成したという歴史をもっていた。それゆえ中国の「革命外交」の不当性に日本人がとりわけ強く反発したのは当然のことであった。

二十世紀は「革命の世紀」であり、マルクス主義に傾斜する左派イデオロギーが戦後の日本人を圧倒的に支配したから、我々は中国のこの革命外交を「帝国主義に対する中国ナショナリズムの正義の戦い」として正当化する戦後史学の洗脳の虜とされてきた。そのため多くの日本人は、満洲事変を始めとする日中の戦争責任をめぐる議論で、真に「普遍的な基軸」を踏まえた立場をとれなかった。

しかし、マルクス主義の全面崩壊した今日、「帝国主義に対する闘い」と称されたものが、直ちに正当性をもつとは限らず、しばしば単純な暴力的侵奪や政治目的をもった戦略的テロ行為にすぎなかったという評価がより普遍性をもつはずである。

そもそも一九二〇年代を通じて、進出日本企業や在留日本人が受けた「排日の受難」は現在の比ではなかった。その中を日本政府とくに幣原外交の「日支友好」のスローガンの下でひたすら耐え忍び続けた国民世論と軍部の自制心にこそ、今日、驚嘆すべきもの、との評価がなされるべきであろう。従ってそれがいずれ「暴発」することは必然であった。国益や国民感情からいって余りに不自然な政策が、結局いかに大きな犠牲を払うことになるか、という観点こそが最も重要な「歴史の教訓」とされなければならない。

日本が実際に耐え忍ばねばならなかった「排日運動」なるものが、いかに激烈かつ不当そして多岐にわたったものであったかは、当時の新聞を通覧するだけで明らかだが、戦後日本の歴史家は殆ど全てといって良い程、その実相に触れようとしなかった。近年ようやくアメリカ人の手になる「排日」の記録が日本語で出版されたり（たとえばジョン・マクマリー『平和はいかに失われたか』原書房、ラルフ・タウンゼント『暗黒大陸　中国の真実』芙蓉書房出版、K・カール・カワカミ『シナ大陸の真相――一九三一―一九三八』展転社）、あるいは当時の外務省記録の翻刻出版（服部龍二編著『満州事変と重光駐華公使報告書――外務省記録「支那ノ対外政策関係雑《ざっ》纂《さん》『革命外交』に寄せて」』日本図書センター）という形で細々と始まっているにすぎない。

満洲事変に先立つ時代の、あの長年にわたる激烈な排日運動を戦後日本では、なぜこれほど徹底して隠蔽してきたのか。ここに戦後史学の「大いなる歪曲」を指摘せざるを得ない。というのも、あれほどの迫害行為と正面切っての権利侵害を受け続け、しかも「生命線」と呼んでいる国であれ武力に訴えるのが当然であり、又それは明らかに国際正義に適《かな》っていた。ここに、百万人の在満邦人（日本人二十万、朝鮮人八十万）を数えた一大権益を脅かされれば、いかなる国であれ武力に訴えるのが当然であり、又それは明らかに国際正義に適っていた。ここに、戦後史学が「排日」を歴史からネグレクトする決定的な理由があったといえる。とくに満洲事変前夜に、張学良政権が行った日本の合法利権への陰湿きわまる攻撃や日本人の財産への侵奪行為、それと軌を一にした激しい排日、日本人迫害運動の実態について、日本の戦後史家は全く触れようとせず、それゆえ一般の日本人も殆ど関心を向けようとしなかったのである。「排日」を捨象する日中関係史こそ、最悪の歴史歪曲と言わなければならない。

しかし、今日、二十一世紀の国際的ルールに忠実に則って中国進出している日本企業が、突然攻撃対象とされ、国際法的に日本の主権的権利に属する資源や領海が侵犯・侵奪され、それが「靖国参拝が原因」とか「歴史教科書のゆえ」と強弁され、一切の抗議を無視して繰り返されている現実を見れば、近代の日中関係において「排日運動」がもった決定的意義について、日本の歴史家は今こそ、より切実な認識を迫られているのではないのか。

一九二七年、蔣介石の北伐軍が南京に攻め込んだ時に起った「南京事件」では、日本領事館を含む列国の領事館が中国兵に襲撃され、日本領事や婦女子が暴行を受け外国人が殺害されたため、英米は共同して砲艦でもって北伐軍を攻撃し日本にも共同出兵を求めてきたが、日本の幣原外相は中国への内政不干渉を理由に応じなかった。幣原は邦人の被害をただ耐え忍ぶしかない、という態度をとったのである。この幣原の、まさに常軌を逸した行為に、当然ながら日本国内では世論が昂まった。五・一五事件で鋭い軍部批判を行い「反戦・反軍のリベラリスト」として有名であった『福岡日日新聞』主筆の菊竹淳は、それまで中国内政へのいかなる干渉にも「民族・民権・民生と言う新支那の要求に沿う所以ではない」として反対していたが、南京事件を見てはっきり態度を変え、中国の南部では列国との協調が急務であり、北方においては満蒙の利害、朝鮮の秩序を守る為「われわれ自身、直接みずからの力に頼ることも必要」

と唱え、その後の田中義一内閣による山東出兵を明確に支持するようになった（『六鼓菊竹淳――論説・手記・評伝』葦書房）。これが左派も含め「世界の常識」だったのである。それゆえ、満洲事変までの数年の危機的な流れを見れば、日本が満洲で武力を行使して既存の権利を守ろうとしたことは、決して不当なことではなかったのである。

この大局をしっかりと把握した上で、戦争責任に関する議論を展開してゆく必要がある。たしかに「柳条湖事件」と称されるような謀略的手段で武力行使を開始し、錦州やソ満国境に至る一大軍事行動にまで打って出たことは「愚か」なことであったし、とりわけ国際連盟を自ら脱退したことは日本にとって、愚策の最たるものであった。しかし柳条湖型の謀略は当時の中国大陸では日常茶飯事であったし、現に盧溝橋事件は中国側の謀略であったことも明らかになりつつある。むしろ、満洲の正当な権益を真剣に守ろうとしなかった「幣原外交」の名で知られる当時の日本政府・外務省の「常軌を逸した」姿勢こそがそうした現地の暴走を促した真の原因であったことが、今日もっともっと強調されねばならないのである。

ただし、このことは、日中間での歴史責任をめぐる論議とは、自ら別次元の問題であることは明確にしておかなければならない。戦後日本人の歴史観は、ひたすらあの「未曾有の敗戦」の原因を追い求める余り、国家間の戦争責任論争と、日本人同士の間での、当時の日本外交の愚策の責任をめぐる議論とを峻別することの大切さを見落してきたのである。

その結果、後者が日本自身に多大の不幸をもたらしはしたが、それが対外的な日本国家の戦争責任と混同され不用意な「反省」や「謝罪」に結びついてきたのである。一九二〇〜三〇年代の中国大陸における排日運動は明確な国際法違反の侵略行為であったのであり、日本による一連の軍事力行使の歴史的な本質が「防衛的なもの」であったことはくり返し明白にしておかねばならず、前述の通り、この立場はまた、マルクス主義や革命イデオロギーの死滅した二十一世紀においてますます広く理解されてゆくことになるはずである。

松岡同様、幣原も「A級戦犯」ではないのか

戦争責任論とは別に、二十一世紀の日本が、二十世紀の日中関係とあの戦争の悲劇から汲み取るべき最も重要な教訓は、次の三点に要約できる。

①対中関係においては、「善意」とか「友好」とか「アジアの連帯」といった感傷的次元に属する要素を決して政策に持ち込んではならないこと。

②中国との関係を処理するに当っては（中国の「経済的な潜在力」に幻惑されることなく）、つねに普遍的な国際ルールや価値観、国際法の原則に則り、それを妥協の余地なく適用すること。

③欧米を始めとする第三国、国際社会との連携をあくまで緊密に保ちつつ中国と対すること。

戦前日本の対中関係はこの①〜③のすべてにおいて無残な失敗を重ねたが、その典型は「松岡外交」と「幣原外交」であったといえる。二〇〇五年夏、靖国参拝をめぐる日本国内の論争

において、いわゆる「A級戦犯」以外に、外国に対してではなく日本国民に対してあの敗戦の責任を負わせるべき人物がいるのか、が問われたが、もしいるとすればその有力な一人は間違いなく幣原喜重郎（一八七二―一九五一年）であるといえよう（松岡洋右は実際にいわゆる「A級戦犯」として起訴され、公判中に病死）。

周知の通り幣原は戦後首相となり、日本国憲法第九条の「提唱者」として、また満洲事変に先立つおよそ十年間の日本外交をリードした中心人物として「幣原外交」の名でよく知られる人物である。一方、松岡洋右（一八八〇―一九四六年）の「松岡外交」が、国際連盟脱退や日独伊三国同盟、そして大東亜共栄圏などを推進し、上記①〜③の全てに違背した対中国政策をとって日本を破滅の極に追いやったことはよく知られている。

しかし「国際協調」あるいは「平和外交」の推進者として幣原は、松岡と違い、いわば「その対極にあった指導者」として今日においても高い評価を受けていることは実は大変不当なことと言わなければならない。というのも、「幣原外交」も、「松岡外交」と同様、上記①〜③のすべてを無視し、その結果「満洲事変への道」を不可避ならしめた点で、第一級の戦争責任を日本国民に対し負うべき人物であるからだ。にもかかわらず、その人物を首相にいただいて日本の戦後が始まったことこそ、「戦後」という時代の不幸な本質を示すものといえる。

中国における排日運動は日中戦争にはるかに先立つ時期から始っていた。一九〇九年一月『ロンドン・タイムズ』は次のような社説を掲げている。

「満洲問題に対する中国の狙いは、これまでもそうであり今回も同様なのだが、日本と他の列強諸国との間に対立を生じさせることにあるのは殆ど疑いの余地はない。（満鉄と競合する条約違反の）法庫門鉄道の契約権をイギリスに与えようとしているのは、中国が明らかにイギリスと日本の関係を悪化させることを意図した上でのことだ。……イギリスはこのような見え透いた策略に乗ってはならない」

いわゆる「対華二十一ヶ条要求」（一九一五年）と呼ばれる問題の本質はここにあった。にも拘らず、この問題があれほど重大視されたのは、主として『田中上奏文』なるブラック・プロパガンダと同様に、中国側の宣伝政策の賜物であった。にも拘らず日本外務省は不可欠な対抗宣伝の努力を怠って、「五四運動」の反日・排日世論の高まりを前にただ狼狽し、反日世論の一方的宥和を本質とした「幣原外交」がスタートすることとなった。一九二二年ワシントン会議において幣原は、日本の有する山東半島や満洲における重要利権の放棄を宣言し次のような演説を行った。

「日本は、条理と公正と名誉とに抵触せざる限り、出来得る限りの譲歩を中国に与えた。日本はその提供した犠牲が国際的な友好と善意の大義に照して決して無駄にはなるまい、という考えの下にむしろ喜ばしい気持になっている。これは日本人の中国への偉大な善意として、中国人は百年後もこぞって評価するであろう」

しかしその数年後の一九二八年五月、中国政府は「国民教育会議」において、幼稚園から大学まで「どこの国が中国の最大の敵であるか国民に印象づけるために学校は全《あら》ゆる機会を利用せよ」、そして「中国の最大の敵を打倒できる方法を教師は生徒と共に学習せよ」と決議していたのである。実際、それ以前においてすら、中国の幼稚園の本には次のような言葉が載っていた。

「日本は敵国だ！　日本は中国から澎湖諸島と台湾を奪い、遼東半島を奪った。日本は侵略国だ。国民政府は、日本の侵略を阻止しこれらの領土を取り返すことを目的とする政府だ」(カワカミ前掲書)。中国が日本への攻撃を強めようとするとき、反日教育の強化から始められる。そして幣原の譲歩を、「善意」ではなく「日本の弱さ」の表れとのみ受け取るのは、全てを政治的に見る中華文明の本能であった。

評価すべきは吉田外交なり

前述したように一九二七年三月、蔣介石の率いる国民党の北伐軍が南京事件を引き起こした時、揚子江上の英米海軍は共同して北伐軍を砲撃し国際法に則って日本にも共同出兵を求めてきた。しかし幣原は、国際協調よりも「日支友好」を選択して英米と共同行動をとることを拒み、中国の排外ナショナリズム抑制の絶好の機会を自ら破壊した。ここで思い出すべきは、天安門事件（一九八九年）に際し、世界各国が行った対中制裁行動から日本だけが「日中友好」を謳って離脱し、中国民主化の歴史的な機会を破壊した最近の事例である。戦後、「幣原外交」

への歴史的批判を欠いてきたがために、日本は再び世界史的失策を犯したと言っても過言ではないだろう。

南京事件での日本の行動を「抜け駆け」と見た英米は、それ以降幣原以上の対中宥和政策へと転換し、北伐軍を日本の利権が集中する華北そして満洲へと進撃を続けるよう助長し始めた。「済南事件」や「張作霖爆殺事件」は、幣原外交によってまさに起るべくして起ったと言わなければならない。そして一九三一年夏、いよいよ満洲をめぐって緊張が高まり、関東軍の独断行動すら噂にのぼっていたとき、中国（広東政府）の外交部長・陳友仁が訪日し幣原外相に対し一つの提案をした。それは、張学良を満洲から排除し満洲を日本が任命する政権の下において統治させ、中国は間接的な宗主権のみを保持する、というものであった（『日本外交年表並主要文書（下）』一七二―一八〇頁）。たとえ中国の一地方政権との間ではあっても、もしこの「満洲特殊地帯化案」に日中合意の成立を宣言していれば、満洲事変に際しても日本の立場の国際的正当性に大きな支えとなり、それはひとり満洲のみならず、日本の運命をも全く違ったものとしていただろう。

ところが幣原は日本が満洲に求めるのは政治的権益ではなく、日本人が平和裡に商工業の経済活動に参加できることだけだ、として一蹴してしまった。たとえ故意にではなくとも、この幣原の行為が満洲事変とその後の日本の国際的正当性を予め奪い孤立への道を用意したことは疑問の余地がない。これは全く外交などと言えたものではなく、結果責任において「松岡外交」と変わらない重大な過失であった。

戦後日本は「松岡外交」を断罪し「幣原外交」を称揚するところから出発したが、このことが二十一世紀に至って日本外交が完全な自縄自縛に陥り今日の危機を招いていると言ってよいだろう。

この「松岡外交」と「幣原外交」の両極端を排したところに、真の外交というものが存していることに今こそ気づかねばならない。明治以来の日本外交の正統な伝統もそこにあった。たとえば、満洲事変に先立つ時期、奉天総領事そして外務次官として日本の合法的利権の保持のためには、列国との協調の中で国際法に則り断固として正面から（謀略ではなく）軍事力の行使を唱えた吉田茂は、その一例であった。少くとも吉田は上記の①〜③全ての要諦を踏まえていた。

実際、吉田はつねに国際法の原則に則って正面からの武力行使をくり返し進言している。一九二五年十一月いわゆる「郭松齢事件」が起り張作霖が窮地に陥り日本の満洲権益が脅かされた時、奉天総領事であった吉田は、「満洲における帝国の特殊の地位に鑑み我勢力圏内においては軍閥の私闘を許さざるの儀を鮮明にするを機宜の処置と思考す」と上申し「幣原外交」を正面から批判している。実際当時の大陸の情況においては、このアプローチしか平和と権益擁護の方策はあり得なかった。それゆえ、満洲事変勃発の前日においても、奉天総領事館では吉田の路線を受け継ぐ日本の外交官達が、懸案解決のため関東軍に出動を要請して、正面からの軍事力行使を行い奉天城の保障占領を求めるべし、と衆議一決していたのである（森島守人『陰謀・暗殺・軍刀』）。

のちの『リットン調査団報告書』を見ればわかる通り、このアプローチで日本の権益擁護と日本主導下での満洲の特殊地帯化に動いていたら、上記①から③の全てを満たし、かつ国際協調と満洲の平和は十分に保ち得たはずである。それを阻み日本の進路を狂わせたのは、「松岡外交」であると共に「幣原外交」であった。そして重要なことは、この両極に振れて日本を揺り動かしたもの、その最大の要因が中国における「排日」という変わらぬ文明史の構図であり、同時に感情を排し力の本質を見据えた「外交」という営みを正面から受容しようとしない近代日本の、これまた変わらぬ宿痾であったといえるかもしれない。

いずれにせよ、こうした歴史観の再構築なしには、今日の日本外交の再生もあり得ないことに、今こそ深く思いを馳せるべき時なのである。

〈読書案内〉
本文の中では十分に書き切れなかったが、「幣原外交」に対する批判は今日でも一種のタブーであり、このことは「保守派」といわれる陣営の中においても未だに残っているきらいがある。それは幣原外交のイメージが「大正デモクラシー賛美」と深く結びついているからだと考えられる。それゆえ幣原外交について客観的に書かれた本は未だに殆どない状態が続いている。また、同時期の中国における排日運動の実態について詳しく書かれた本も、戦前に出されたものは数多くあるが、戦後は、本文で述べた理由から、殆ど書かれなくなっている。それゆえ一番よいのは当時の新聞や第一次史料に目を通すことなのだが、一般的には本文でも触れたアメリカ人の手になる刊行本や近年翻刻された重光葵の報告書が入手しやすく勧められる。

①ジョン・マクマリー『平和はいかに失われたか』(原書房)
②ラルフ・タウンゼント『暗黒大陸 中国の真実』(芙蓉書房出版)
③K・カール・カワカミ『シナ大陸の真相——一九三一—一九三八』(展転社)
④服部龍二編著『満州事変と重光駐華公使報告書——外務省記録「支那ノ対外政策関係雑纂『革命外交』に寄せて」』(日本図書センター)

日中関係年表

孫国鳳　作成

（注）数字は月を表す。◆印は日中の評価

西暦	日本	中国	関連重要事項
1894	6 閣議、清国の朝鮮出兵に対して朝鮮への出兵を決定。参謀本部内に大本営設置。伊藤博文首相、閣議に日清共同の朝鮮内政改革を提議。日本軍、仁川に上陸　7 勝海舟、朝鮮出兵反対の上申書を起草　8 清国に宣戦布告。小村寿太郎代理公使ら北京引き揚げ、上海総領事館引き揚げ。日清開戦に伴い、新聞記事の事前検閲令公布。各地で義勇軍結成の動きが生じる　9 大本営、広島に設置。日本軍、平壌占領　10 日本軍、遼東半島に上陸　11 伊藤博文内閣、自由党との提携趣意書を発表。日本軍、金州城、大連港、旅順口占領。陸奥宗光外相、米公使の日清仲裁に拒絶を回答　12 日本軍、旅順口に行政庁設置。徳富蘇峰『日本膨脹論』	6 李鴻章、九百名の朝鮮派兵を指令。英公使に日本の朝鮮出兵阻止を要請。露公使に朝鮮問題で日清間の調停を要請。清国兵六千名、朝鮮へ出発　8 駐日公使館閉鎖　11 恭親王、英米独仏露各公使に朝鮮の独立、賠償支払いを条件に日清戦争の休戦調停を要請。孫文、ハワイで興中会を組織	6 朝鮮駐日公使、日本軍の撤退を要求。袁世凱、日本駐朝臨時代理公使に朝鮮政府から清国への出兵要請につき通報。李鴻章、天津領事に日本兵は仁川より先に進まぬよう要請。陸奥宗光外相、日本は朝鮮が清国の属邦であると認めないと清国に通知。小村寿太郎臨時代理公使、清国政府に朝鮮出兵を通告。大鳥圭介公使、袁世凱と日清共同撤兵について協議。陸奥外相、汪鳳藻公使に東学道徒の共同討伐と日清共同の朝鮮内政改革を提議。清国、拒絶。陸奥外相、汪公使に朝鮮からの撤兵は不可能と通告。駐朝鮮英米仏露各公使、朝鮮政府の依頼により、日清公使に両国の同時撤兵を勧告。清国、日本の撤兵以前は交渉に応じないと小村代理公使に通告。小村代理公使、今後の事態は清国の責任と通告　8 日清戦争（甲午戦争）勃発　11

			旅順口虐殺事件起こる 12 米、清国政府に日本へ講和のための使節派遣を勧告
1895	1 大本営、政府連合御前会議、講和条件決定。伊藤首相および陸奥外相、講和交渉の日本全権に任ぜられる 3 日本軍、台湾へ向け佐世保出航 4『東京経済雑誌』日清講和条約を非難し発行停止となる 5 閣議、遼東半島の全面放棄を決定し、三国政府にその旨通告。遼東半島還付で「臥薪嘗胆」の語流行 **◆日清戦争について「日清戦争の結果、日本は国際的地位が向上し、大陸進出の足場を築いた」（学研学習事典データベース）**	1 清国軍、海城に第一回逆襲 2 英極東艦隊司令長官、再度、丁汝昌提督に降伏を勧告。丁汝昌自殺。西太后、李鴻章を全権大臣とすることに決定 3 清国政府、英独仏露に対し日清講和への干渉を要望 5 康有為、条約拒否を光緒帝に上書（公車上書） **◆日清戦争（甲午戦争）について「甲午中日戦争は西側列強の支持の下、日本が朝鮮を征服し、中国に侵略しようとする侵略戦争である。中国の失敗で終わった」（中国高校教科書）**	1 英極東艦隊司令長官、丁汝昌提督に降伏を勧告 2 英公使、日本が大陸土地割譲を求めるのは不得策と陸奥外相に語る。露公使、日清間の調停を申し入れ。伊藤博文首相、陸奥宗光外相の日本全権、広島で清国使節と会見。清国使節の権限に疑問ありとして談判を拒絶 3 独公使、日本の土地割譲要求は列国の干渉惹起の恐れありと勧告。講和会議の開催場所を下関と決定 4 日清講和条約（中日下関条約）調印。三国干渉 6 日本軍、台北占領
1896	3 進歩党結成（大隈重信）。清国沙市（現湖北省荆州）、厦門、蘇州、杭州に領事館設置 8 第二次伊藤内閣総辞職 9 松隈（松方正義、大隈重信）内閣成立		7 日清通商航海条約

1897	6 遼寧牛荘（現遼寧省海城市牛荘鎮）に領事館を設置　11 日本、独軍艦の膠州湾占領につき、李鴻章に妥協を働きかける		3 蘇州日本租界協議書　5 杭州日本租界協議書
1898	1 第三次伊藤内閣成立　4 日本、清国に福建を他国に割譲しない旨を声明するよう強要　6 自由党・進歩党合同して憲政党結成。伊藤内閣総辞職、初の政党内閣大隈重信内閣成立　11 大隈内閣総辞職、第二次山県有朋内閣成立。山県は憲政党と「肝胆相照」と結盟	4 清国、日本に福建を他国に割譲しないと声明するとの返書を送る。八国連合軍に抵抗する義和団の乱（義和団運動）起こる　9 梁啓超、政変を逃れて日本公使館に避難　10 清国政府、駐日大使に李盛鐸を任命	4 義和団の乱（義和団運動）　7 漢口日本租界協議書　8 沙市日本租界協議書および付属協議書
1899	3 山県内閣と憲政党に亀裂		4 福州日本租界協議書およびその付帯文書
1900	7 閣議、軍隊（前後合計約二万五千人）を清国に派遣決定　8 日本政府、陸戦隊に厦門からの引き揚げを命令。日本軍艦和泉の陸戦隊は厦門に上陸　9 立憲政友会組織（総裁は伊藤博文）　10 第二次山県内閣辞職。第四次伊藤内閣組閣	6 清国政府、義和団と協同して八国連合軍に宣戦布告　8 梁啓超、伊藤博文訪問	8 連合軍、北京占領
1901	4 南京に領事館分館を設置　12 元老会議で日英同盟修正案可決 ◆義和団の乱について	3 清国公使、満州還付に関するロシアの要求につき、日本政府の調停を依頼 ◆義和団の乱について	9 北京議定書（辛丑条約）。重慶日本租界協議書

	1902	1903	1904	1905
「日清戦争以来の中国分割の趨勢に対する歯止めとなった。列強は中国に対する圧力に手心を加えるようになり、圧力を加えながら清朝政府を支持する方向に傾斜する」（坂野正高『近代中国政治外交史』）		10 対露交渉開始　11 幸徳秋水・堺利彦ら平民社結成	2 対露宣戦布告	1 日本軍、旅順占領　4 長沙に領事館設置　7 桂・タフト覚書　9 日比谷焼討事件　11 遼陽に関東総督府開設 ◆日露戦争について 「植民地獲得の競争である」（中学校教科書／日本文教出版）
義和団運動は反帝国主義の愛国運動である（中国高校教科書） 「義和団運動を人民大衆の『反帝反封建』運動ととらえ、愛国主義、民族主義を鼓吹するのは誤っている」という袁偉時教授（中山大学）が批判され、同教授の論文を掲載した『氷点週刊』は停刊となった。（二〇〇六年一月）			2 清国政府、日露戦争勃発に際し、中立宣言	12 清国政府、ロシアが持っていた遼東半島の租借権を日本に転譲することに同意。中国東三省の開放都市と開放港を増加し、安東—奉天間の軍用鉄道の日本経営を認める ◆日露戦争について 「中国東北と朝鮮を侵略占領し、アジアおよび太平洋地域における覇権を争い、中国東北で行われた日本と
	1 第一次日英同盟	1 日中通商行船条約の延長　4 天津日本租界拡張協議書	2 日露戦争勃発　8 第一次日韓協約	3 日露両軍奉天大会戦でロシア軍敗退　5 日露対馬沖で海戦、ロシア艦隊壊滅　8 第二次日英同盟　11 第二次日韓協約　12 日清東三省に関する条約

		帝政ロシアとの間の帝国主義戦争である」（国務院新聞弁公室／中国網）	
1906	1 第一次桂太郎内閣総辞職、西園寺公望内閣成立 5〜11 安東、奉天、広東に領事館、新民府、長春に分館設置 11 南満州鉄道株式会社設立		3 米英、満州の門戸開放を要請 12 日清間、日本の営口返還協議書
1907	3〜11 ハルピン、吉林、南京、汕頭、長春に領事館設置	6 清国政府、一九〇五年日清東三省に関する条約に基づき、鳳凰城、遼陽等七都市開放の旨を日本に通知	2 日清間、漢口の日本租界拡張協議書 4 日清間、新民—奉天間と吉林—長春間の鉄道に関する協議書に調印 5 日清間、大連海関設立協議書 7 第三次日韓協約
1908	3 日本武器密輸船第二辰丸がマカオ沿海で清国軍艦に拘留されたことに対し、清国政府にメモランダムを交付 7 第一次西園寺内閣総辞職、第二次桂内閣成立 9 遼陽（現遼寧省遼陽市）、鉄嶺（現遼寧省鉄嶺市）に領事館設置	3 日貨排斥運動起こる	3 香港で日貨排斥運動始まる
1909	7 閣議で韓国併合の方針決定 11 吉林省龍井に間島総領事館設置	9 清国政府、吉林省龍井等の開放決定	8 韓国併合 9 日清間、東三省に関する五つの問題について協定
1910	5 大逆事件	6 日本商人との紛糾事件（杭州）で清国政府、白銀一万両賠償	2 日清間、郵政関係協議書 4 日清間、鴨緑江鉄道架設に関する協議 7 第二次日露協約

1911	8 第二次桂内閣総辞職、第二次西園寺内閣成立	10 武昌蜂起、辛亥革命	2 日米新通商航海条約 7 第三次日英同盟 10 日本は清国政府に「辛亥革命討伐」に必要な武器弾薬を提供する用意がある旨通告
1912	7 明治天皇崩御、大正天皇践祚 12 第二次西園寺内閣総辞職、第三次桂内閣成立	1 中華民国成立、孫文臨時大総統に就任 2 宣統帝退位、清朝滅亡 3 孫文辞任、袁世凱臨時大総統に就任 8 宋教仁等、同盟会を国民党に改組	
1913	2 桂新党立憲同志会組織宣言 2 大正政変、第一次山本権兵衛内閣成立 10 中華民国承認 12 立憲同志会成立	3 宋教仁暗殺される 7 第二革命勃発 10 袁世凱、正式に大総統に就任	5 カリフォルニア州排日土地法成立 9 南京で日本人殺害事件起こる 10 日、露、英、仏など十三カ国、中華民国承認。日中、満蒙鉄道敷設問題で公文交換
1914	1 シーメンス事件 3 第一次山本内閣総辞職 4 第二次大隈内閣成立	1 袁世凱、国会解散 7 孫文、中華革命党を組織 8 民国政府、第一次世界大戦に際し中立を宣言	7 第一次世界大戦 8 日本、対独宣戦布告 9 日本軍、山東省上陸 11 日本軍、青島占領
1915	1 対華二十一カ条要求 7 中国の九江、済南に領事館設置	5 民国政府、対華二十一カ条受諾 9 新文化運動 12 国民代表大会、袁世凱を皇帝に推戴	8 日中、青島中国海関設置
1916	10 第二次大隈内閣総辞職、寺内正毅内閣成立	3 袁世凱、帝制取消を宣言 6 袁世凱死去、黎元洪大総統となる 8 国会再開	7 第四次日露協約
	2〜3 中国の赤峰、通化に領事館	7 張勳復辟失敗。孫文、護憲運動	1 西原借款成立 11 石井・ランシ

1917	設置　7 西原借款で段祺瑞支援政策決定	を開始　8 段祺瑞政府、ドイツに宣戦布告　9 孫文、広東に軍政府を組織　11 民国政府、日米に石井・ランシング協定の拘束を受けないと通告	ング協定
1918	1 吉林―長春間の「満鉄」管理を開始　6～8 中国の鄭家屯、成都に領事館設置　8 シベリア出兵。米騒動起きる。日本駐華公使は段政府に満州里方面への共同出兵提議　9 寺内内閣総辞職、原敬内閣成立	4 毛沢東、新民学会創立　5 北京で日華軍事協定反対・段政府打倒の学生デモ起こる	5 日本と段政府、日華軍事協定　11 第一次世界大戦終結
1919	2 各地で普通選挙期成同盟活動　9 中国の湖北省宜昌に領事館設置	5 五四運動（二十一カ条反対）。李大釗「私のマルクス主義観」発表　6 中国代表、ヴェルサイユ条約調印拒否　7 毛沢東『湘江評論』を創刊、「民衆の大連合」を連載開始　10 中華革命党、中国国民党へ改組・改称	1 パリ講和会議　3 朝鮮で独立万歳事件。コミンテルン結成　4 パリ講和会議で山東省におけるドイツ利権を日本が継承することを承認　6 ヴェルサイユ条約調印　7 カラハン宣言　8 ワイマール憲法
1920	2 東京で普選デモ　3 尼港（ニコライエフスク）事件	3 ヴォイチンスキーらコミンテルン代表団来華　8 中国社会主義青年団上海で結成	1 国際連盟発足　7 コミンテルン第二回大会
1921	5 閣議、山東鉄道沿線の軍隊徹退を決定　11 原首相刺殺される	1 湖南・四川、自治宣言　5 孫文の第二次広東政府成立　6 コミンテルン代表マーリン、中国へ派遣される　7 中国共産党創立　12 魯迅	3 ソ連、新経済政策開始　11 ワシントン会議　12 四カ国条約。日英同盟廃棄

		『阿Q正伝』。孫文、桂林でマーリンと会談	
1922	1〜6 中国の蕪湖、張家口、満州里に領事館設置　2 山県有朋没　6 高橋是清内閣総辞職、加藤友三郎内閣成立　7 陸軍山梨軍縮発表　12 青島に総領事館設置	1 香港海員ストライキ　4〜6 第一次奉直戦争　5 第一回全国労働大会　張作霖、東三省自治宣言　7 中共二全大会　8 海豊・陸豊に初の農民組織結成される	2 中国に関する九カ国条約。海軍軍縮条約
1923	4 石井・ランシング協定廃棄　8 加藤内閣総辞職　9 第二次山本内閣成立　12 虎の門事件。第二次山本内閣総辞職	1 孫文・ヨッフェ共同声明　2 京漢鉄道ストライキ。第三次広東政府成立　3 中国駐日代理公使、日本外相に二十一カ条の廃棄を申し入れるが、日本が拒絶。中国各地で旅順、大連を取り返せと要求するデモが起こる　6 中共三全大会、国共合作決定　10 コミンテルン代表ボロディン、国民党顧問に就任	6 中国長沙で日本水兵がデモを行っている港湾労働者を射殺する事件が起こる
1924	1 清浦奎吾内閣成立　6 清浦内閣総辞職、第一次加藤高明内閣成立	1 国民党一全大会、第一次国共合作成立　4 孫文、国民政府建国大綱発布　6 黄埔軍官学校設立　8 孫文、三民主義講演　9 国民党、北伐へ出発。第二次奉直戦争　10 広州で商団事件　11 孫文、国民会議を提唱	7 アメリカ排日移民法実施
1925	5 普通選挙法公布、治安維持法施行　7 第一次加藤内閣総辞職　8	3 孫文、「革命未だ成らず」の言葉を残して死去　5 中華全国総工会	1 日ソ基本条約締結

	第二次加藤内閣発足	結成。五・三〇事件　7　広州で中華民国国民政府成立、汪精衛が政府主席　8　廖仲愷、暗殺される　11　国民党右派、北京郊外西山に会す	
1926	1　加藤高明死去、内閣総辞職。第一次若槻礼次郎内閣成立　3　日本の駆逐艦四隻が奉天軍に呼応し天津に進撃　12　大正天皇崩御	1　国民党二全大会　3　中山艦事件　7　蔣介石、国民革命軍総司令に就任。北伐革命戦争開始	6　朝鮮において反日デモ
1927	3　昭和金融恐慌始まる　4　第一次若槻内閣総辞職、田中義一内閣成立。田中首相「中国の共産党の活動をほうっておくわけにはいかぬ」と、蔣介石に道義的支援を送る　5　第一次山東出兵　6　日本政府、東方会議開催　10　蔣介石、日本訪問	3　国民党三中全会、武漢政府と蔣介石の関係悪化　4　蔣介石反共クーデター（上海）。蔣介石、南京国民政府樹立　7　国共分裂　8　中共、南昌蜂起　9　秋収暴動　9～10　毛沢東ら、井岡山に革命根拠地建設　11　海陸豊ソヴィエト成立　12　広東コミューン成立	3　日、米、英、仏、伊列強の軍艦が南京を砲撃。南京事件が起こる　5　日英米軍縮会議開催　6　ジュネーブ軍縮会議
1928	2　初の普通選挙実施　3　三・一五事件　4　日本軍、山東出兵　7　特別高等警察（特高）全県へ設置	5　済南事件　6　国民革命軍、張作霖を追放、北伐完了。北平を北京に改称。張作霖、関東軍により爆殺される　6～7　モスクワで中共六全大会　12　張学良、東北易幟を宣言。国民政府、中国統一	8　パリ不戦条約
1929	4　共産党員全国的に大検挙　6　中国国民政府承認　7　田中義一内閣	7　国民政府、ソ連と国交断絶	10　世界大恐慌

	日本	中国	国際
（前年より）	総辞職、浜口雄幸内閣成立		
1930		5 中共、紅軍会議召集 7 長沙コミューン成立 12 中共内に富田事件起こり、大量の党員が粛清される。蔣介石、討共戦開始	1 ロンドン海軍軍縮会議 5 日中関税協定
1931	2 中国の鄭州に領事館設置 4 浜口内閣総辞職、第二次若槻内閣成立 12 第二次若槻内閣総辞職、犬養毅内閣成立	1 中共四中全会 4 国民政府、第二次討共戦 9 九・一八事変（満州事変）勃発 11 第一回ソヴィエト大会、瑞金に中華ソヴィエト共和国臨時政府成立 12 蔣介石下野	7 万宝山事件 9 満州事変
1932	1 桜田門事件 2 リットン調査団来日 3「満州国」建国 5 五・一五事件 9 満州国承認に踏み切る	12 国民政府、ソ連と国交回復	1 上海事変 3 米、英、仏、伊等の関与で日中、上海で停戦談判開始 4 リットン調査団の満州派遣 5 日中間、上海停戦協定
1933	2 関東軍、熱河に侵入 3 国際連盟脱退	10 国民政府第五次討共戦開始 11 抗日反蔣の福建人民政府成立	5 塘沽停戦条約 12 日本軍艦蔣介石軍と共同して抗日人民政府を鎮圧
1934	4 外務省、「東亜新秩序の維持は日本の単独権力であり、他国は干渉すべきでない」と声明	3 満州国成立、帝政を開始 4 共産党、「全国民衆に告ぐ書」。反日統一戦線の結成を呼びかける 10 中共、紅軍長征開始。蔣介石の対日政策を示す論文「敵か友か」発表	5 国民政府と日本が満州国通車協議
1935	6 華北駐屯軍司令官梅津美治郎、中国国民政府軍事委員会北平分会会長何応欽に正式覚書を提出し、三日	1 中共遵義会議、毛沢東の党内指導権が確立 2 蔣汪連名で、反日活動厳禁を訓令 6 何応欽、梅津	1 国民政府、満州国との通郵実施 7 何梅協定により中国は河北とチャハルにおける主権の大部分を失い、

	を限って回答要求　9　河北五省自治計画を発表	に返書、日本側条件全部を受入れ表明　8　中共、八・一宣言、抗日統一戦線の結成を呼びかける　12　抗日救国運動起こる。中共中央政治局会議開催、毛沢東、党中央軍事委員会主席となる	抗日活動禁止へ
1936	1　広田弘毅外相、対華三原則発表　2　二・二六事件　3　広田弘毅内閣成立　12　関東軍、南京国民政府に反共防共政策を実行するよう要求	1　全国各界救国連合会成立（上海）　8　張学良、周恩来と会談、紅軍と東北軍、停戦協定締結　10　蔣介石、第六次討共戦発動　11　国民政府、全国各界救国連合会幹部を逮捕、いわゆる「抗日七君子事件」　12　西安事件、蔣介石軟禁される	5　日本と偽冀察政務委員会、秘密に華北防共協定締結　11　日独防共協定。綏遠事件
1937	4　閣議、「対華政策」と「華北問題指導方針」を決定　6　第一次近衛文麿内閣成立　7　日本軍北平占領　8　日本軍、上海への攻撃を開始。政府、中国南京政府を厳重に懲らしめる声明　9　日本海軍、全中国の沿海封鎖宣言　11　日本軍、上海占領	1　共産党中央、延安に移る　7　共産党、日本との徹底抗戦を全国に呼びかける。廬山国共会議、対日作戦決定　7〜8　毛沢東、「実践論」「矛盾論」発表　8　紅軍を第八路軍に改変（総司令は朱徳）。対日抗戦総動員令、中国共産党中央、抗日救国十大綱領発布　9　蔣介石、共産党の合法的地位と国共合作を承認　11　国民政府、重慶へ移る　12　日本軍の傀儡として、「中華民国臨時政府」が北平に成立	7　盧溝橋事件、日中戦争始まる　8　八・一三事件　9　日本軍南京爆撃　11　日独伊防共協定成立　12　日本軍、南京を占領。いわゆる「南京大虐殺」が引き起こされる

◆「南京大虐殺」について
①日本側は、言論、学問の自由が保障されているために、「南京大虐殺」については、様々な意見や見方、調査研究がある。東京裁判では「十万人余り」とされたが、「二十万人以上」の記載の教科書もある。本書にも登場する秦郁彦氏らの研究を参照すれば、多くて「数万人」といえようか。「南京大虐殺」自体が架空の事件だという見方も存在している。
②日本政府としては、日本軍の南京入城（一九三七年）後、多くの非戦闘員の殺害や略奪行為等があったことは否定できない。しかしながら、被害者の具体的な人数については諸説あり、政府としてどれが正しい数かを認定することは困難であると考える（外務省HP）

◆「南京大虐殺」について
①中国側は一九三七年のこの事件を「侵華日軍南京大屠殺」と呼称して、日本軍の残虐行為と侵略意図を大々的に強調し、反日教育の最大の拠り所としている。南京には一九八五年に建設され、九五年に拡張された記念館があり、そこには「遭難者三〇〇〇〇〇」と石の壁に刻まれている。中国の教科書は、従来は二十八万の犠牲者としていたが、最近ではどの教科書も三十万もしくは「三十万人以上」に増加している。なお、台湾の国民党系の教科書も、この点では中国の主張と一致している。
②「南京大虐殺事件は、侵華日軍〈旧日本軍〉による最も悲惨で、最も突出し、最も代表的な残虐行為であり、人類の現代文明史上最大の暗黒の一ページだった」。南京大虐殺の犠牲者は三〇万人である。（二〇〇五年「南京大虐殺六十八周年追悼集会」における任彦申江蘇省共産党委員会副書記の挨拶／駐日中国大使館HP）

		③「一九三七年十二月、日本軍は南京を攻め落とした。国民政府は重慶に移し、重慶は戦時の第二の首都になった。日本軍は南京で痛ましくて比べるもののない大虐殺を行い、被害者は三十万人余りが殺害された」（中国高校教科書、『中国近代現代史』下）	
1938	1 近衛首相、「国民政府を相手にせず」の声明発表（第一次声明） 6 五相会議、「中国問題解決指導方針」決定 10 日本軍、広東、武漢を占領 11 日本軍、深圳占領。近衛首相、「東亜新秩序建設」声明（第二次声明） 12 第三次近衛声明	5 毛沢東「持久戦論」 12 汪精衛が重慶を脱出し、ハノイで抗戦の停止を主張	3 日本軍の傀儡として、「中華民国維新政府」が南京に成立 7 張鼓峰事件
1939	1 第一次近衛内閣総辞職、平沼騏一郎内閣成立 2 日本軍、海南島上陸 6 政府、中国新中央政府を成立させる方針会議決定、同時に蔣介石の投降誘う 8 平沼内閣総辞職、阿部信行内閣成立 9 大本営支那派遣軍総司令部設置	4 共産党、抗戦時期施政綱領 5 汪精衛、日本に到着 6 国民党「異党活動制限弁法」 12 蔣介石、陝甘寧辺区を包囲	5 ノモンハン事件 8 第二次ノモンハン事件 9 第二次世界大戦勃発
1940	1 阿部内閣総辞職、米内光政内閣成立 6 新体制運動推進声明 7 米内内閣総辞職、第二次近衛内閣成立	1 毛沢東「新民主主義論」 3 汪精衛政府、南京に樹立 8 八路軍、百団大戦を開始	9 日独伊三国同盟成立 11 汪精衛の政府、日本との間に日華基本条約を結ぶ

	立。大東亜共栄圏構想を発表		
1941	9 日本軍、満州に七十万が集結　第二次近衛内閣総辞職、第三次近衛内閣成立　9 御前会議、「帝国国策遂行要領」決定　10 第三次近衛内閣総辞職、東条英機内閣成立　12 日本軍、香港占領	1 皖南事件　6 汪精衛訪日	4 日ソ中立条約　12 真珠湾を攻撃、対米英開戦。太平洋戦争勃発
1942	2 日本軍、シンガポール占領　3 ラングーン、ジャワ占領　4 翼賛選挙　5 日本、三光作戦実行　6 ミッドウェー海戦で制海権を失う　10 ガダルカナル島で日米陸軍の死闘続く　11 大東亜省設置	1 蔣介石、連合軍中国戦区最高司令に就任　2 延安整風運動開始。共産党、抗日根拠地の土地政策に関する決定を公布　5 毛沢東「延安文芸座談会における講話」　12 汪精衛訪日	6 米中武器供与協定
1943	4 山本五十六連合艦隊司令長官、ソロモン諸島で戦死　5 御前会議、ビルマ、フィリピンの独立を決定　11 大東亜会議開催　12 第一回学徒出陣	3 蔣介石『中国の運命』　9 蔣介石、国民政府主席に就任	5 コミンテルン解散　12 カイロ宣言
1944	7 東条内閣総辞職、小磯国昭・米内光政連立内閣成立　8 最高戦争指導会議を設置　10 神風特別攻撃隊編成　11 最高戦争指導会議「重慶に対する政治工作展開に関する件」を決定。蔣介石の投降勧誘を強化	6 重慶で国共会談再開　11 汪精衛日本で死亡	2 クェゼリン島、ルオット島の日本守備隊全滅　3 インパール作戦実施　6 マリアナ沖海戦で日本軍は空母の大半を喪失　7 米軍事視察団延安着。インパール作戦失敗、サイパン島玉砕　8 グアム島、日本守備隊玉砕　10 米軍、レイテ島

			に上陸
1945	1 最高戦争指導会議、本土決戦体制構築決定　3 硫黄島の日本守備隊玉砕　4 米軍、沖縄上陸。小磯内閣総辞職、鈴木貫太郎内閣成立　4 最高戦争指導会議、本土決戦断行決定　5 東京大空襲　6 沖縄陥落　8 広島に次いで長崎に原子爆弾投下。天皇終戦の詔勅放送、鈴木内閣総辞職、東久邇宮稔彦内閣成立　9 GHQ、日本陸海軍の解体を命じる　10 幣原喜重郎内閣成立。マッカーサー、憲法改正示唆（五大改革指令）　12 近衛前首相自殺。GHQ、国家と神道分離指令	1 重慶の国共交渉失敗　4 毛沢東、政治報告「連合政府論」　8 毛・蔣重慶交渉開始　10 双十協定。蔣介石軍台湾に進駐　11 全国十一省で国共衝突	2 米英ソ首脳ヤルタ会談、ヤルタ協定　7 ポツダム宣言　8 ソ連軍、日本に宣戦布告、満州へ進軍。日本の降伏により、「満州国」消滅。連合国軍総司令部（GHQ）設置　9 米軍戦艦ミズーリ艦上で降伏文書調印。在華日本軍、降伏文書に署名。第二次世界大戦終結　10 国連憲章発効、国際連合成立
1946	2 第一次農地改革実施。公職追放指令公布　3 労働組合法施行　4 新選挙法による総選挙。幣原内閣総辞職　5 第一次吉田茂内閣成立　10 教育勅語奉読廃止　11 日本国憲法公布	1 国共停戦。政治協商会議、「五大決議」採択　3 国民党六期二中全会　5 中共、土地改革に関し、五・四指示。国民政府、重慶から南京に遷都　7 全面内戦開始。中共軍による米兵襲撃事件　8 毛沢東、「原爆は張り子の虎」と語る。蔣介石「全国同胞に告げる書」	3 チャーチル、「鉄のカーテン」演説　5 極東国際軍事裁判開廷　6 米国対華軍事援助法案　7〜10 パリ講和会議
1947	1 内閣法、皇室典範、皇室経済法公布　2 参議院議員選挙法公布	1 中華民国憲法公布　2 台湾、二・二八事件　3 中共中央、延安	3 トルーマン・ドクトリン　6 マーシャル・プラン　9 コミンフォル

	3 GHQ指令による教育基本法、学校教育法公布 4 知事・市町村長初の公選。労働基準法、独占禁止法、裁判所法、地方自治法等公布。第一回参院議員選行われる。その後第二十三回衆議院総選挙で社会党、第一党に躍進 5 新憲法施行。第一次吉田内閣総辞職、三党連立片山哲内閣成立 10 米キーナン首席検事、天皇と実業界に戦争責任なしと発言。国家公務員法公布	から陝甘寧辺区へ移動 5 国民政府、社会秩序維持臨時法公布 9 中国人民解放軍、総反攻を宣言 10 中共中央、中国土地法大綱 11 民主同盟、国民政府の弾圧により解散	ム結成
1948	1 帝銀事件 2 片山内閣総辞職 3 芦田均内閣成立。民主自由党成立 4 新制高校発足 7 マッカーサー書簡が発せられ、公務員のスト権禁止政令二〇一号施行 10 芦田内閣総辞職、第二次吉田内閣成立 11 改正国家公務員法公布	3 中共中央、山西省へ移動 9 中共中央政治局会議。三大戦役開始 10 国民党総崩れ 11 劉少奇「国際主義と民族主義」	6 ベルリン封鎖開始 7 中華民国政府、米国と「経済援助に関する協定」 9 朝鮮民主主義人民共和国成立(首相、金日成) 11 極東国際軍事裁判法廷、東条英機らに死刑判決 12 国連総会、世界人権宣言採択
1949	2 第三次吉田内閣成立 3 ドッジ・ライン 4 一ドル＝三六〇円の単一為替レート決定 5 吉田首相、日本独立後も米軍の駐留を望むと言明 7 下山事件、三鷹事件 8 松川事件	1 蒋介石引退、総統代理の地位を李宗仁に譲る。中国、岡村寧次ら二百六十名日本戦犯日本に送還。中国共産党中央、再逮捕と裁判のやり直しをという声明発表。人民解放軍、北平入城 4 国共和平交渉決裂。人民解放軍、全国総進撃。国民政	4 北大西洋条約機構(NATO)成立 8 米国務省『中国白書』発表 9 ソ連、原爆保有を発表 11 ココム設立

		府、広州に遷都　6 毛沢東「人民民主主義独裁について」　7 中共、七・七宣言　9 中国人民政治協商会議開催　10 中華人民共和国成立。国民政府、重慶へ移転　11 アジア・大洋州労働組合会議（北京）。劉少奇、中国革命の道の普遍性を強調。国民政府、成都へ移転　12 国民政府、台湾台北へ退出。毛沢東、モスクワ訪問	
1950	1 マッカーサー「日本には自衛権がある」と声明　6 マッカーサー、日本共産党中央委員の追放を指令　7 マッカーサー、吉田首相に国家警察予備隊の設置等を指令。レッド・パージ始まる　8 特需景気　12 日本通産省令、許可なくして日本の船舶は中国大陸に行ってはならない、もってアメリカの中国封じ込め政策に呼応と言明	1 イギリス、中国承認　6 土地改革法公布　10 人民解放軍、チベットへ進撃。中国人民義勇軍、朝鮮へ出兵　12 周恩来、対日講和問題についての八項目声明発表	1 トルーマン、中国問題不干渉声明　2 中ソ友好同盟相互援助条約　6 朝鮮戦争勃発　9 台湾の国民政府、日本と通商協定締結　10 日中友好協会成立
1951	1 ダレス講和特使来日　3 日本、米国より講和条約草案を受ける　12 吉田首相、ダレス米特使に「中国国民政府と条約締結用意あり、中国共産党政権と双務条約締結の意思はな	2 国連、中国を「侵略者」と決議　8 周恩来、米英が公布した対日講和条約草案ならびにサンフランシスコ会議で単独講和条約を締結した問題について声明　9 周恩来	9 太平洋安全保障条約（ANZUS）。サンフランシスコ平和条約（中国参加排除）。日米安全保障条約　12 国民政府との講和に関する吉田書簡

	い」と表明。第三次吉田内閣改造	「対日講和条約は非合法で無効だ」と批判	
1952	5 三井生命保険、住友銀行等財閥商号復活。日中貿易促進会、東京で設立（議長、平野義太郎） 10 第四次吉田内閣成立	1 三反・五反運動、六月に終結。外交部、吉田書簡反対表明 5 周恩来「日蔣和約に反対」声明。中国国際貿易促進委員会設立 12 在中日本人の帰国援助発表	1 日米政府、同時に吉田首相のダレス宛書簡発表 4 日華平和条約調印 6 第一次日中民間貿易協定 10 アジア太平洋平和会議、北京で開催 11 日本商社、第一次日中民間貿易協定に基づく最初の輸入契約（北京）
1953	1 日本赤十字社・日中友好協会・平和連絡会代表よりなる三団体代表訪中 2 衆院予算委員会で吉田首相「ばかやろう」暴言 5 第五次吉田内閣成立 8 スト規制法成立 10 日本共産党書記長、徳田球一、北京で客死 11 日本自由党結成	1 第一次五カ年計画開始（〜五七年）	7 朝鮮休戦協定 10 第二次日中民間貿易協定
1954	2 政府、国会に教育二法を提出 5 衆参両院で中国紅十字会代表団に対する感謝招請を決議 6 衆院混乱、警官二百名を院内に初導入。警察法改正、防衛庁設置法、自衛隊法公布。自衛隊設立 9 日本国際貿易促進協会発足 11 日本民主党結成 12 吉田内閣総辞職、第一次鳩山一郎内閣成立	6 周恩来・ネルー、平和五原則、中印共同声明 9 第一期全人代第一回会議、中華人民共和国憲法を採択 10 李徳全、廖承志紅十字会代表団訪日（民間代表団初の訪日） 12 周恩来、「日本と正常関係を打ち立てることを願っている。…中国政府は中日関係を正常化させるべく準備している」と表明	10 中ソ両国対日関係共同宣言 11

	1955	1956
	3 第二次鳩山内閣成立 5 砂川闘争 7 外務省、中国残留日本人問題に関する公報 11 自由民主党結成。第三次鳩山内閣成立	12 国連に加盟。鳩山内閣総辞職、石橋湛山内閣成立
	2 胡風批判広がる 4 中国通商代表団訪日。中共中央、高崗・饒漱石の反党同盟に関する決議 7 毛沢東、「農業協同化の問題について」報告、急激な農業集団化を呼びかける 8 外交部、「中国大陸残留日本人の帰国問題」に関する声明。周恩来「中国人民は断固としてサンフランシスコ講和条約に反対し断固として二つの中国的なやり口に反対する。中日関係の正常化に真に努力しようとするならば、すべからく日台条約を廃棄に追い込むべきである」と指摘 12 郭沫若を団長とする中国科学院代表団訪日	1 周恩来、中日両国政府が国交正常化問題で話し合うよう呼びかける 2 外交部、中国政府の中日両国政府が中日関係正常化促進問題で談判を進めるよう建議した件に関する公報発表 4 毛沢東在中拘留日本戦犯処理決定発表、四十五人以外の千百十七名を釈放。『人民日報』、「プロレタリアート独裁の歴史的経験について」論文。毛沢東、「十大関係
	4 日中民間漁業協定 5 第三次日中民間貿易協定。ワルシャワ条約 11 日中文化交流協定 12 日中輸出入組合開業	3 日中文化交流協会成立 4 コミンフォルム解散 5 日中漁業協定の有効期間延長一年決定 10 日本商品展覧会、北京と上海で開催される。第三次日中民間貿易協定の延長および協定事項の実施促進に関する共同コミュニケ

		について」を中央政治局拡大会議で報告　5 中国京劇代表団訪日公演。陸定一、「百花斉放、百家争鳴」演説　6 周恩来、日本国鉄労組代表団に会見　9 毛沢東、日本旧軍人代表団と接見。中共八全大会　11 中国総工会代表団訪日　12『人民日報』、「再びプロレタリアート独裁の歴史的経験について」論文	
1957	2 石橋内閣総辞職、第一次岸信介内閣成立　3 社会党、二つの中国は認めないと決定　4 社会党訪中団、二つの中国を否認　6 日米新時代共同声明。岸首相訪台、蔣介石の反攻大陸を支持と表明　7 政府、中国に対する禁輸政策緩和を表明。日中国交回復国民会議結成（理事長・風見章）	2 毛沢東「人民内部の矛盾を正しく処理する問題について」講話　4 第二次整風運動開始。周恩来、日本社会党代表団と会見　5「百花斉放、百家争鳴」運動大衆化　6 周恩来、岸の中国敵視政策を批判。反右派闘争開始　12 中国紅十字会代表団訪日	2 日英通商協定　4 社会党訪中使節団と中国人民外交学会の共同コミュニケ　7 周恩来の日中関係正常化に関する談話　8 日米安保委員会発足　10 中ソ新軍事協定　12 日ソ通商条約
1958	6 第二次岸内閣成立	5 中共八全大会第二回会議、「社会主義建設の総路線」を採択し、「大躍進」運動始まる　7 中日関係「政治三原則」発表　8 台湾海峡の危機、金門・馬祖島砲撃。中共中央「農村に人民公社を設立する問題に関する決議」、人民公社化運動起こる	1 中国敦煌美術展東京で開催　2 広州で日本商品展覧会開く　3 第四次日中民間貿易協定　5 長崎国旗事件。中国、対日輸出入許可証の発行を停止。武漢の日本商品展出品物の買い上げ停止を通告　9 中国の領海宣言。中国領海宣言に対する

			日本外務省情報文化局長談話　10　中国人民外交学会と日中国交回復国民会議訪中代表団共同声明発表
1959	2　日中関係十一団体、国会に日中関係打開の要望書提出。岸首相、衆議院で日中貿易は政府間協定もありうると言明　3　浅沼稲次郎社会党訪中使節団長、北京で「米帝国主義は日中共同の敵」と演説　10　自民党顧問松村謙三訪中、周恩来・石橋談話公報を支持と表明	3　チベット反乱、ダライ・ラマ、インド亡命　4　毛沢東、国家主席を辞任、劉少奇、国家主席に選出される　8　廬山会議、彭徳懐批判の決議。この年、大自然災害始まる	6　日中国交正常化問題に関する廖承志書簡。ソ連、「中ソ新軍事協定」を一方的に廃棄　8　日中国交正常化問題に関する周恩来書簡。中印国境紛争　9　周恩来と石橋湛山会談、平和共処五原則とバンドン会議十原則に従い、両国関係の改善、両国の友好関係を確認　10　日本共産党・中国共産党共同声明
1960	4　安保改定阻止国会請願デモで全学連と警官隊衝突　5　安保改定阻止請願デモの一部、首相官邸に突入　6　安保改定阻止全国統一運動、六・一五事件。新日米安保条約発効　7　岸内閣総辞職、第一次池田勇人内閣成立　12　第二次池田内閣成立	1　外交部、新日米安保条約を非難　4　周恩来、日米軍事同盟に反対し二つの中国を作る陰謀に反対すると表明　5　中国各地で日本の新日米安保条約阻止闘争に対する支援集会開く　8　周恩来、日本貿易業界に対日貿易三原則を提起、政府間、民間契約、個別配慮の協定締結	1　日米新安保条約・地位協定　4　中共中央『紅旗』編集部「レーニン主義万歳」論文、中ソ論争表面化　7　ソ連、中国から技術者引き揚げ　8　中国人民対外文化協会、日中文化交流協会、日中両国民間文化交流について共同声明。周恩来、日中貿易促進会鈴木一雄専務理事を接見し日中貿易三原則提出
1961	2　日中政府間貿易協定締結要求全国業者大会を東京で開催　4　日中国交回復国民決起大会を東京で挙行	1　毛沢東・周恩来、黒田日中友好協会会長らと会見　2　周恩来、日本経済友好訪中団と会見　7　中国・北朝鮮友好協力相互援助条約調	2　中国労働組合代表団・日本労働組合総評議会、東京で共同声明発表　5　日中友好協会訪中代表団、中国人民対外文化協会と「二つの中国ま

	1962	1963	1964
	5 政府方針、日中貿易促進のため五年以内の延払い輸出を承認	10 周鴻慶事件 12 第三次池田内閣成立	2 松本治一郎ら、日中国交回復促進の国民運動呼びかけ。日本社会党、日中国交回復の基本方針発表 7 政府、第十回原水爆禁止世界大会参加の中国代表団員六人入国拒否 10 中国原爆実験についての官房長
印 12 中国代表権問題重要事項指定に関する中国外交部声明	1 周恩来、第三次日本社会党訪中団と会見 9 中共八期十中全会、毛沢東「絶対に階級と階級闘争を忘れてはならない」	5 毛沢東、階級闘争・生産闘争・科学実験の三大革命運動を提起。農村に社会主義教育運動始まる 6 中共中央「国際共産主義運動の総路線について」 10 中日友好協会設立	4 周恩来、日本関西経済訪中代表団と接見。大慶油田発見 5 毛沢東、文芸面での「修正主義」の危険を指摘 10 初の核爆発実験成功。周恩来、池田首相宛書簡で核兵器全面禁止のための各国首脳会談提起
たは一個半の中国の主張に反対」共同声明 7 日中両国民間文化交流計画議定書 10 日中友好協会代表団・中国人民対外文化協会共同声明 12 国連における中国代表権問題重要事項指定決議	1 社会党訪中団「米帝国主義は日中共同の敵」と共同声明 4 中ソ国境紛争起こる 9 周恩来と松村謙三会談紀要発表 10 中印国境軍事衝突 11 廖承志・高碕達之助、民間貿易の覚書調印。中ソ論争激化 12 日中覚書貿易促進会等日本国際貿易推進委員会、貿易協議書調印	7 中ソ両党会談決裂 10 日本工業展覧会、北京で開幕 11 日中民間漁業協定 12 周鴻慶事件についての外務省情報文化局談話発表	1 フランス、中国承認 4 廖・高碕（L・T）記者派遣について会談 5 蒋総統宛吉田書簡、対中共延払い輸出禁止を約束 9 日中旅行社東京に創立。第三次日中L・T貿易協議事項 10 周恩来、成田知巳社

	官談話　11 池田内閣総辞職、第一次佐藤栄作内閣成立。公明党結成大会。佐藤内閣、中国共産党代表団の日本訪問拒否	11 外交部、日本の中国共産党代表団の入国拒否に抗議	会党訪中使節団長と会談
1965	4 政府、台湾に借款供与　12 日本、国連安保理事会非常任理事国に当選	1 陳毅副首相、自民党議員宇都宮徳馬と接見の際、佐藤内閣は米国に屈従し中国敵視と指摘。「農村社会主義教育運動の二十三ヵ条」公布　2 「吉田書簡」撤回要求の『人民日報』評論　11 姚文元、呉晗の「海瑞罷官」を批判、北京「三家村グループ」批判始まり、文化大革命開幕	4 廖中日友好協会長、日紡ビニロンプラント契約の廃棄を表明　6 日韓条約締結　8 日中友好青年大交流万人大会、北京で挙行。毛沢東は三十二の日本青年代表団と接見　10 日本工業展覧会、北京で開催　12 日中民間漁業協定
1966	4 外務省、「日米安保条約の問題点について」発表、米の核の保障なしに日本の安全はないと主張　9 自民党アジア・アフリカ問題研究会、中国代表権問題重要事項指定再確認決議案の共同提案国となることに反対	2 彭真ら、「二月要綱」をつくる　5 党中央「二月要綱」取消の「五・一六通知」出す　6 彭真ら解任される。劉少奇ら、各地に工作組を派遣　7 周揚、批判される　8 中共八期十一中全会、「プロレタリア文化大革命に関する決定」、紅衛兵運動開始　11 孫文生誕百年記念大会で周恩来、劉少奇・鄧小平を暗に批判　10 初のミサイル発射実験に成功	1 日中貿易促進会訪中団、中国国際貿易促進会共同声明　3 毛沢東主席、日本共産党代表団と会談、両党合意の北京コミュニケを破棄、両党関係悪化へ　10 日中友好協会代表団、中日友好協会と「政経不可分原則」共同声明
	1 日本共産党、中国共産党からの批判に対し初めて公然と反批判　2	1 上海の造反組織「上海アピール」宣言。奪権闘争、全国で始まる。毛	2 日中文化交流協会・中国人民対外文化協会、中日両国民間文化交流

1967	1968	1969
第二次佐藤内閣成立　8 政府、中日友好協会訪日代表団の入国拒否　9 佐藤内閣打倒大会、日中関係全面破壊反対国民大会　10 東方紅曲技団訪日	6 社会党、日中貿易と国交正常化問題で日本政府に政府間の協定実現と「吉田書簡」廃棄を要求	3 政府、北京で開催の日本工業展覧会に十九の品目出品を不許可　11 日米共同声明「台湾地区の平和と安全は日本の安全にとって極めて重要な要素である」と言及　12 佐藤首相「もし韓国と中華民国が侵犯される事態が発生した場合、すぐさま安全保障の事前協議条項が適用される」と国会で発言
沢東、奪権闘争への軍の介入指示　6 初の水爆実験　7 武漢事件。各地の武闘頂点に達す　9 外交部、日本の毎日、産経、東京新聞の記者に対し期限を切って中国から退出せよと通告	9 全国一級行政区に革命委員会成立　10 中共八期十二中全会、劉少奇を除名　12 新水爆の実験に成功	3 珍宝島で中ソ国境軍事衝突　4 周恩来、日本政府が中国に輸出禁止、一部の展覧物件を中国で展覧不許可したことについて談話発表。中共九全大会、林彪の政治報告「毛沢東思想」を最高指針とし林彪を後継者とする党規約採択　8 中ソ両軍、新疆ウイグル自治区テレクチ地区の国境で武力衝突　9 周恩来首相、コスイギン首相と北京空港で急遽会談。第一回地下核実験　11 周恩来「日米共同声明は米日反動派が軍事的野合を強化した自白書である」と指摘（アルバニア解放二十五周年席上）
覚書。日中貿易六団体代表、中国国際貿易促進委員会、中日両国人民の友好貿易議定書　7 七・七事変三十周年、日本各界八十五名は日中友好記念アピール発表　11 佐藤首相とジョンソン米大統領、中国脅威論に関する共同コミュニケ	3 日中総合貿易（L・T貿易）延長交渉が妥結　7 核拡散防止条約	7 アメリカの宇宙船アポロ11号、初の月面着陸

1970	1971	
3 大阪で日中関係打開、万博の中華民国館に反対する全国業者集会 4 佐藤首相、中国に「軍国主義化は誤解」と反論 8 西園寺公一、十三年ぶり中国より帰国 **◆尖閣諸島問題について** **9 琉球政府「尖閣諸島の所有権および大陸棚の資源開発主権に関する宣言」発表**	6 沖縄返還協定調印 9 関西財界訪中団訪中	3 佐藤首相、日華条約は依然と有
4 初の人工衛星打ち上げ成功。周恩来、日本の軍国主義復活を非難 5 毛沢東「全世界の人民は団結してアメリカ侵略者とそのすべての手先を打ち破ろう」声明 8～9 中共九期二中全会、陳伯達政治局常務委員失脚 **◆尖閣諸島問題について** **12 日本に対し尖閣諸島の中国領有権を主張**	7 周恩来、キッシンジャー大統領補佐官と秘密会談、ニクソン大統領訪中受諾を発表 9 林彪異変 10 国連総会で中華人民共和国の国連参加決定。「中日復交三原則」 11 周恩来、美濃部亮吉・東京都知事一行と会見 **◆尖閣諸島問題について** **12 中国政府、尖閣諸島を沖縄協定の返還区域に含めたのは中国主権の侵害と声明**	1 周恩来、訪中の日本総評・中立
4 松村謙三・周恩来、日中覚書貿易協定 10 浅沼稲次郎殉難十周年記念祭北京で開催。社会党第五次訪中使節団北京で中日友好協会と共同声明 12 日中国交回復促進議員連盟発足。日中国交正常化国民協議会発足	3 日中卓球界交流開始 3 日中覚書事務所代表会談コミュニケ 7 日本公明党訪中代表団・中国中日友好協会代表団と共同声明（日中国交回復五条件を含む） 10 日中国交回復促進議員連盟代表団・中日友好協会、復交の四原則確認の共同声明。中華民国、国連脱退 12 日中覚書貿易会談コミュニケ	2 ニクソン大統領訪中。米中共同

1972	効と語る。外務省「尖閣諸島の領有権問題について」発表　4 民社党訪中団、中日友好協会と復交三原則確認の共同声明。三木武夫訪中、周恩来首相と日中関係を語る。　5 公明党第二次訪中。　6 佐藤首相、引退表明　7 第一次田中角栄内閣成立、日中国交正常化の実現を急ぐと声明　9 自民党議員古井喜実、田川誠一訪中、周恩来と会談。自民党議員団訪中。田中首相、大平正芳外相訪中、毛沢東、周恩来と会談　11 衆議院、日中共同声明支持に関する決議 **◆歴史問題について** **3 田中角栄「第二次世界大戦において日本は中国大陸において巨大な面倒を引き起こした。心から謝罪することが日中国交正常化の大前提である」と表明**	労連代表団、社会党七十周年友好訪中団、沖縄県友好訪中団と会見　8 外交部、田中首相が訪中し、日中国交正常化問題で交渉することを歓迎し招請すると発表。周恩来、国交正常化後の日中貿易は政府・民間の二本立てで行うと言明　9『人民日報』社説「日中関係史の新たな一章」	声明発表　3 上海で日本工業機械展覧会開催　5 沖縄返還　7 公明党竹入義勝委員長・周恩来会談　8 中国銀行と東京銀行間で円・元決済に関する合意書　9 日中国交正常化、日中共同声明、中華民国対日断交声明。蔣介石総統宛田中角栄首相親書　10 中日友好協会、人民大会堂で中日国交正常化を祝うレセプション開催　10 中国、西ドイツと国交樹立　11 東京で日中国交記念のパンダ贈呈式
1973	1 在中国日本国大使館開設。中曾根通産相訪中、周恩来と会見　4 初代駐中大使小川平四郎、中国董必武代理主席に委任状を提出。日中友	2 在日本中国大使館開設　4 中国初代駐日大使、天皇に信任状を提出。鄧小平副首相復活。中日友好協会訪日代表団（団長・廖承志）訪日	6 天津市・神戸市、日中友好都市第一号結成

	好議員連盟発足	8「批林批孔運動」始まる。始皇帝礼賛のキャンペーン盛んになる	
1974	1 大平外相訪中 12 田中内閣総辞職、三木武夫内閣成立	4 鄧平副首相、国連支援特別総会で「三つの世界論」	1 日中貿易協定、日中常駐記者交換覚書。日韓大陸棚共同開発協定（七八年発効） 4 日中航空協定 9 日中間定期航空便正式就航 11 日中海運協定
1975	9 在上海日本国総領事館開設。宮沢喜一外相訪中、喬冠華外交部長と会談	1 第四期全人代第一回会議、新憲法採択、周恩来首相、政治報告で「四つの現代化」を提示 2 中ソ国境交渉再開 8 杭州事件	5 日本社会党第六次訪中団・中日友好協会、二つの超大国の覇権主義に反対の共同声明 7 日台民間航空協定 8 日中漁業協定 12 米「新太平洋ドクトリン」
1976	1 三木首相「周恩来・中国首相逝去に当たって」を発表 12 三木内閣総辞職、福田赳夫内閣成立	1 周恩来首相死去。「走資派」批判強まる 3 在大阪中国総領事館開設 4 天安門事件（第一次）起きる。党政治局、四・七決議、天安門事件を反革命と断定、鄧小平副首相再失脚 7 朱徳全人代常務委員長死去。唐山大地震 9 毛沢東主席死去 10「四人組」逮捕される。華国鋒、党主席に就任	10 日中海底ケーブル開通式、北京と東京で挙行
1977		7 中共十期三中全会、鄧小平、再復活、四人組、除名決定 8 中共十一全大会、新党規約に「四つの現代化」を明記	3 日中貿易混合委員会、東京で第二回開催 5 名古屋で中国展覧会開催 7 札幌で中国展覧会開催 9 日中気象電路協議。日中商標相

	1978
	3 公明党代表団訪中。社会党代表団訪中 11 福田首相辞任表明 12 第一次大平正芳内閣成立
◆大陸棚問題 6 中国外交部、日韓大陸棚共同開発協定は中国主権侵犯と日本に抗議	10 鄧小平副首相訪日 12「四つの現代化」党内で最終的に合意される ◆大陸棚問題 6 外交部、日韓大陸棚共同開発協定批准書交換に対し日本に抗議 ◆歴史問題について 10 鄧小平「中日友好は源が遠く流れが長い。両国にはあの不幸な出来事があったが、中日二千年交流の歴史の大河の中でそれはごく短く一瞬の出来事にすぎない」（福田首相主催歓迎宴席上） ◆尖閣諸島問題について 8 鄧小平「中日間の尖閣諸島、大陸棚の問題は今、紛れ込ませないで
互保護協定	2 日中民間長期貿易協議 4 尖閣列島事件 6 日韓大陸棚共同開発協定発効 8 日中平和友好条約 9 園田外相・黄華外交部長会談 10 日中平和友好条約批准書交換 12 米中国交正常化

		これからゆっくり議論しよう。双方でゆっくり相談し、双方が受け入れる方法を考えよう」（園田外相に会見時）	
1979	6 竹入義勝公明党委員長訪中 11 第二次大平内閣成立 12 大平首相訪中。日本は中国に初回のODA提供を承諾	2 鄧小平、訪米の帰途に日本訪問。鄧小平、尖閣諸島問題は「次の世代、次の次の世代に解決をゆだねればよい」と記者団に語る 6 鄧小平、公明党第八回訪中団と会見 6～7 第五期全人代第二回会議、「四つの現代化」の「調整、改革、整頓、向上」を決定。彭真ら法制化を推進 9 谷牧副首相来日	1 米中国交樹立 2 中越戦争勃発 3 東京・北京友好都市となる 5 日本政府が尖閣諸島にヘリコプター用臨時空港等を築いたことに対し中国外交部亜州司長は日本駐中大使臨時代理伴正一に遺憾の意を表明 9 上海と長崎間の定期航路開航 12 日中文化交流協定
1980	2 上野動物園で中国贈与のパンダ歓迎式典 3 在広州日本国総領事館開設 7 鈴木善幸内閣成立	2 中共十一期五中全会、劉少奇元国家主席、名誉回復 4 余秋里副首相訪日 5 華国鋒首相訪日 7 華国鋒首相、故大平首相の葬儀のため訪日 8～9 第五期全人代第三回会議、趙紫陽、国務院首相になる 12「四人組」裁判行われる **◆大陸棚問題について** **5 政府、日韓大陸棚試掘に対し抗議声明発表**	4 日本政府の中国政府への借款提供文書交換式を北京で挙行 5 日中科学技術協力協定 12 日中政府間協議第一回会議北京で開催（一九八七年まで計五回開催）
	1 政府、中国に中日友好医院の設	1「四人組」裁判判決下る、江青、	2 政府間経済問題について日本政

1981	1982
計と基金の目録贈呈式北京で挙行 9 公明党第十回訪中団訪中	11 第一次中曾根康弘内閣成立 ◆教科書問題について 8 宮沢喜一官房長官、政府見解として中国から批判を受けた教科書の改正を行うと発表
張春橋は死刑（執行猶予二年） 6 中共十一期六中全会、「若干の歴史問題についての決議」採択、胡耀邦、党主席となる ◆尖閣諸島問題について 7 外交部、日本側が釣魚島およびその付近の海域調査を行った問題に遺憾の意を表明	5 趙紫陽首相訪日。「中日関係三原則」を提起 ◆教科書問題について 6 中国政府、教科書問題で「歴史の改竄」と初めて日本批判 7 外交部、日本文部省の歴史教科書検定について日本駐中大使館に正式交渉申し入れ 10 鄧小平、日本の教科書問題について「日本の教科書は軍国主義精神で次の世代を教育している。このようにしていては中日人民
府代表大来佐武郎と谷牧副首相会談。中日友好医院建設設計契約書 3 日本の中国残留孤児肉親探し第一回四十七人来日。日本は中国に五千万円の文化無償協力基金提供の交換公文 7 園田外相・黄華外交部長会談。日中長期貿易第三次定期協議を東京で開催	12 中曾根首相・趙紫陽首相、日中関係について電話で会談

	1983	1984
	3 中曾根特使として二階堂進自民党幹事長訪中　9 石橋正嗣社会党委員長訪中 **◆歴史問題について** **2 中曾根首相、国会質疑で日本の過去における中国に対する戦争が侵略戦争であったと認める**	3 中曾根首相訪中　10 竹入公明党委員長訪中
子々孫々まで友好的に付き合って行こうと話し合えるか」（公明党委員長竹入義勝に会見時） **◆歴史問題について** **9 鄧小平「中日両国人民は子々孫々まで友好的に付き合っていこう。我々党の十二大においてこれを強調した。それが中国の長期国策である」（鈴木首相に会見時）**	4 姚依林副首相来日　6 廖承志死去　11 胡耀邦総書記訪日	7 国防部長張愛萍ら訪日　8 李鵬副首相訪日
	3 第三回日中政府間協議開催　4 桜内義雄前外相・鄧小平会談　9 第三回日中閣僚会議。日中租税協定。安倍外相・呉学謙外交部長会談　11 胡総書記、中曾根首相と「中日関係四原則」を確認。日中友好二十一世紀委員会設立決定	3 中曾根首相、鄧小平顧問委主任と会見。日本、中国に第二次ODA提供決定　9 安倍外相・呉学謙外交部長会談。三千名の青年訪中団訪

	1985
	5 中曾根首相、「留学生十万人計画」発表 7 竹入公明党委員長訪中 8 中曾根首相靖国神社公式参拝 **◆靖国参拝について** **11 中曾根内閣「中曾根首相の靖国神社参拝は戦犯の名誉回復を企図したものに非ず」と閣議表明**
◆歴史問題について **3 鄧小平「長い目で中日関係を見、発展せねばならない」(中曾根首相に会見時)**	4 彭真全国人民代表大会常務委員長訪日 5 在長崎・在福岡中国総領事館開設 **◆靖国参拝について** **8 外交部、中曾根首相ら閣僚の靖国参拝に抗議 9 外交部、抗日戦争四十周年にあたり、日本の閣僚の靖国参拝は中国人民の心を深く傷つけるものであると遺憾の意を表明 10 鄧小平「最近、日本内閣のメンバーが正式に靖国神社を参拝する問題が発生した。この何年か、われわれは日本を困らせたことはなかった。しかし、日本の教科書問題、最近の靖国神社参拝問題、また蔣介石**
中。日中両政府、日本の中国に対する四十九億円援助について北京で調印	7 第四回日中閣僚会議 10 中曾根康弘首相・趙紫陽首相会談

1986	
1 在瀋陽日本国総領事館開設 3 第十四次公明党代表団訪中 7 文部省、高校歴史教科書「新編歴史教科書」を修正させたうえ許可 8 竹入公明党委員長訪中 11 中曾根首相訪中、北京で激しい抗議デモに出会う ◆靖国参拝について 8 靖国神社公式参拝に関する後藤田正晴内閣官房長官談話「戦後40年という歴史の節目に当たる昨年八月十五日の『戦没者を追悼し平和を祈念する日』に、内閣首相大臣は気持ちを同じくする国務大臣とともに、靖国神社にいわゆる公式参拝を行った。これは国民や遺族の長年にわたる強い要望に応えて実施したものであり、その目的は靖国神社が合祀している個々の祭神と関係なく、あくまで祖国や同胞等のために犠牲となった戦没者一般を追悼し、併せてわ	
4 呉学謙外交部長訪日。胡耀邦総書記、訪中した日本福田元首相と会見	遺徳顕彰会の問題、日本はわれわれに大変大きな難題を出したのだ」（安倍外相に接見時）
4 日中外相、東京で会談	

	1987
が国と世界の平和への決意を新たにすることであった」 ◆教科書問題について 9 藤尾正行文相、教科書問題発言で内外の批判を招き罷免される	9 衆議院、日中友好関係促進を要求する決議を採択 11 竹下登内閣成立。土井たか子社会党委員長訪中
◆教科書問題について 6 外交部、日本を守る国民会議編纂の高校用日本史教科書が歴史を歪曲し中国人民の感情を傷つけていると、日本に申し入れ 7 外交部、新編歴史教科書の最終検定も満足できないと表明 8 鄧小平「我々は日本政界のある方々が日本人の感情を強調することに気がついた。中国人民の感情を彼らに忘れないでほしい」（自民党の二階堂氏に会見時）	1 外交部、日本の軍事費が国民総生産（GNP）の一％を超えたことに注目と言明 2 外交部、駐中国大使に大阪高裁の光華寮問題判決で抗議 3 駐日中国大使館、日本政府に光華寮問題を適切に解決するよう要求 6 外交部、京都嵐山周恩来記念碑が破損された事件について日本政府に申し入れ 9 鄧小平「光華寮問題について我々と考えが違う。貴方たちは法律問題として見、我々は政治問題としている。国
	1 鄧小平、竹下登と会見 5 鄧小平、宇都宮徳馬と会見

5 奥野誠亮・国土庁長官、中国批

家関係問題を論じる時、いかなる国家の法律も政治原則から離れてはいけない」（塚本三郎民社党委員長に会見時）

◆歴史問題について

6 鄧小平「中日両国と両国の人民は友好的に付き合わない理由がない。中日間のある不愉快なことはよく処理する必要がある。中日関係における歴史的な分岐についてははっきり言って中国側には責任がない。歴史に対する認識、歴史に対する評価に関しては新しい前向きの態度を強調すべきであり、面倒なことを起こしてはいけない。いままで紛糾が中国によって起こったことは一件もない。このような問題に対して中国は人民を説得することを含めて最大限の忍耐をしてきた」（第五回中日閣僚会議日本側代表に接見時）。「率直に言えば、日本は世界中で中国に借りが一番多い国である」（公明党代表団に会見時）

8 日本は、中国に第三次政治借款

1988	判発言で辞任　8 竹下首相訪中　12 通産省、中国への輸出入制限をさらに一歩進めて緩和すると発表 **◆靖国参拝について** **4 奥野誠亮国土庁長官「中国は日本の神道に対する理解が浅薄で中国の指導者の言行は嘆かわしい」と発言**		（ODA）提供
1989	1 昭和天皇崩御　2 文部省、一九八八年五月一日以後受け入れた中国人留学生数、七七〇八人、外国留学生総数の三〇・一パーセントに相当と発表　5 宇野宗佑外相訪中　6 宇野内閣成立。外務報道官、北京市への渡航自粛勧告。六・四天安門事件についての談話　8 海部俊樹内閣成立　9 中国への渡航自粛勧告解除　11 海部首相と孫平化訪日代表団長、東京で会見 **◆歴史問題について** **2 内閣法制局長官味村治「国内法はもちろんのこと、国際法から見ても昭和天皇には戦争責任はまったく**	2 銭其琛外交部長、国家主席特使として大喪の礼参列　4 李鵬首相訪日　6 六・四天安門事件起こる **◆歴史問題について** **2 外交部、日本内閣法制局長の発言に対し、「あの中国とアジア人民に甚大な災難をもたらした侵略戦争**	7 日本、天安門事件により中国に対する第三次政府借款を凍結

	1990	1991	1992
ない」と述べる（国会答弁）。竹下首相、日本がかつて近隣諸国を侵略した事実を認める（国会答弁） 4 天皇陛下、中国李鵬首相に会見し、日中の過去の歴史について初めて遺憾の意を表明 6 宇野首相、日中戦争は「軍国主義者が発動した侵略戦争である」と国会答弁	2 第二次海部内閣成立 5 宇野前首相訪中 7 日本首相特使小和田恆（外務省審議官）訪中、第三次対中円借款回復の政府方針を伝える 9 竹下前首相訪中 ◆歴史問題について 11 中山太郎外相、石原慎太郎の「南京大虐殺は中国人の想像上の産物である」の発言を批判	4 中山太郎外相訪中 6 宇野前首相訪中 8 海部首相訪中 10 日中科学技術交流シンポジウム東京で行う 11 宮沢喜一内閣成立	1 渡辺美智雄副首相兼外相訪中 5 海部前首相訪中 8 田中角栄元首相訪中 10 天皇皇后両陛下、初の
の事実は何者であろうとひっくり返すことができない」と指摘 ◆尖閣列島について 5 外交部、尖閣列島は古来からの中国領土であると言明	10 外交部、日本右翼団体が魚釣島に灯台を設置したことは中国主権の侵犯行為と指摘 11 呉学謙副首相、天皇陛下即位の礼出席 ◆歴史問題について 11『人民日報』、「南京大虐殺は中国人の想像上の産物である」との石原慎太郎の発言を非難	6 銭其琛外交部長訪日 10 鄒家華副首相訪日 12 田紀雲副首相訪日	4 江沢民総書記訪日 5 万里全人代常務委員長訪日 9 呉学謙副首相訪日 12 中日国交正常化二十周
	8 中日米三国、上海から九州の海底通信光ケーブル建設について協議 12 日中長期貿易延長取り決め（五年延長）	11 渡辺美智雄外相と銭其琛外交部長会談（ソウルで）	1 第十二回中日外務次官定期協議北京で行う 4 中国江沢民総書記、天皇陛下訪中要請

	訪中　11　日中国交正常化二十周年慶祝大会、東京で開催	年記念「中日友好都市卓球友好競技大会」北京で開催	
1993	5　桜内義雄衆議院議長訪中。後藤田正晴副総理兼法相訪中　8　細川護熙内閣成立	5　銭其琛外交部長訪日 **◆台湾問題について** **12　外交部、坂本通産省政策局長台湾訪問に遺憾の意を表明**	11　細川首相・江沢民国家主席首脳会談（米国、ＡＰＥＣ）
1994	1　羽田孜外相訪中　3　細川首相訪中　4　羽田内閣成立　5　茨城県日立市で日中友好記念碑落成　6　村山富市内閣成立（社会党・自民党・新党さきがけ三党連立の内閣）　10　後藤田副総理訪中 **◆歴史問題について** **8　桜井新環境庁長官、衆議院税制特別委員会で「日本は侵略しようとしてあの過去の戦争を発動したことはない。その戦争でアジア各国を独立させ、教育も普及させたのであり、日本が悪いと考えるべきではない」と発言　10　橋本龍太郎通産相、**	2　朱鎔基副首相訪日　10　栄毅仁国家副主席訪日 **◆歴史問題について** **5　外交部、永野茂門法相の南京大虐殺は「でっち上げである」との発言に反論　8　外交部、桜井発言に抗議** **◆台湾問題について** **9　徐立徳・台湾行政院副委員長の広島アジア大会出席について日本に**	3　環境保護協力協定　5　日中原子力安全協力協定　8　土井衆議院議長、中国天津抗日記念館を訪れ、日中戦争でなくなった中国烈士を追悼　11　江沢民・村山首相会談（ＡＰＥＣ）　12　日本、中国に第四次ＯＤＡ提供決定

	1995	1996
太平洋戦争の侵略性を否定	1 武村正義蔵相訪中　8 河野洋平外相、中国の地下核実験に抗議。政府、中国への無償資金協力を凍結　10 政府、一九九五年度対中円借款千四百十四億二千五百万円を決定　12 河野洋平外相訪中 ◆歴史問題について 5 村山富市首相訪中、中国人民抗日戦争記念館を見学して日本の過去の侵略に対する深い反省の意を表す　8 島村宜伸文部大臣「日本の過去の戦争が侵略戦争かどうかは考え方の問題だ」と発言。島村文相発言を撤回し反省と釈明。村山首相、戦後五十年首相談話発表	1 第一次橋本龍太郎内閣成立　4 経団連代表団訪中　5 小沢一郎新進党党首訪中。中台問題の平和的解決に関する提言　6 政府、中国が核実験再開しても対中円借款凍結しない方針を決定
抗議	4 喬石全人代常務委員長訪日　9 反ファシズム戦争勝利五十周年式典開催　11 江沢民国家主席、銭其琛副首相兼外交部長訪日 ◆歴史問題について 6 外交部、日本の戦後五十年決議案に対し「日本が真剣に歴史を総括して教訓をくみとり過去の歴史を正確に認識し対応する基礎の上に平和発展の道を歩むことを望む」と言明　8 外交部、戦後五十年にあたり、日本の歴史認識が焦点のこのとき、日本の教育の責任にあたる文部大臣のこの認識は遺憾とコメント	3 銭其琛副首相兼外交部長訪日　4 外交部、日米安保に懸念を示す　6 駐日大使武大偉、中国の核実験はあくまでも自衛のためであると説明　7 中国政府、核実験の暫時停止を声明
	1 中国副首相、訪中の武村蔵相と会談　5 日中共同の南京城壁保存修復協力事業開始式、平山郁夫日中友好協会会長と南京市長出席　10 江沢民主席・村山首相会談（ニューヨーク）　11 河野外相・銭其琛外交部長会談（ＡＰＥＣ）	4 橋本首相・クリントン大統領「日米安保共同宣言」　7 尖閣諸島問題に関して日中両国応酬　11 橋本首相・江沢民国家主席会談（フィリピン、ＡＰＥＣ）

	1997	1998	1999
◆靖国参拝について 7 橋本首相、靖国参拝	3 池田行彦外相訪中 9 橋本首相訪中、東北九・一八記念館見学	7 小渕恵三内閣成立 8 高村正彦外相訪中	7 小渕首相訪中
◆靖国参拝について 7 外交部、橋本首相の靖国参拝に抗議 8 外交部、日本政府閣僚六人の靖国参拝に抗議 ◆尖閣諸島問題について 9 外交部王毅局長、尖閣諸島問題で日本駐中国臨時代理大使に厳重申し入れを行う 10 香港・マカオ・台湾の活動家三百人尖閣列島に示威を行う。銭其琛外交部長、日本報道陣に、訪中団質問に書面で回答し、「尖閣列島領有権問題の紛糾を棚上げして資源の共同開発を行うことは、日中関係の大局と同地域の平和安定に役立つ」と表明	11 李鵬首相訪日、「中日関係五原則」を提起	11 江沢民・国家主席訪日 ◆歴史問題について 4 胡錦濤国家副主席訪日、中日関係について「歴史を鑑にして、未来に向かう」と表明	12 李瑞環全国政治協商会議主席訪日
	11 新日中漁業協定に署名	11 日中共同宣言	7 日中政府、中国国内における日本の遺棄化学兵器の廃棄に関する覚

			書に調印
2000	4 第一次森喜朗内閣成立 8 河野洋平訪中	4 中国共産党代表団（団長・曾慶紅中央書記処書記）訪日 5 唐家璇外交部長訪日。江沢民主席、五千名の日本日中文化観光交流使節団に会見 6 銭其琛副首相、故小渕首相葬儀のため訪日 10 朱鎔基首相訪日	
2001	4 第一次小泉純一郎内閣成立 5 田中真紀子外相訪中 7 与党三幹事長訪中 8 小泉首相、靖国参拝 10 小泉首相訪中、盧溝橋中国人民抗日戦争記念館見学 ◆歴史問題について 10 小泉首相、反省と哀悼の意を表明 ◆靖国参拝について 8 小泉首相談話「内外で私の靖国参拝是非論が声高に交わされるようになりました。その中で、国内からのみならず、国外からも、参拝自体の中止を求める声がありました。このような状況の下、終戦記念日における私の靖国参拝が、私の意図とは	12 国籍不明船沈没について中国は日本に抗議 ◆教科書問題について 4 政府、日本文科省検定教科書に抗議 ◆靖国参拝について 8 外交部、日本首相の靖国参拝に抗議	4 李登輝訪日について中国は日本に抗議 10 小泉首相・江沢民国家主席会談（上海、APEC） 11 日中韓首脳会談（ブルネイ、ASEAN＋3） 12 日中、ねぎ、生椎茸等三種農作物に関する貿易問題について会談

2002	
異なり、国内外の人々に対し、戦争を排し平和を重んずるというわが国の基本的考え方に疑念を抱かせかねないということであるならば、それは決して私の望むところではありません。私はこのような国内外の状況を真摯に受け止め、この際、私自らの決断として、同日の参拝は差し控え、日を選んで参拝を果たしたい」	4 小泉首相訪中　9 川口順子外相訪中
	4 李鵬全人代委員長訪日、日中国交正常化三十周年「日本年」「中国年」開幕式参加。曾慶紅・中共中央書記処書記、組織部長訪日。朱鎔基首相、小泉首相と会見　6『人民日報』評論部馬立誠の「対日関係新思考」発表し論議を呼ぶ ◆政府発表 日本の対中投資、援助項目二千七百四十五件、協議金額五十三億米ドル、実際投入金額四十二億米ドル。二〇〇二年末で協議金額は四千九百五十三億米ドル、実施金額は三千六百三十四億米ドル、海外対中投資国の第二位を占めている。
	5 日本瀋陽領事館に脱北者駆込み事件　9 日中国交正常化三十周年記念式典、一万三千名の訪中団訪中、小泉首相・朱鎔基首相会談（デンマーク、ASEM）　10 小泉首相・江沢民国家主席会談（メキシコ、APEC）　12 唐家璇外相と川口外相、日中関係について電話会談

	2003	
◆靖国参拝について 4 小泉首相、靖国参拝	4 川口外相訪中 5 与党幹事長訪中 8 福田康夫内閣官房長官訪中 ◆靖国参拝について 1 小泉首相、靖国参拝	9 河野洋平衆院議長訪中 12 AS
◆日本の対中ODA、一九七九年から二〇〇一年まで日本からのODA総額は二百九十五兆五百十一億円（約二百四十六億米ドル）。日本対中無償援助、二〇〇三年四月までには百十九件、総額十二兆七千九百七十四億円。対中技術協力累計金額約千二百億円（外交部HPより） ◆靖国参拝について 4 外交部、小泉首相の靖国参拝に抗議	1 政府、日本政府に尖閣諸島についての交渉を提案 8 李肇星外交部長訪日 9 呉邦国全人代常務委員長訪日 ◆靖国参拝について 1 小泉首相の靖国参拝に抗議	9 国務院新聞事務室、日中関係
	4 川口外相・温家宝首相会談 5 日本与党幹事長ら胡錦濤国家主席と会談 小泉首相・胡錦濤国家主席会談（ロシア） 8 中国黒龍江省チチハル市での旧日本軍の遺棄化学兵器による毒ガス事故発生に対して、日本は医療専門家チーム派遣 10 小泉首相・温家宝首相会談（インドネシア、ASEAN＋3）。日中韓三国間協力の促進に関する共同宣言。小泉首相・胡錦濤国家主席会談（タイ、APEC） 12 新日中友好二十一世紀委員会第一回会議（大連）	5 上海の日本総領事館員自殺 6

2004

ＥＡＮ共同体実現に向けた協力提起

◆靖国参拝について

1 小泉首相、靖国参拝

1 在重慶日本国総領事館開設 4 町村信孝外相訪中。外務省、中国における対日活動に関する中国外交部報道官の発言に反論 6 外務報道官、広東省における毒ガス事故について旧日本軍の化学兵器によるものであることが判明と発表 8 小泉首相、戦後六十年談話 外務省、上海総領事館員自殺公表、「中国公安に遺憾な行為」と指摘

◆教科書問題について

6 中山成彬文科相、教科書に従軍慰安婦という言葉を書き入れるのが

「政冷経熱」に懸念、自国マスコミにも注文 12 外交部、日本国内の対中ＯＤＡ問題の議論に不可解と表明。外交部、日本の新たな『防衛計画大綱』に注目

◆日中関係について

5 胡錦濤主席「中日は友好、協力、相互利益、ウィン・ウィンの新型の関係を築くべき」と発言

1 一月六日を中国十三億人口日と決定 3 中国全人代、「反国家分裂法」を採択 5 外交部、町村外相の台湾保障についてのニューヨーク発言に不満 7 人民元小幅切り上げ 10 外交部、日本外相訪中拒否 12 日中関係、「政冷経熱」が「政冷経涼」にと新華社通信。中日関係は「厳冬期」に入る（人民ネット） 12 外交部、日本外務省の上海総領事館員自殺に対する指摘に憤慨と表明

◆教科書問題について

4 外交部、日本政府発表の中学校教科書に憤慨 6 外交部、中山文

川口外相・李肇星外交部長会談（青島） 10 町村信孝外相・李肇星外交部長会談（ベトナム）。日中局長級、東シナ海問題について協議 11 小泉首相・胡錦濤国家主席会談（チリ、ＡＰＥＣ）。小泉首相・温家宝首相会談（ラオス、ＡＳＥＡＮ＋3）

2 日中外相電話会談 4 小泉首相・胡錦濤国家主席会談（インドネシア、ジャカルタ） 5 町村外相・李肇星外交部長会談（京都、ＡＳＥＭ）。来日中の中国の呉儀副首相、小泉首相との会談をキャンセルして帰国 9〜10 東シナ海ガス田開発をめぐる日中の第三回政府間局長級協議 12 ＡＳＥＡＮ首脳、日中関係に懸念を表明

◆日中関係について

4 小泉首相との会見時の胡錦濤国家主席による中日関係発展の五つの

2005

問題と発言

◆中国の歴史教育について

3　町村信孝外相「中国の歴史問題における反日教育を改善すべき」と発言

◆靖国参拝について

10　小泉首相、靖国参拝。靖国神社参拝に関する政府の基本的立場発表

◆中国脅威論

12　前原誠司・民主党代表「中国脅威論」発言。麻生太郎外相、中国の軍事力「かなり脅威」と発言。小泉首相、中国脅威論否定。山崎拓自民党前副総裁「中国の軍事力が脅威」との見解を批判

科相発言批判

◆中国の歴史教育について

3　外交部、町村外相の発言に驚きと不満を表明

◆靖国参拝について

8　外交部、閣僚と国会議員の靖国参拝に対し「中国人民の感情を損なう行動を慎むべき」と表明

◆尖閣諸島について

5　外交部、尖閣諸島は中国の領土、日本側の一方的行動が領土侵犯と表明

◆反日デモ

4　北京で五千人の大規模反日デモ。外交部、デモは中国の利益と人民の感情を損なう日本の行動に対する不満によるものと説明

◆中国脅威論について

8　外交部、日本の「中国脅威論」批判　12　中国メディア「民主・前原代表の訪中は日中関係に無益」。外交部、麻生外相の「中国脅威論」批判

◆歴史問題について

8　外交部、日本衆院の戦後六十年決議は、侵略の歴史を美化すると批

主張

第一、『中日共同声明』『中日平和友好条約』『中日共同宣言』の三つの政治文書を厳守し、二十一世紀に向けての中日友好協力関係の発展のために実際の行動を示すべきである。

第二、未来に向けて歴史を鑑とすることを堅持し、日本軍国主義侵略戦争が中国人民に大変な災難をもたらし、日本人民もその被害を受けたことを深く認識し、その戦争への反省を実際の行動で示すべきで、二度と中国とアジア諸国の人民を傷つけてはならない。日本側には謙虚になって正しく歴史問題を処理していただきたい。

第三、台湾問題を正しく処理してほしい。日本政府は一つの中国政策を堅持し、台湾を支持しないとの態度を何度も表明してきた。実際に行動で示していただきたい。

第四、対話を通じ、対等に協議し、中日関係を妥当に処理し、積極的に解決方法を検討し、中日友好の大局への新たな障害と衝撃を避けるべきである。

1　神崎武法公明党代表「次の首相は靖国参拝すべきでない」と発言。中川昭一農水相、北朝鮮・中国軍事的脅威発言（日本外国特派員協会）。小泉首相「アジア諸国において中国、韓国以外に私の靖国参拝を批判する国はない」と参院本会議で表明。安倍晋三・麻生氏が首脳会談拒否で中国を批判（衆院予算委員会）。麻生外相「天皇の靖国神社参拝が望ましい」と発言　2　麻生外相、日本の植民地支配下で台湾の教育水準が向上したなどと発言(福岡での講演)。小泉首相「私が靖国参拝しなければ首脳会談に応じるという方が

判。外交部、小泉首相の戦後六十年談話に対して評価「八月十五日は中国人民抗日戦争勝利六十周年記念日である。一九三七年からは八年間、一九三一年からは十四年間、一八九五年からは五十年、日本の虐げに抵抗し反撃した歴史であり、中華民族の弱から強への歴史的転換の時期であった」（人民日報海外版）

1　外交部、上海総領事館員自殺で「中国に責任ない」と表明。外交部、日本メディア批判。中国、映画「SAYURI」上映中止。外交部、日本政界人の対中重視の発言に注視。外交部「李登輝氏の訪日目的は、日中関係を壊すこと」と表明。第五七四号の袁偉時中山大学教授「現代化と歴史教科書」によって「冰点週刊」停刊の処分受ける　2　外交部、麻生外相発言に驚きと憤慨を表明。王毅駐日大使「日本側は両国関係の問題点を正視すべき」と発言（在日華人新春会）。唐家璇国務委員「小泉首相在任中に日中関係改善は困

第五、双方の広い範囲での交流と協力を促進し、民間の友好往来を強め、双方の理解と共同の利益のために中日関係を健全で穏やかに発展させていきたい。

1　二〇〇五年貿易黒字、初の日中逆転（日十兆円、中十二兆円）。両政府の非公式局長級協議（北京）　2　自民党の野田衆院議員（日中協会会長）・唐家璇国務委員会談。日中両政府の総合政策対話。戴秉国外交部副部長、日本の河野衆院議長らの政治家と会見。米国議会下院国際関係委員会「中国は米国の最大の潜在敵」との見解。日本貿易振興機構（ジェトロ）、二〇〇五年の日中貿易総額は千八百九十四億ドル（約二十二兆三千四百九十二億円）と、七年連続で過去最高。「中日与党交流協議会」北京で初会合　3　橋本元首

むしろ異常だ」と衆院予算委員会で発言。自民党の野田毅衆院議員（日中協会会長）訪中。唐発言に対して小泉首相「私は日中友好論者だ。相互互恵の発展をしていくよう努力していきたい」と表明。麻生外相「靖国（問題）がなくなればすべての問題が解決するかと言うと、なかなかそうはいかない」と中国の対応を批判（NHK日曜討論）。二階俊博経産相訪中　3　福田元官房長官、参院議員会合で中韓重視姿勢を強調。麻生外相、台湾について「民主主義がかなり成熟し、自由主義を信奉し、法治国家でもある。いろんな意味で日本と価値観を共有している国」と発言。小泉首相、中国の温家宝首相が自身の靖国神社参拝を改めて批判したことについて「戦没者に哀悼の念を持って靖国神社に参拝する。これは心の問題ですから、何も問題あるとは思っていません。政治問題にはなりませんし、外交のカードにもなりません」と反論。外務省二〇〇六年版「外交青書」、中国の「国防費の増額や軍事力の近代化に

難」と発言。外交部、唐委員の野田議員への発言は中日関係の重視と強調。「冰点週刊」停刊処分問題で北京大学学者ら「基本的な言論とメディアの自由の権利を奪った」と非難公開文書。外交部「日本側が中日間に存在している政治問題を解決することは、両国の経済貿易関係の発展にプラスとなる」と発言。温家宝首相、二階経産相と会見　3　李肇星外交部長、日本首相の靖国参拝を批判。また、東海（東シナ海）問題について中日双方は協議の上解決すべきとの意思を表明。外交部「中国の内政と領土主権に対する粗暴な干渉だ」として麻生発言に抗議。温家宝首相、全人代閉幕後の記者会見席上で小泉首相の靖国神社参拝を批判。外交部、日本の対中円借款について年度内の閣議決定を見送る方針に対して「日本政府の一方的な決定は、中日関係の雰囲気を改善するうえで無益だ」と表明。胡錦濤講話、小泉首相の靖国神社参拝やA級戦犯への直接の言及を避け、「中国が歴史問題を重視する理由」を強調

相友好議員一行訪中、胡錦濤国家主席と会談、中国側の一連の日本批判に耳を傾ける　4　日本、中国に東シナ海での航行禁止通告に懸念表明。中国、東シナ海での航行禁止の対象水域を修正と発表

◆靖国参拝について

3　日中財務対話（北京）、中国金人

おいて、なお不透明な部分がある」と指摘。自民党外交関係合同部会、〇五年度（実施は〇六年度）の対中円借款について、年度内の閣議決定を見送る方針を決定
4 小沢一郎民主党代表、「靖国に戦争指導者をまつるべきではない」と発言。安倍官房長官、小沢氏の分祀論を批判

慶財政部長、谷垣禎一財務相に対し「日本の指導者が数次にわたり靖国神社を参拝していることは日中関係を難しくしている」と小泉首相批判。谷垣氏は「双方の指導者が日中は欠くことができない関係であると認識してやっていくことが重要だ」と回答

〈参考文献〉

近代日中関係史年表編集委員会編『近代日中関係史年表』岩波書店、２００６
吉川弘文館編集部編『日本史〈50年周期〉逆引き年表』吉川弘文館、２００６
神田文人・小林英夫編『戦後史年表　１９４５―２００５』小学館、２００５
島田政雄・田家農『戦後日中関係五十年』東方書店、１９９７
中嶋嶺雄編『中国現代史』有斐閣、１９８１、１９９６新版
岩波書店編集部編『近代日本総合年表』岩波書店、１９６８
児玉幸多編『日本の歴史』別巻５、中央公論社、１９６７
日本外務省ホームページ
中国外交部ホームページ
田中明彦「日中関係資料集」サイト

あとがき

本書は、雑誌『諸君!』編集部が試みた総力特集「『歴史の嘘』を見破る!——もし中国にああ言われたら——こう言い返せ」(『諸君!』二〇〇六年二月号)をベースにしている。特集には「歴史講座—永久保存版」と銘打ったこともあり、多くの読者に迎えられて大変好評だったという。各分野のヴェテランから若手にいたる三十名余の執筆陣を擁したこの特集は、仙頭寿顕編集長をはじめ編集部の努力の結果であった。この特集は、多くの執筆者による専門分野での検証を通じて、中国側の歪曲された「歴史の嘘」を衝くことにより、日中間の歴史が刻んできた、あるいは刻みつつある「事態を完全に理解したい」(前掲A・J・P・テイラー)からにほかならないといえよう。

そのような特集が引き続き文春新書として刊行されるに際しては、企画立案者としての細井秀雄文春新書局長に多くを負っている。記して感謝する次第である。

最後に、文春新書として刊行するに当たってご協力いただいた執筆者各位に心から御礼を申し上げたい。

二〇〇六年四月十三日　　水芭蕉が咲き始めた秋田・椿川奥椿岱にて

中嶋嶺雄

中嶋嶺雄（なかじま　みねお）
1936年長野県松本市生まれ。東京外国語大学中国科卒業、東京大学大学院国際関係論課程修了。東京外国語大学学長を経て、現在、国際教養大学学長。評論集『北京烈烈――文化大革命とは何であったか』（講談社学術文庫）でサントリー学芸賞受賞。『現代中国論――イデオロギーと政治の内的考察』（青木書店）『中国の悲劇』（講談社）『国際関係論――同時代史への羅針盤』『香港回帰――アジア新世紀の命運』（中公新書）『中国・台湾・香港』『「日中友好」という幻想』（PHP新書）など著書多数。

文春新書

504

歴史《れきし》の嘘《うそ》を見破《みやぶ》る
――日中近現代史の争点35

2006年（平成18年）5月20日　第1刷発行

編著者　中嶋嶺雄
発行者　細井秀雄
発行所　株式会社 文藝春秋

〒102-8008　東京都千代田区紀尾井町3-23
電話（03）3265-1211（代表）

印刷所　理想社
付物印刷　大日本印刷
製本所　大口製本

定価はカバーに表示してあります。
万一、落丁・乱丁の場合は小社製作部宛お送り下さい。
送料小社負担でお取替え致します。

ISBN4-16-660504-6

文春新書好評既刊

劉 傑
中国人の歴史観
アヘン戦争以来の欧米(日本も含む)の暴虐を考えれば、中国は今、何をしても許されるべきだ——これが中国人の一貫した論理である
077

坂本多加雄・秦郁彦・半藤一利・保阪正康
昭和史の論点
日本は進路を誤ったのか。戦前は「暗黒」だったのか。ワシントン体制から戦争責任まで、現在にまで尾をひく諸問題を徹底討論する
092

阿川弘之・猪瀬直樹・中西輝政・秦郁彦・福田和也
二十世紀 日本の戦争
日露戦争から湾岸戦争まで、日本の運命を決した五つの戦争を俎上にのせ、縦横無尽に語りあう戦争論の決定版。文藝春秋読者賞受賞
112

清水美和《よしかず》
中国はなぜ「反日」になったか
日本に瀋陽領事館問題のしこりがあれば、中国には靖国問題、歴史問題の反日の狼煙。中国の対日姿勢を探ると意外な歴史が浮上する
319

三代史研究会
明治・大正・昭和 30の「真実」
福沢諭吉は「人の上に人を造れ」と主張/乃木将軍は戦下手ではない/昭和天皇がゴルフをやめた訳/杉原千畝は美談の主ではない…
331

文藝春秋刊